은혜의 산맥을 따라가는

54주간의 성경여행

인도자 자료집

Journey through the Bible in 54 weeks
은혜의 산맥을 따라가는
54주간의 성경여행
인도자 자료집

펴낸이 / 유성준
펴낸곳 / 열린출판사

1판1쇄 펴낸 날 / 2009년 1월 10일
등록번호 / 제2-1802호
등록일자 / 1994년 8월 3일
주소 / 서울 중구 인현동2가 192-20 정암플라자 504호
전화 / 02-2275-3892 팩스 / 02-2277-6235

ISBN 978-89-87548-47-0

값 7,000원

은혜의 산맥을 따라가는

54주간의 성경여행 인도자 자료집

■ 자료집을 보시기 전에

이 자료집은 인도자의 학습준비를 위한 기본자료 입니다. 교재의 질문에 대한 관련성구가 정리 수록되어 있으며, 일부 질문에 대한 해답도 수록되어 있습니다. 그러나 학습자의 생각을 묻는 질문은 비어 있고, 대신 성경으로 채워져 있습니다. 이는 인도자가 미리 생각하고 준비하셔야합니다. 또한 부록으로 약식 성경사전을 첨부했습니다. 이 외 기타 사전을 주석사전이나 기독교자료 검색을 통해 보충하시기 바랍니다. 본 자료집에 사용된 성경은 '한글개역판'과 '쉬운한글성경'입니다.

주의사항 : 혹시 사정상 그룹 전체가 한 주를 거르시더라도 다음 주 빠지지 말고 이어서 학습하시기 바랍니다. 빠진 사람은 같이 못한 주간 학습을 반드시 읽어보고 다음과정을 이으시길 바랍니다.

-편저자

■ 목 차

■ 편저자의 말

54주간의 성경여행의 리더가 되신 것을 축하드립니다

유 성 준 교수
협성대학교 교목실장

이제 당신은 "은혜의 산맥을 따라가는 54주간의 여행"을 시작하게 되었습니다. 이 과정을 통하여 당신은 성경 각권에 나타나는 실제적인 성경의 지식과 지혜를 얻게 될 것입니다. 그리고 이 여정을 따라가기만 하면 성경의 각 장에 나타나는 가장 핵심적인 내용들을 심도 있게 연구하고 깨닫게 될 것입니다.

거의 대부분의 크리스천들이 성경에 대해 좀 더 알기를 원하지만, 또 나름대로 여러 번 성경을 읽고 연구하기를 시도해보지만 깨닫게 되는 가장 곤혹스러운 문제는 어디서부터 시작해야 될지를 모른다는 것입니다. 또한 많은 신실한 크리스천들이 진지하게 성경읽기를 시도해 보지만 이해되지 않는 내용들이 많기 때문에 중도에 포기하는 경우가 너무나 많은 것을 보게 됩니다. 이러한 이유들 때문에 많은 사람들이 성경을 읽지 않는 것을 시간이 없다는 핑계를 대거나 이것을 목회자들이나 성서를 전문적으로 연구하는 학자들의 몫으로 떠넘기는 경우를 보게 됩니다.

그러나 충격적인 진실은 하나님이 우리에게 성경을 주신 것은 직장에서 일하는 사람들이나 집에서 일하는 사람들, 어른이나 학생이나 남녀노소를 불문하고 누구라도 개인적으로 이 말씀을 사용하라는 것입니다. 물론 하나님은 성경을 심도 있게 연구하고 해석하는 사람들을 통해 그의 말씀을 이해하기 쉽고 실천적이 될 수 있도록 길을 제공하는 것을 보게 됩니다.

이 "54주간의 여행과정"은 개인적으로 모든 신실한 크리스천들이 성경을 읽고 깨닫고 묵상하고 실천하는 문제에 대한 해답이 될 것이라고 확신합니다. 제가 약속할 수 있는 것은 어느 누구든지 이 과정을 매 과 마다 가이드대로 신실하게 진행해 나간다면, 당신은 이 54주 동안에 당신이 일생동안 꿈꾸어 왔던 것 이상의 성서에 대한 확실한 통찰력을 가지게 될 것이라고 확신합니다.

그것은 제가 교회에서 그리고 대학에서 임상을 통해 경험한 사실이기 때문입니다.

이 여행이 좀 더 의미 있는 여행이 되기 위해 몇 가지 중요한 제안을 드리고자 합니다.

Ⅰ. 영적 준비과정

이 여행은 성서에 대한 진지한 탐구자들을 위한 과정입니다. 단순한 성서에 대한 지식전달 과정이 아니기 때문에 영적인 준비과정이 필요합니다. 가장 기본적인 준비과정은 예수가 당신의 구세주(Lord and Savior)가 된다는 확신 가운데 이 과정을 진행하는 것입니다.

사도행전에 나타나는 초대교회공동체가 3가지 단계로 진행되는 것을 보게 됩니다. 1)회심/중생의 단계(행2:38), 2)양육/훈련단계(행2:42-47), 3)재생산의 단계(행2:47)입니다. 어느 누구도 이 단계는 건너뛸 수 없습니다. 그것은 우리의 영안이 열리게 될 때(엡1:17-19) 비로소 하나님의 말씀이 깨달아 질 수 있기 때문입니다. 그러므로 이 여행을 위한 첫 번째 단계는 예수를 구세주로 영접하는 회심/중생의 단계입니다. 그것은 다음의 단순한 네 가지 과정입니다. 당신이 아직도 예수가 구세주가 되신다는 확신이 없거나, 전혀 그러한 진리에 대해서 들어본 적이 없다면 다음 네 과정을 읽고 여행을 출발하시기 바랍니다.

1. 하나님은 당신을 진정으로 사랑하시고 당신이 영생을 얻기 원한다는 것입니다.

성경은 말하기를, *하나님이 세상을 이처럼 사랑하사 독생자를 주셨으니 이는 그를 믿는 자마다 멸망하지 않고 영생을 얻게 하려 하심이니라*(요3:16)하였습니다.

2. 나의 죄성과 나의 죄가 나와 하나님과 관계를 단절시켰다는 것을 깨닫는 것입니다.

하나님은 거룩하시기 때문에 죄와 함께하실 수 없습니다. *성경은 말하기를 구름과 흑암이 그를 둘렀고 공의와 정의가 그의 보좌의 기초로다*(시97:2)하였습니다.

인간은 죄성이 있기 때문에 성경은 말하기를 *모든 사람이 죄를 범하였으매 하나님의 영광에 이르지 못하더니*(롬3:23)하였습니다.

죄는 하나님으로부터 인간을 단절시킵니다. *오직 너의 죄악이 너희와 너희 하나님 사이를 갈라놓았고 너희 죄가 그의 얼굴을 가리어서 너희에게서 듣지 않으시게 함이니라*(사59:2).

3. 오직 예수만이 나의 죄를 용서하시고 구원을 주시는 분이라는 것을 깨닫는 것입니다.

예수께서 이르시되 *내가 곧 길이요 진리요 생명이니 나로 말미암지 않고는 아버지께로 올 자가 없느니라*(요14:6)라고 말씀하셨습니다.

하나님이 우리들을 이처럼 사랑하사 독생자를 보내셔서 십자가에 달려 돌아가시므로 구언의 길을 예비하셨습니다.

성경은 말하기를 *우리가 아직 죄인 되었을 때에 그리스도께서 우리를 위하여 죽으심으로 하나님께 우리에 대한 자기의 사랑을 확증하셨느니라*(롬5:8)하였습니다.

아마 어떤 분은 이런 것들은 내가 이미 다 알고 있는 것이라고 생각할 것입니다. 그러나 성경은 아는 것이 중요한 것이 아니요 아는 것을 구체적으로 행동으로 옮기는 것이 더 중요하다고 얘기 합니다. 성경은 말하기를 *네가 하나님은 한 분이신 줄을 믿느냐 잘 하는도다 귀신들도 믿고 떠느니라*(약2:19)합니다.

4. 예수님을 나의 구세주로 영접하는 것입니다

성경은 말하기를 *영접하는 자 곧 그 이름을 믿는 자들에게는 하나님의 자녀가 되는 권세를 주셨으니*(요1:12)하였습니다.

당신이 예수님을 영접하고 은사로 주시는 영생을 얻기 위해서는 당신이 반드시 그것을 요청해야 합니다. *볼지어다 내가 문 밖에 서서 두드리노니 누구든지 내 음성을 듣고 문을 열면 내가 그에게로 들어가 그로 더불어 먹고 그는 나로 더불어 먹으리라*(계3:20)

예수님을 영접한다는 것은 예수님이 당신의 삶에 들어오셔서 당신이 하나님이 원하는 사람이 될 수 있도록 도움을 요청하는 것입니다. 그것은 단순히 예수님이 하나님의 아들이고 그가 당신의 죄를 위해 십자가에 죽으셨다는 것에 동의하는 것으로는 충분치 않습니다. 그것은 당신이 예수님을 당신의 삶에 거룩한 인도자로 받아드리겠다는 결단에서 시작됩니다. 당신은 지금 이 순간도 기도를 통해서 결단할 수 있습니다.

성경은 말하기를 *사람이 마음으로 믿어 의에 이르고 입으로 시인하여 구원에 이르느니라*(롬10:10)하였습니다. 이 시간 입을 열어 당신의 죄의 용서를 구하고 예수님을 당신의 마음에 구세주로 영접하십시오.

5. 당신의 결단을 당신의 목사님과 소그룹 리더에게 알리시기 바랍니다.

II. 필요한 자료

1. 제1주 과정에 나와 있는 "어떻게 성경을 연구할 것인가?"를 참조하십시오.

a, 좋은 성경을 준비바랍니다.

당신이 대가를 지불한 만큼 얻는 것은 좋은 성경책도 예외는 아닙니다. 목사님들께 조언을 구하십시오.

b, 좋은 성경주석을 준비하시기 바랍니다,

그것은 어려운 문장들의 의미를 이해하는데 도움이 됩니다.

c, 좋은 성경사전도 준비하시기 바랍니다.

그것은 성경에 나오는 어려운 단어들의 정의와 배경을 알려줄 것입니다.

III. 개인적인 연구를 위한 제언

1. 각과를 시작하기 전에 기도하시기 바랍니다.
2. 각과를 마친 다음에는 다음과 같은 세 가지 질문을 하시기 바랍니다.
   a. 이 과의 내용이 무엇을 말하고 있는가?
   b. 이 과의 내용이 나에게 무엇을 말하고 있는가?
   c. 그것에 대하여 내가 무엇을 할 것인가?
3. 이해하지 못하는 내용에 대해서는 염려하지 마십시오. 하나님이 그 말씀을 통해 당신에게 깨닫게 하실 것으로 믿고 연구할 때 불분명한 것들이 반드시 깨달아지게 될 것입니다.
4. 그 성경말씀이 당신에게 직접적으로 하시는 말씀인 경우에는 그 말씀에 꼭 표시를 하십시오.
5. 각 과를 적어도 세 번씩 읽으시고 당신 마음에 부딪치는 것들을 여백에 기록하십시오.

IV. 소그룹에서 사용할 때의 제언

1. 빠지지 말고 참석하십시오.
2. 질문을 두려워하지 마십시오.
3. 적어도 10분전에 모임에 참석하여 그 주의 내용을 미리 살펴보십시오.
4. 중요한 내용들을 기록하십시오.
5. 인도자를 위해서 매일 기도하십시오.

V. 각과의 질문대답에 대한 제언

1. 먼저 성경의 대답을 보십시오.

대부분 그 대답이 간단하고 분명한 내용들입니다. 그러나 어떤 질문들은 깊은 사고를 요구하는 질문들도 있습니다. 그래서 대답을 준비하며 그 말씀의 의미가 무엇인지 각 절이나 장들을 묵상하는 것이 중요합니다.

2. 단순히 성경을 인용하는 것으로 답하지 마십시오.

각 대답은 그 말씀을 당신 자신의 말로 바꾸어서 가능하면 간단하게 대답하십시오.

3. 어떤 질문은 처음에는 어렵게 보여 지는 질문도 있지만, 점점 여행을 진행해 나가면서 성경이 여러분의 삶에 적용 될 때 점점 대답이 쉬워지는 것을 깨닫게 될 것입니다.

54주간의 성경여행을 위한

소그룹(속회,구역,공과) 예배 순서

사회 : 총무(속장,구역자의 소그룹장)

▶여는 기도(사회) "주님, 오늘도 우리의 눈을 열어 주의 진리의 빛을 발견케 하시고 우리의 입술을 열어 하나님 사랑을 고백하게 하시고, 우리 모두가 이 시간을 통하여 하나님과 동행하는 신실한 백성으로 사는데 새힘 얻도록 도와 주시옵소서. 예수님으로 기도드립니다. 아멘"

▶찬 송 (장) 다같이

▶대표기도: (순서자)

▶0 0 0 님의 인도로 공과학습(속회,구역예배 등)을 시작하겠습니다. (사회)

[공과 인도(인도자) "54주 성경여행"]

1. 인도자가 교재 본문을 읽어가면서(또는 속도원이 돌아가면서 읽어가면서) 필요시 인도자는 간단한 성경주석을 해설해주는 것도 좋습니다.(단 해설이 너무 길지 않도록 주의)
2. 교재를 읽어가면서 나오는 질문에 대해 다함께 해당 성경을 찾도록 하고 모두 함께 읽어봅니다. 이때 인도자는 질문 취지와 성경본문의 관계를 간단히 설명합니다.
3. 매 주 각 단원이 끝나면 그날 공과의 전체 요약과 주요 성구를 정리합니다.
4.교재학습때 주제밖 이야기나 간증으로 흐르지 않도록 주의바랍니다.

▶찬 송 (장) 다같이

▶봉 헌 (봉헌기도: 순서자)

▶한 주간의 삶과 중보기도나누기(1인 1분 정도 소개) **사 회**

▶광 고 (교회소식, 중보기도, 다음 장소,시간 및 예배위원) **사 회**

▶합심기도 다같이

▶행정(보고서작성:출결,특별중보기도,전도,심방대상자 접수) **사 회**

▶주기도문 다같이

▶ 다 과 및 친 교

(서로에게 은혜가 되는 대화와 기도의 응답을 알리는 시간이 됩시다.)

은혜의 산맥을 따라가는

54주간의 성경여행

인도자 자료집

■ 자료집을 보시기 전에

이 자료집은 인도자의 학습준비를 위한 기본자료입니다. 교재의 질문에 대한 성구가 수록되어 있으며 일부 질문에 대한 해답도 수록되어 있습니다만 학습자의 생각을 묻는 질문은 비어 있고 대신 성경으로 채워져 있습니다. 이는 인도자가 미리 생각하고 준비하셔야합니다. 또한 부록으로 약식 성경사전을 첨부했습니다. 이 외 기타 사전을 주석사전이나 기독교자료 검색을 통해 보충하시기 바랍니다. -편저자

♤♤♤♤♤♤♤♤♤♤♤♤♤♤♤♤♤♤♤♤♤♤♤♤♤♤♤♤♤♤♤♤♤♤♤♤♤

제1주 성경여행에 앞서

▶디모데 후서 2:15 를 읽으십시오 그리고 왜 그리스도인은 성경을 연구해야 하는지 설명해 보십시오. <딤후2:15> 네가 진리의 말씀을 옳게 분변하여 부끄러울 것이 없는 일꾼으로 인정된 자로 자신을 하나님 앞에 드리기를 힘쓰라

Ⅰ. 성경의 기원과 역사

▶그 한분의 저자는 누구이며 또한 그의 메시지는 어떻게 씌어져 내려가게 되었습니까 ? <벧후 1:21>예언은 언제든지 사람의 뜻으로 낸 것이 아니요 오직 성령의 감동하심을 입은 사람들이 하나님께 받아 말한 것임이니라

Ⅱ. 성경의 주제

▶그의 이름은 무엇입니까? (예수)

<마1:1> 아브라함과 다윗의 자손 예수 그리스도의 세계라

Ⅲ. 성경의 구분

A. 구 약

▶ (1) 구약의 첫 다섯권의 책들은 모세 오경- 창세기 출애굽기 레위기 민수기 신명기 이 다섯권의 책들을 기록 하도록 하나님께서 누구에게 영감을 주셨습니까? (모세)

<요1:45> 빌립이 나다나엘을 찾아 이르되 모세가 율법에 기록하였고 여러 선지자가 기록한 그이를 우리가 만났으니 요셉의 아들 나사렛 예수니라

<요7:19> 모세가 너희에게 율법을 주지 아니하였느냐 너희 중에 율법을 지키는 자가 없도다 너희가 어찌하여 나를 죽이려 하느냐

▶'선지'라는 말은 무엇을 의미 합니까? 대언자(설교자)

<출7:1-2> 여호와께서 모세에게 이르시되 볼지어다 내가 너로 바로에게 신이 되게 하였은즉 네 형 아론은 네 대언자가 되리니 내가 네게 명한 바를 너는 네 형 아론에게 말하고 그는 바로에게 말하여 그로 이스라엘 자손을 그 땅에서 보내게 할지니라

제1장 모세오경

제2주 창 세 기

Ⅰ. 전 인 류 (1 - 11 장)

둘째날 : 궁창(하늘)이 창조되다 <1:6-8>

<창1:6-8> 하나님이 가라사대 물 가운데 궁창이 있어 물과 물로 나뉘게 하리라 하시고 하나님이 궁창을 만드사 궁창 아래의 물과 궁창 위의 물로 나뉘게 하시매 그대로 되니라 하나님이 궁창을 하늘이라 칭하시니라 저녁이 되며 아침이 되니 이는 둘째 날이니라

셋째날 : 땅과 식물이 창조되다 <1:9-13>

넷째날 : 해, 달, 별들이 창조되다 <1:14-19>

다섯째날 : 물은 모든 생물, 물고기, 하늘에는 새, 모든 동식물이 창조되다

<창1:20-23>하나님이 가라사대 물들은 생물로 번성케 하라 땅 위 하늘의 궁창에는 새가 날으라 하시고 하나님이 큰 물고기와 물에서 번성하여 움직이는 모든 생물을 그 종류대로, 날개 있는 모든 새를 그 종류대로 창조하시니 하나님의 보시기에 좋았더라 하나님이 그들에게 복을 주어 가라사대 생육하고 번성하여 여러 바다 물에 충만하라 새들도 땅에 번성하라 하시니라 저녁이 되며 아침이 되니 이는 다섯째 날이니라

여섯째날 : 짐승들과 사람이 창조되다 <1:24-31>

일곱째날 : 안식하시니라

<창2:2-3> 하나님의 지으시던 일이 일곱째 날이 이를 때에 마치니 그 지으시던 일이 다하므로 일곱째 날에 안식하시니라 하나님이 일곱째 날을 복 주사 거룩하게 하셨으니 이는 하나님이 그 창조하시며 만드시던 모든 일을 마치시고 이 날에 안식하셨음이더라

B. 인간의 타락 (3 - 4장)

5). 죄의 진행 : 4장에서 우리는 '분노', '질투', '증오' 그리고 결과적으로 살인을 발견합니다. 가인 은 아벨 을 죽였습니다. 죄는 더 많은 죄를 낳습니다.

<창4:8> 가인이 그 아우 아벨에게 고하니라 그 후 그들이 들에 있을 때에 가인이 그 아우 아벨을 쳐죽이니라

C. 노아와 홍수 (5 - 11장)

노아의 때와 예수 그리스도의 재림이 가까운 때 사이에 유사점들은 무엇입니까?

<마24:37-39> 노아의 때와 같이 인자의 임함도 그러하리라 홍수 전에 노아가 방주에 들어가던 날까지 사람들이 먹고 마시고 장가들고 시집가고 있으면서 홍수가 나서 저희를 다 멸하기까지 깨닫지 못하였으니 인자의 임함도 이와 같으리라

D. 바 벨 탑 (11장)

홍수이후 하나님께서는 인간들에게 이 땅을 다시 채우도록 명령하셨으나 그들은 다른 계획들을 가지고 있었습니다. 사람들은 무엇을 했습니까?

<창11:1-4> 온 땅의 구음이 하나이요 언어가 하나이었더라 이에 그들이 동방으로 옮기다가 시날 평지를 만나 거기 거하고 서로 말하되 자, 벽돌을 만들어 견고히 굽자 하고 이에 벽돌로 돌을 대신하며 역청으로 진흙을 대신하고 또 말하되 자, 성과 대를 쌓아 대 꼭대기를 하늘에 닿게 하여 우리 이름을 내고 온 지면에 흩어짐을 면하자 하였더니

Ⅱ. 이스라엘의 족장들 (12 - 50장)

A. 아브라함의 생애 (12 - 50장)

▶ 하나님은 이 사람과 그의 후손을 통해서 무엇을 하실 것을 약속하셨습니까?

<창12:2-3> 내가 너로 큰 민족을 이루고 네게 복을 주어 네 이름을 창대케 하리니 너는 복의 근원이 될지라 너를 축복하는 자에게는 내가 복을 내리고 너를 저주하는 자에게는 내가 저주하리니 땅의 모든 족속이 너를 인하여 복을 얻을 것이니라 하신지라

▶ 그리스도는 어느 지파에서 오셨습니까?

<창49:10> 홀이 유다를 떠나지 아니하며 치리자의 지팡이가 그 발 사이에서 떠나지 아니하시기를 실로가 오시기까지 미치리니 그에게 모든 백성이 복종하리로다

<마1:2> 아브라함이 이삭을 낳고 이삭은 야곱을 낳고 야곱은 유다와 그의 형제를 낳고

<눅3:33>그 이상은 아미나답이요 그 이상은 아니요 그 이상은 헤스론이요 그 이상은 베레스요 그 이상은 유다요

C. 야곱의 생애(25-49장) -

▶ 12명의 아들 - 르우벤 시므온 레위 **유다** 단 납달리 갓 **아셀** 잇사갈 스불론 요셉 **베냐민**

<창35:23-26> 야곱의 아들은 열둘이라 레아의 아들들은 야곱의 장자 **르우벤**과 그 다음 **시므온과 레위와 유다와 잇사갈과 스불론**이요 라헬의 아들들은 **요셉과 베냐민**이며 라헬의 여종 빌하의 아들들은 **단과 납달리**요 레아의 여종 실바의 아들들은 **갓**과 **아셀**이니 이들은 야곱의 아들들이요 밧단아람에서 그에게 낳은 자더라

D. 요셉의 생애 (30 - 50장)

▶ 창세기 45:4-8과 50:18-20을 읽고 요셉의 생애가 어떻게 하나님의 주권과 그의 백성에 대한 돌보심을 드러내주고 있는지 설명해 보십시오

<창45:4-8> 요셉이 형들에게 이르되 내게로 가까이 오소서 그들이 가까이 가니 가로되 나는 당신들의 아우 요셉이니 당신들이 애굽에 판 자라 당신들이 나를 이 곳에 팔았으므로 근심하지 마소서 한탄하지 마소서 하나님이 생명을 구원하시려고 나를 당신들 앞서 보내셨나이다 이 땅에 이 년 동안 흉년이 들었으나 아직 오 년은 기경도 못하고 추수도 못할지라 하나님이 큰 구원으로 당신들의 생명을 보존하고 당신들의 후손을 세상에 두시려고 나를 당신들 앞서 보내셨나니 그런즉 나를 이리로 보낸 자는 당신들이 아니요 하나님이시라 하나님이 나로 바로의 아비를 삼으시며 그 온 집의 주를 삼으시며 애굽 온 땅의 치리자를 삼으셨나이다

<창50:18-20> 그 형들이 또 친히 와서 요셉의 앞에 엎드려 가로되 우리는 당신의 종이니이다 요셉이 그들에게 이르되 두려워 마소서 내가 하나님을 대신하리이까 당신들은 나를 해하려 하였으나 하나님은 그것을 선으로 바꾸사 오늘과 같이 만민의 생명을 구원하게 하시려 하셨나니

<롬8:28>우리가 알거니와 하나님을 사랑하는 자 곧 그 뜻대로 부르심을 입은 자들에게는 모든 것이 합력하여 선을 이루느니라

제3주 출 애 굽 기

▶ 출애굽기 1:5과 12:37 에 의하면 야곱의 가족은 그들이 애굽에 거주하는 동안 숫자적으로 얼마나 성장하였습니까 ?

<출1:5> 이미 애굽에 있는 요셉까지 야곱의 혈속이 모두 칠십 인이었더라

<출12:37> 이스라엘 자손이 라암셋에서 발행하여 숙곳에 이르니 유아 외에 보행하는

장정이 육십만 가량이요

B. 구 속 자 (2 - 4장)

▶ 모세는 40세가 되었을 때 한 애굽인을 죽이고 광야로 도망가야 했습니다.<행7:23-29>. 모세는 미다안 광야에서 몇 년이나 양을 치며 보냈습니까 ?

<행7:23-29> 나이 사십이 되매 그 형제 이스라엘 자손을 돌아볼 생각이 나더니 한 사람의 원통한 일 당함을 보고 보호하여 압제받는 자를 위하여 원수를 갚아 애굽 사람을 쳐죽이니라 저는 그 형제들이 하나님께서 자기의 손을 빌어 구원하여 주시는 것을 깨달으리라고 생각하였으나 저희가 깨닫지 못하였더라 이튿날 이스라엘 사람이 싸울 때에 모세가 와서 화목시키려 하여 가로되 너희는 형제라 어찌 서로 해하느냐 하니 그 동무를 해하는 사람이 모세를 밀뜨려 가로되 누가 너를 관원과 재판장으로 우리 위에 세웠느냐 네가 어제 애굽 사람을 죽임과 같이 또 나를 죽이려느냐 하니 모세가 이 말을 인하여 도주하여 미디안 땅에서 나그네 되어 거기서 아들 둘을 낳으니라

C. 열가지 재앙과 유월절 (5 - 13장)

▶ 하나님은 애굽인들 위에 10가지의 연속적인 재앙을 보내십니다. 마지막 재앙은 무엇이었습니까 ?

<출11:5> 애굽 가운데 처음 난 것은 위에 앉은 바로의 장자로부터 맷돌 뒤에 있는 여종의 장자까지와 모든 생축의 처음 난 것이 죽을지라

D. 히브리 인들의 초기의 자유 (14-18장)

Ⅱ. 율 법 (19 - 24장)

▶ 애굽을 떠난지 3개월 후에 이스라엘 백성들은 시내산에 이르렀습니다. 거기에서 하나님은 그들을 구원하신 그의 목적을 알리셨습니다. 왜 하나님께서 그들을 구원 하셨습니까 ?

<출19:3-6> 모세가 하나님 앞에 올라가니 여호와께서 산에서 그를 불러 가라사대 너는 이같이 야곱 족속에게 이르고 이스라엘 자손에게 고하라 나의 애굽 사람에게 어떻게 행하였음과 내가 어떻게 독수리 날개로 너희를 업어 내게로 인도하였음을 너희가 보았느니라 세계가 다 내게 속하였나니 너희가 내 말을 잘 듣고 내 언약을 지키면 너희는 열국 중에서 내 소유가 되겠고 너희가 내게 대하여 제사장 나라가 되며 거룩한 백성이 되리라 너는 이 말을 이스라엘 자손에게 고할지니라

▶ 출애굽기 20장에서 하나님은 그의 백성들에게 우리가 십계명이라고 부르는 것을 주셨습니다.예수님은 이 계명들을 어떻게 요약 하셨습니까?

<마22:37-39> 예수께서 가라사대 **네 마음을 다하고 목숨을 다하고 뜻을 다하여 주 너의 하나님을 사랑하라** 하셨으니 이것이 크고 첫째 되는 계명이요 둘째는 그와 같으니 **네 이웃을 네 몸과 같이 사랑하라** 하셨으니

▶ 율법의 목적은 무엇입니까 ?

<갈3:19-24> 그런즉 율법은 무엇이냐 범법함을 인하여 더한 것이라 천사들로 말미암아 중보의 손을 빌어 베푸신 것인데 약속하신 자손이 오시기까지 있을 것이라 중보는 한편만 위한 자가 아니니 오직 하나님은 하나이시니라 그러면 율법이 하나님의 약속들

을 거스리느냐 결코 그럴 수 없느니라 만일 능히 살게 하는 율법을 주셨더면 의가 반드시 율법으로 말미암았으리라 그러나 성경이 모든 것을 죄 아래 가두었으니 이는 예수 그리스도를 믿음으로 말미암은 약속을 믿는 자들에게 주려 함이니라 믿음이 오기 전에 우리가 율법 아래 매인 바 되고 계시될 믿음의 때까지 갇혔느니라 이같이 율법이 우리를 그리스도에게로 인도하는 몽학선생이 되어 우리로 하여금 믿음으로 말미암아 의롭다 함을 얻게 하려 함이니라

<롬5:20> 율법이 가입한 것은 범죄를 더하게 하려 함이라 그러나 죄가 더한 곳에 은혜가 더욱 넘쳤나니

Ⅲ. 성 막 (25 - 40장)

▶ 왜 하나님은 이 성막을 원하셨습니까 ?

<출25:8> 내가 그들 중에 거할 성소를 그들을 시켜 나를 위하여 짓되

▶ 마태복음27:51에 의하면 예수께서 죽으시는 순간 이 휘장에 어떤 일이 발생했으며 이것은 무엇을 의미합니까 ? <마27:51> 이에 성소 휘장이 위로부터 아래까지 찢어져 둘이 되고 땅이 진동하며 바위가 터지고

▶ 다음에 지성소가 나오는데 그것은 언약궤라고 하는 단 하나의 기구만을 포함하고 있습니다<출25:10-22> 언약궤 안에 담겨있는 세가지 내용물은 무엇입니까?

<출25:16> 내가 네게 줄 **증거판**을 궤 속에 둘지며

<히9:4> 금향로와 사면을 금으로 싼 **언약궤**가 있고 그 안에 **만나를 담은 금항아리**와 **아론의 싹난 지팡이**와 **언약의 비석들**이 있고

▶마지막속죄는 언제 이루어졌습니까?

<롬5:6-11> 우리가 아직 연약할 때에 기약대로 그리스도께서 경건하지 않은 자를 위하여 죽으셨도다 의인을 위하여 죽는 자가 쉽지 않고 선인을 위하여 용감히 죽는 자가 혹 있거니와 우**리가 아직 죄인 되었을 때에 그리스도께서 우리를 위하여 죽으심으로 하나님께서 우리에 대한 자기의 사랑을 확증하셨느니라** 그러면 이제 우리가 그의 피로 말미암아 의롭다 하심을 받았으니 더욱 그로 말미암아 진노하심에서 구원을 받을 것이니 곧 우리가 원수 되었을 때에 그의 아들의 죽으심으로 말미암아 하나님과 화목하게 되었은즉 화목하게 된 자로서는 더욱 그의 살아나심으로 말미암아 구원을 받을 것이니라 그뿐 아니라 이제 우리로 화목하게 하신 우리 주 예수 그리스도로 말미암아 하나님 안에서 또한 즐거워하느니라

제4주 레 위 기

Ⅰ. 제 사 (1 -7장)

A. 번 제 (1장)

▶ 로마서 12:1에 의하면 오늘날 우리는 어떤 종류의 제사를 드려야만 할까요?

<롬12:1> 그러므로 형제들아 내가 하나님의 모든 자비하심으로 너희를 권하노니 너희 몸을 하나님이 기뻐하시는 거룩한 산 제사로 드리라 이는 너희의 드릴 영적 예배니라

▶ 11절에 의하면 이 제사에 사용할 수 없는것 두가지는 무엇입니까?

<레2:11> 무릇 너희가 여호와께 드리는 소제물에는 모두 1.누룩을 넣지 말지니 너희가 누룩이나 2.꿀을 여호와께 화제로 드려 사르지 못할지니라

C. 화 목 제 (3장)

D. 속 죄 제 (4:1 - 5:13)

E. 속 건 제 (5:4 - 6:7)

Ⅱ. 제 사 장 직 (8 - 10장)

▶ **제사장들은 제사를 드리는것 외에 어떠한 일들을 했습니까?**

<레10:11> 또 여호와가 모세로 명한 모든 규례를 이스라엘 자손에게 가르치리라

Ⅲ. 정결함과 부정함 (11 - 15장)

▶ **시편51:2에 의하면 죄인의 상태를 어떻게 그려주고 있을까요?**

<시51:2> 나의 죄악을 말갛게 씻기시며 나의 죄를 깨끗이 제하소서

▶ **우리는 어떻게 우리의 죄로부터 씻김을 받을까요?**

<요일1:9> 만일 우리가 우리 죄를 자백하면 저는 미쁘시고 의로우사 우리 죄를 사하시며 모든 불의에서 우리를 깨끗게 하실 것이요

Ⅳ. 속 죄 (16장)

▶ **이사셀 염소는 무엇입니까?**

<레16:20-22> 그 지성소와 회막과 단을 위하여 속죄하기를 마친 후에 산 염소를 드리되 아론은 두 손으로 산 염소의 머리에 안수하여 이스라엘 자손의 모든 불의와 그 범한 모든 죄를 고하고 그 죄를 염소의 머리에 두어 미리 정한 사람에게 맡겨 광야로 보낼지니 염소가 그들의 모든 불의를 지고 무인지경에 이르거든 그는 그 염소를 광야에 놓을지니라

Ⅴ. 성 일 (17 - 27장)

유대 성일과 절기

참 조	성일과 절기	내 용 과 목 적	영적의미
레23:3 출20:8-11	안 식 일	7일중 하루 안식 하는 날 하루 쉬며, 거룩하게 보내는 날 하나님 은혜 기억, 감사, 영광, 감사예배	완전한 안식 주님의 재림/부활
레23:5 출12:12-14	유월절 (무교절)	이스라엘이 애굽에서 해방 기념절기(passover) 히12:27-이스라엘 장자 살리신 사건 유월절 후 한 주간 무교절 유월절 날 십자가 지심→성만찬의 기원	예수님=유월절 어린양
레23:9-14	초실절 (비쿠림)	유월절기간-안식일 지난 다음 날(3일째) 보리추수의 첫 소산 봉헌	첫 열매=예수님의 부활 상징
레23:15-22	오순절 (칠칠절)	밀추수 첫 소산 마지막 봉헌 (초실절 후 50일)	부활 후 40일 승천하시고 오순절날 성령강림
레23:23-25	나팔절	7월은 유대절에 정월에 해당: 새해 첫 날 거룩히 구별 오순절 후 3개월간(이삭 줍는 기간)	성령감림/복음증거-재림과 연결
레23:26-32	속죄일	7월 10일-여호와께 화재드림-온종일 속죄하고 보냄	영광스러운 부활의 몸(궁극적으로 십자가가 완성)
레23:33-44	초막절 (장막절)	7월 15일-특별한 성회 1주일 출애굽 기념-무교병과 쓴나물을 먹고 지붕에 천막을 치고 지냄	영원한 장막=그리스도의 통치
레25:1-7	안식년	토지와 부동산에 관계되는 율법(토지의 안식) 안식일의 반복이 안식년	영원한 안식예시
레25:8-55	희년	안식년의 반복이 희년(The year of Jubilee) 종이해방, 기업 잃은 자 찾아주고(회복의 절기)	영원한 안식 모든 것이 회복되어지는 때

제5주 민 수 기

▶ 민수기는 히브리서 3-4장과 고린도전서 10:1-15에 설명하였듯이 우리에게 많은 영적 교훈을 줍니다. 고린도전서를 읽고 민수기가 오늘날 우리에게 어떤 교훈을 주는지 설명해 보십시오.

<고전10:1-15> 형제들아 너희가 알지 못하기를 내가 원치 아니하노니 우리 조상들이 다 구름 아래 있고 바다 가운데로 지나며 모세에게 속하여 다 구름과 바다에서 세례를 받고 다 같은 신령한 식물을 먹으며 다 같은 신령한 음료를 마셨으니 이는 저희를 따르는 신령한 반석으로부터 마셨으매 그 반석은 곧 그리스도시라 그러나 저희의 다수를 하나님이 기뻐하지 아니하신 고로 저희가 광야에서 멸망을 받았느니라 그런 일은 우리의 거울이 되어 우리로 하여금 저희가 악을 즐겨한 것같이 즐겨하는 자가 되지 않게 하려 함이니 저희 중에 어떤 이들과 같이 너희는 우상 숭배하는 자가 되지 말라 기록된 바 백성이 앉아서 먹고 마시며 일어나서 뛰논다 함과 같으니라 저희 중에 어떤 이들이 간음하다가 하루에 이만 삼천 명이 죽었나니 우리는 저희와 같이 간음하지 말자 저희 중에 어떤 이들이 주를 시험하다가 뱀에게 멸망하였나니 우리는 저희와 같이 시험하지 말자 저희 중에 어떤 이들이 원망하다가 멸망시키는 자에게 멸망하였나니 너희는 저희와 같이 원망하지 말라 저희에게 당한 이런 일이 거울이 되고 또한 말세를 만난 우리의 경계로 기록하였느니라 그런즉 선 줄로 생각하는 자는 넘어질까 조심하라 사람이 감당할 시험밖에는 너희에게 당한 것이 없나니 오직 하나님은 미쁘사 너희가 감당치 못할 시험 당함을 허락지 아니하시고 시험당할 즈음에 또한 피할 길을 내사 너희로 능히 감당하게 하시느니라 그런즉 내 사랑하는 자들아 우상 숭배하는 일을 피하라 나는 지혜 있는 자들에게 말함과 같이 하노니 너희는 내 이르는 말을 스스로 판단하라

민수기의 간략한 개요 :

민수기 제2장과 3장은 진내에서 각 지파의 위치를 다루고 있습니다.
그림(교재47p)을 보고 다음 물음에 대답 하십시오.

▶ 진의 중심에 무엇이 있습니까? 성막

▶ 성막은 어느 방향으로 향하고 있습니까? 북쪽

▶ 고핫과 게르손과 므라리는 누구이며 무엇을 했습니까?<민3:17; 3:23-29; 4:1-33>

<민3:17> 레위의 아들들의 이름은 이러하니 게르손과 고핫과 므라리요

<민3:23-29> 게르손 가족들은 장막 뒤 곧 서편에 진을 칠 것이요 라엘의 아들 엘리아삽은 게르손 사람의 종족의 족장이 될 것이며 게르손 자손의 회막에 대하여 맡을 것은 성막과 장막과 그 덮개와 회막 문장과 뜰의 휘장과 및 성막과 단 사면에 있는 뜰의 문장과 그 모든 것에 쓰는 줄들이니라 고핫에게서는 아므람 가족과 이스할 가족과 헤브론 가족과 웃시엘 가족이 났으니 이들이 곧 고핫 가족들이라 계수함을 입은 일 개월 이상 모든 남자의 수효가 팔천육백 명인데 성소를 맡을 것이며 고핫 자손의 가족들은 성막 남편에 진을 칠 것이요

<민4:25-33> 24 게르손 가족의 할 일과 멜 것은 이러하니 25 곧 그들은 성막의 앙장들과 회막과 그 덮개와 그 위의 해달의 가죽 덮개와 회막 문장을 메이며 26 뜰의 휘장과 및 성막과 단 사면에 있는 뜰의 문장과 그 줄들과 그것에 사용하는 모든 기구를 메

이며 이 모든 것을 어떻게 맡아 처리할 것이라 27 게르손 자손은 그 모든 일 곧 멜 것과 처리할 것에 아론과 그 아들들의 명대로 할 것이니 너희는 그들의 멜 짐을 그들에게 맡길 것이니라 28 게르손 자손의 가족들이 회막에서 할 일이 이러하며 그들의 직무는 제사장 아론의 아들 이다말이 감독할지니라 29 너는 므라리 자손도 그 가족과 종족을 따라 계수하되 30 삼십 세 이상으로 오십 세까지 회막 봉사에 입참하여 일할 만한 모든 자를 계수하라 31 그들이 직무를 따라 회막에서 할 모든 일 곧 그 멜 것이 이러하니 곧 장막의 널판들과 그 띠들과 그 기둥들과 그 받침들과 32 뜰 사면 기둥들과 그 받침들과 그 말뚝들과 그 줄들과 그 모든 기구들과 무릇 그것에 쓰는 것이라 너희는 그들의 맡아 멜 모든 기구의 명목을 지정하라 33 이는 제사장 아론의 아들 이다말의 수하에 있을 므라리 자손의 가족들이 그 모든 사무대로 회막에서 행할 일이니라

Ⅱ. 광 야 생 활 (10:11 - 21:35)

▶ 정탐꾼중에서 그 땅으로 들어가 그 땅을 차지하자고 한 사람은 누구입니까?

1. 여호수아 2. 갈렙

<민 13:30> 갈렙이 모세 앞에서 백성을 안돈시켜 가로되 우리가 곧 올라가서 그 땅을 취하자 능히 이기리라 하나

<민 14:6-9> 그 땅을 탐지한 자 중 눈의 아들 여호수아와 여분네의 아들 갈렙이 그 옷을 찢고 이스라엘 자손의 온 회중에 일러 가로되 우리가 두루 다니며 탐지한 땅은 심히 아름다운 땅이라 8 여호와께서 우리를 기뻐하시면 우리를 그 땅으로 인도하여 들이시고 그 땅을 우리에게 주시리라 이는 과연 젖과 꿀이 흐르는 땅이니라 9 오직 여호와를 거역하지 말라 또 그 땅 백성을 두려워하지 말라 그들은 우리 밥이라 그들의 보호자는 그들에게서 떠났고 여호와는 우리와 함께 하시느니라 그들을 두려워 말라 하나

▶ 두 정탐꾼이 백성들에게 가나안으로 쳐들어가 그 땅을 차지 하자고 변호할 때 백성들은 무엇으로 협박 했습니까?

<민14:10> 온 회중이 그들을 돌로 치려하는 동시에 여호와의 영광이 회막에서 이스라엘 모든 자손에게 나타나시니라

▶ 그러므로 하나님께서 그들에게 아론과 그의 자손들만이 하나님께서 제사장으로 택했다는 분명한 증거를 주셨습니다. 그것은 무슨 증거였습니까? <17:1-10>

<민17:1-10> 여호와께서 모세에게 일러 가라사대 너는 이스라엘 자손에게 고하여 그들 중에서 각 종족을 따라 지팡이 하나씩 취하되 곧 그들의 종족대로 그 모든 족장에게서 지팡이 열둘을 취하고 그 사람들의 이름을 각각 그 지팡이에 쓰되 레위의 지팡이에는 아론의 이름을 쓰라 이는 그들의 종족의 각 두령이 지팡이 하나씩 있어야 할 것임이니라 그 지팡이를 회막 안에서 내가 너희와 만나는 곳인 증거궤 앞에 두라 내가 택한 자의 지팡이에는 싹이 나리니 이것으로 이스라엘 자손이 너희를 대하여 원망하는 말을 내 앞에서 그치게 하리라 모세가 이스라엘 자손에게 고하매 그 족장들이 각기 종족대로 지팡이 하나씩 그에게 주었으니 그 지팡이 합이 열둘이라 그 중에 아론의 지팡이가 있었더라 모세가 그 지팡이들을 증거의 장막 안 여호와 앞에 두었더라 이튿날 모세가 증거의 장막에 들어가 본즉 레위 집을 위하여 낸 아론의 지팡이에 움이 돋고 순이 나고 꽃이 피어서 살구 열매가 열렸더라 모세가 그 지팡이 전부를 여호와 앞에서 이스라엘 모든 자손에게로 취하여 내매 그들이 보고 각각 자기 지팡이를 취하였더라 여호와께서 또 모세에게 이르시되 아론의 지팡이는 증거궤 앞으로 도로 가져다가 거기 간직하여 패

역한 자에 대한 표징이 되게 하여 그들로 내게 대한 원망을 그치고 죽지 않게 할지니라

▶ 하나님께서 모세에게 어떻게 하면 백성이 구원을 받을 수 있다고 가르쳐 주셨습니까?

<민21:8-9> 여호와께서 모세에게 이르시되 불뱀을 만들어 장대 위에 달라 물린 자마다 그것을 보면 살리라 모세가 놋뱀을 만들어 장대 위에 다니 뱀에게 물린 자마다 놋뱀을 쳐다본즉 살더라

▶ 구리뱀이 어떻게 그리스도의 모형이라고 할 수 있을까요?

<요3:14> 모세가 광야에서 뱀을 든 것같이 인자도 들려야 하리니

Ⅲ. 발람 사건 (22 - 25장)

Ⅳ. 가나안에 들어갈 준비 (26 - 36장)

▶모세는 만일 그들이 가서 도와주지 않으면 무슨일이 일어난다고 했습니까?

<민32:20-23> 모세가 그들에게 이르되 너희가 만일 이 일을 행하여 무장하고 여호와 앞에서 가서 싸우되 너희가 다 무장하고 여호와 앞에서 요단을 건너가서 여호와께서 그 원수를 자기 앞에서 쫓아내시고 그 땅으로 여호와 앞에 복종케 하시기까지 싸우면 여호와의 앞에서나 이스라엘의 앞에서나 무죄히 돌아오겠고 이 땅은 여호와 앞에서 너희의 산업이 되리라마는 너희가 만일 그같이 아니하면 여호와께 범죄함이니 너희 죄가 정녕 너희를 찾아낼 줄 알라

▶ 르우벤, 갓 그리고 므낫세반지파가 다른 지파들과 떨어져 살았기 때문에 무슨 일이 후에 일어났습니까?

<대상5:25-26> 저희가 그 열조의 하나님께 범죄하여 하나님이 저희 앞에서 멸하신 그 땅 백성의 신들을 간음하듯 섬긴지라 그러므로 이스라엘 하나님이 앗수르 왕 불의 마음을 일으키시며 앗수르 왕 디글랏 빌레셀의 마음을 일으키시매 곧 르우벤과 갓과 므낫세 반 지파를 사로잡아 할라와 하볼과 하라와 고산 하숫가에 옮긴지라 저희가 오늘날까지 거기 있으니라

제6주 신 명 기

Ⅰ. 과거의 회상 (1 - 4장)

▶ 55면의 지도를 보시고 다음의 장소들을 정확한 공백에 채워 넣으십시오:
시내산, 가데스 바네아, 가나안

신2:1-23에서 모세는 그들이 피하여 간 민족들에 대하여 말하고 있습니다. 그들은 다음과 같은 세 민족들이었습니다:
에돔, 그들은 야곱의 형제인 _에서_ 의 후손들입니다. <4-5절>

그리고 모압과 암몬, 그들은 아브라함의 조카 _롯_ 의 후손들입니다. <9절>

<신2:4-5> 너는 또 백성에게 명하여 이르기를 너희는 세일에 거하는 너희 동족 에서의 자손의 지경으로 지날진대 그들이 너희를 두려워하리니 너희는 깊이 스스로 삼가고 그들과 다투지 말라 그들의 땅은 한 발자국도 너희에게 주지 아니하리니 이는 내가 세일 산을 에서에게 기업으로 주었음이로라

<신2:9> 여호와께서 내게 이르시되 모압을 괴롭게 말라 그와 싸우지도 말라 그 땅을 내가 네게 기업으로 주지 아니하리니 이는 내가 롯 자손에게 아르를 기업으로 주었음이로라

▶ 신4:2에서 하나님은 서기관들과 바리새인들이 몇 세기 후에 범죄한 어떤 것들에 대하여 이스라엘에게 경고하고 계십니다. 이 경고는 무엇입니까?

<신4:2> 내가 너희에게 명하는 말을 너희는 가감하지 말고 내가 너희에게 명하는 너희 하나님 여호와의 명령을 지키라

▶ 신명기4:15-23에선 어떠한 다른 주의 사항이 주어졌습니까?

<신4:15-23> 여호와께서 호렙 산 화염 중에서 너희에게 말씀하시던 날에 너희가 아무 형상도 보지 못하였은즉 너희는 깊이 삼가라 두렵건대 스스로 부패하여 자기를 위하여 아무 형상대로든지 우상을 새겨 만들되 남자의 형상이라든지, 여자의 형상이라든지, 땅 위에 있는 아무 짐승의 형상이라든지, 하늘에 나는 아무 새의 형상이라든지, 땅 위에 기는 아무 곤충의 형상이라든지, 땅 아래 물 속에 있는 아무 어족의 형상이라든지 만들까 하노라 또 두렵건대 네가 하늘을 향하여 눈을 들어 일월성신, 하늘 위의 군중 곧 너희 하나님 여호와께서 천하 만민을 위하여 분정하신 것을 보고 미혹하여 그것에 경배하며 섬길까 하노라 여호와께서 너희를 택하시고 너희를 쇠풀무 곧 애굽에서 인도하여 내사 자기 기업의 백성을 삼으신 것이 오늘과 같아도 여호와께서 너희로 인하여 내게 진노하사 나로 요단을 건너지 못하며 네 하나님 여호와께서 네게 기업으로 주신 그 아름다운 땅에 들어가지 못하게 하리라고 맹세하셨은즉 나는 이 땅에서 죽고 요단을 건너지 못하려니와 너희는 건너가서 그 아름다운 땅을 얻으리니 너희는 스스로 삼가서 너희 하나님 여호와께서 너희와 세우신 언약을 잊어버려서 네 하나님 여호와께서 금하신 아무 형상의 우상이든지 조각하지 말라

Ⅱ. 현재를 위한 명령 (5 - 26장)

▶ 신7:3에서 어떤 중요한 경고가 주어졌습니까?

<신7:3> 또 그들과 혼인하지 말지니 네 딸을 그 아들에게 주지 말 것이요 그 딸로 네 며느리를 삼지 말 것은

▶ 신8:11-17에서 모세는 무엇에 대하여 백성들에게 주의를 주었습니까?

<신8:11-17> 내가 오늘날 네게 명하는 여호와의 명령과 법도와 규례를 지키지 아니하고 네 하나님 여호와를 잊어버리게 되지 않도록 삼갈지어다 네가 먹어서 배불리고 아름다운 집을 짓고 거하게 되며 또 네 우양이 번성하며 네 은금이 증식되며 네 소유가 다 풍부하게 될 때에 두렵건대 네 마음이 교만하여 네 하나님 여호와를 잊어버릴까 하노라 여호와는 너를 애굽 땅 종 되었던 집에서 이끌어 내시고 너를 인도하여 그 광대하고 위험한 광야 곧 불뱀과 전갈이 있고 물이 없는 건조한 땅을 지나게 하셨으며 또 너를 위하여 물을 굳은 반석에서 내셨으며 네 열조도 알지 못하던 만나를 광야에서 네게 먹이

셨나니 이는 다 너를 낮추시며 너를 시험하사 마침내 네게 복을 주려 하심이었느니라 또 두렵건대 네가 마음에 이르기를 내 능과 내 손의 힘으로 내가 이 재물을 얻었다 할까 하노라

Ⅲ. 이스라엘의 장래 (27 - 30장)

27장에서 이스라엘은 약속의 땅에 들어가는 날에 큰 돌들을 세우도록 명령을 받았습니다.

▶ 그들은 이 돌 들위에 무엇을 기록해야 했습니까? (율법의 모든 말씀)

<신27장> 모세가 이스라엘 장로들로 더불어 백성에게 명하여 가로되 내가 오늘날 너희에게 명하는 이 명령을 너희는 다 지킬지니라 너희가 요단을 건너 네 하나님 여호와께서 네게 주시는 땅에 들어가는 날에 큰 돌들을 세우고 석회를 바르라 이미 건넌 후에 이 율법의 모든 말씀을 그 위에 기록하라 그리하면 네 하나님 여호와께서 네게 주시는 땅 곧 젖과 꿀이 흐르는 땅에 네가 들어가기를 네 열조의 하나님 여호와께서 네게 말씀하신 대로 하리니 너희가 요단을 건너거든 내가 오늘날 너희에게 명하는 이 돌들을 에발 산에 세우고 그 위에 석회를 바를 것이며 또 거기서 네 하나님 여호와를 위하여 단 곧 돌단을 쌓되 그것에 철기를 대지 말지니라 너는 다듬지 않은 돌로 네 하나님 여호와의 단을 쌓고 그 위에 네 하나님 여호와께 번제를 드릴 것이며 또 화목제를 드리고 거기서 먹으며 네 하나님 여호와 앞에서 즐거워하라 **너는 이 율법의 모든 말씀을 그 돌들위에 명백히 기록할지니라** 모세가 레위 제사장들로 더불어 온 이스라엘에게 고하여 가로되 이스라엘아 잠잠히 들으라 오늘날 네가 네 하나님 여호와의 백성이 되었으니 그런즉 네 하나님 여호와의 말씀을 복종하여 내가 오늘날 네게 명하는 그 명령과 규례를 행할지니라 모세가 당일에 백성에게 명하여 가로되 너희가 요단을 건넌 후에 시므온과 레위와 유다와 잇사갈과 요셉과 베냐민은 백성을 축복하기 위하여 그리심 산에 서고 르우벤과 갓과 아셀과 스불론과 단과 납달리는 저주하기 위하여 에발 산에 서고 레위 사람은 큰 소리로 이스라엘 모든 사람에게 말하여 이르기를 장색의 손으로 조각하였거나 부어 만든 우상은 여호와께 가증하니 그것을 만들어 은밀히 세우는 자는 저주를 받을 것이라 할 것이요 모든 백성은 응답하여 아멘 할지니라 그 부모를 경홀히 여기는 자는 저주를 받을 것이라 할 것이요 모든 백성은 아멘 할지니라 그 이웃의 지계표를 옮기는 자는 저주를 받을 것이라 할 것이요 모든 백성은 아멘 할지니라 소경으로 길을 잃게 하는 자는 저주를 받을 것이라 할 것이요 모든 백성은 아멘 할지니라 객이나 고아나 과부의 송사를 억울케 하는 자는 저주를 받을 것이라 할 것이요 모든 백성은 아멘 할지니라 계모와 구합하는 자는 그 아비의 하체를 드러내었으니 저주를 받을 것이라 할 것이요 모든 백성은 아멘 할지니라 무릇 짐승과 교합하는 자는 저주를 받을 것이라 할 것이요 모든 백성은 아멘 할지니라 그 자매 곧 그 아비의 딸이나 어미의 딸과 구합하는 자는 저주를 받을 것이라 할 것이요 모든 백성은 아멘 할지니라 장모와 구합하는 자는 저주를 받을 것이라 할 것이요 모든 백성은 아멘 할지니라 그 이웃을 암살하는 자는 저주를 받을 것이라 할 것이요 모든 백성은 아멘 할지니라 무죄자를 죽이려고 뇌물을 받는 자는 저주를 받을 것이라 할 것이요 모든 백성은 아멘 할지니라 이 율법의 모든 말씀을 실행치 아니하는 자는 저주를 받을 것이라 할 것이요 모든 백성은 아멘 할지니라

▶ 신명기 29:5에서 모세는 백성들에게 무엇을 상기시켜 주고 있습니까?

<신29:5> 주께서 사십 년 동안 너희를 인도하여 광야를 통행케 하셨거니와 너희 몸의 옷이 낡지 아니하였고 너희 발의 신이 해어지지 아니하였으며

Ⅳ. 모세의 죽음 (31 - 34장)

▶ **신31:14에서 모세는 새 지도자를 발표하였습니다. 그는 누구였습니까?**

<신31:14> 여호와께서 모세에게 이르시되 너의 죽을 기한이 가까왔으니 **여호수아를 불러서** 함께 회막으로 나아오라 내가 그에게 명을 내리리라 모세와 여호수아가 나아가서 회막에 서니

▶ **하나님은 모세를 어디에 장사하셨습니까?**

<신34:6>**벧브올 맞은편 모압 땅**에 있는 골짜기에 장사되었고 오늘까지 그 묘를 아는 자 없으니라

▶ **모세가 죽을 때 그는 몇 살이었습니까**?

<신34:7> **모세의 죽을 때 나이 일백이십 세**나 그 눈이 흐리지 아니하였고 기력이 쇠하지 아니하였더라

제2장 역사서

제7주 여호수아

Ⅰ. 요단강을 건넘 (1 - 5장)

▶ 여호수아 1장 3절5절9절을 읽고 하나님께서 여호수아에게 하신 세가지 약속을 적으십시오.

1. <수1:3> 내가 모세에게 말한 바와 같이 무릇 너희 발바닥으로 밟는 곳을 내가 다 너희에게 주었노니
2. <수1:5> 너의 평생에 너를 능히 당할 자 없으리니 내가 모세와 함께 있던 것같이 너와 함께 있을 것임이라 내가 너를 떠나지 아니하며 버리지 아니하리니
3. <수1:9> 내가 네게 명한 것이 아니냐 마음을 강하게 하고 담대히 하라 두려워 말며 놀라지 말라 네가 어디로 가든지 네 하나님 나 여호와가 너와 함께 하느니라 하시니라

▶ 여호수아는 여리고를 탐지하기 위해서 몇 명의 정탐군을 보냈습니까?

<수2:1>눈의 아들 여호수아가 싯딤에서 두 사람을 정탐으로 가만히 보내며 그들에게 이르되 가서 그 땅과 여리고를 엿보라 하매 그들이 가서 라합이라 하는 기생의 집에 들어가 거기서 유숙하더니

▶라합은 어떠한 방법으로 그녀가 여호와 하나님을 믿는 것을 보여주었습니까?<9-11>

<수2:9-11> 말하되 여호와께서 이 땅을 너희에게 주신 줄을 내가 아노라 우리가 너희를 심히 두려워하고 이 땅 백성이 다 너희 앞에 간담이 녹나니 이는 너희가 애굽에서 나올 때에 여호와께서 너희 앞에서 홍해 물을 마르게 하신 일과 너희가 요단 저편에 있는 아모리 사람의 두 왕 시혼과 옥에게 행한 일 곧 그들을 전멸시킨 일을 우리가 들었음이라 우리가 듣자 곧 마음이 녹았고 너희의 연고로 사람이 정신을 잃었나니 너희 하나님 여호와는 상천하지에 하나님이시니라

▶ 라합은 12-14절에서 어떻게 그녀의 비 이기주의적인 마음을 보여 주었습니까?

<수2:12-14> 그러므로 청하노니 내가 너희를 선대하였은즉 너희도 내 아버지의 집을 선대하여 나의 부모와 남녀 형제와 무릇 그들에게 있는 모든 자를 살려 주어 우리 생명을 죽는 데서 건져내기로 이제 여호와로 맹세하고 내게 진실한 표를 내라 (12절에 포함되어 있음) 두 사람이 그에게 이르되 네가 우리의 이 일을 누설치 아니하면 우리의 생명으로 너희를 대신이라도 할 것이요 여호와께서 우리에게 이 땅을 주실 때에는 인자하고 진실하게 너를 대우하리라

▶ 그녀는 그녀의 가족이 구원받기 위해서 이스라엘 사람들에게 어떤 징표를 주어야 했습니까?

<수2:18-21> 우리가 이 땅에 들어올 때에 우리를 달아 내리운 창에 이 붉은 줄을 매고 네 부모와 형제와 네 아비의 가족을 다 네 집에 모으라 누구든지 네 집 문을 나서 거

리로 가면 그 피가 그의 머리로 돌아갈 것이요 우리는 허물이 없으리라 그러나 누구든지 너와 함께 집에 있는 자에게 누가 손을 대면 그 피는 우리의 머리로 돌아오려니와 네가 우리의 이 일을 누설하면 네가 우리로 서약케 한 맹세에 대하여 우리에게 허물이 없으리라 라합이 가로되 너희의 말대로 할 것이라 하고 그들을 보내어 가게 하고 붉은 줄을 창문에 매니라

▶ 히브리서 11:31에서 왜 기생라합이 다른 여리고 사람들과 함께 멸망당하지 않았는지 말해주고 있습니다. 그 이유를 써 보십시오:

<히11:31> 믿음으로 기생 라합은 정탐꾼을 평안히 영접하였으므로 순종치 아니한 자와 함께 멸망치 아니하였도다

▶ 하나님의 은혜는 사람이 기대할 수 있는 것보다 더욱 큽니다. 이것은 라합의 생애에서 볼때 분명한 사실입니다. 마태복음1:5에서 우리는 그녀에 관하여 무엇을 발견합니까?

<마1:5> 살몬은 라합에게서 보아스를 낳고 보아스는 룻에게서 오벳을 낳고 오벳은 이새를 낳고

▶ 하나님은 그의 백성을 약속의 땅으로 인도하시는 분은 그분 자신임을 보여주시기 위해 어떤 징표를 주셨습니까?

<수3:7-17> 여호와께서 여호수아에게 이르시되 내가 오늘부터 시작하여 너를 온 이스라엘의 목전에서 크게 하여 내가 모세와 함께 있던 것같이 너와 함께 있는 것을 그들로 알게 하리라 너는 언약궤를 멘 제사장들에게 명하여 이르기를 너희가 요단 물가에 이르거든 요단에 들어서라 하라 여호수아가 이스라엘 자손에게 이르되 이리 와서 너희 하나님 여호와의 말씀을 들으라 하고 또 말하되 사시는 하나님이 너희 가운데 계시사 가나안 족속과 헷 족속과 히위 족속과 브리스 족속과 기르가스 족속과 아모리 족속과 여부스 족속을 너희 앞에서 정녕히 쫓아내실 줄을 이 일로 너희가 알리라 보라 온 땅의 주의 언약궤가 너희 앞서 요단으로 들어가나니 이제 이스라엘 지파 중에서 매지파에 한 사람씩 십이 명을 택하라 온 땅의 주 여호와의 궤를 멘 제사장들의 발바닥이 요단 물을 밟고 멈추면 요단 물 곧 위에서부터 흘러내리던 물이 끊어지고 쌓여 서리라 백성이 요단을 건너려고 자기들의 장막을 떠날 때에 제사장들은 언약궤를 메고 백성 앞에서 행하니라 (요단이 모맥 거두는 시기에는 항상 언덕에 넘치더라) 궤를 멘 자들이 요단에 이르며 궤를 멘 제사장들의 발이 물가에 잠기자 곧 위에서부터 흘러내리던 물이 그쳐서 심히 멀리 사르단에 가까운 아담 읍 변방에 일어나 쌓이고 아라바의 바다 염해로 향하여 흘러가는 물은 온전히 끊어지매 백성이 여리고 앞으로 바로 건널새 여호와의 언약궤를 멘 제사장들은 요단 가운데 마른 땅에 굳게 섰고 온 이스라엘 백성은 마른 땅으로 행하여 요단을 건너니라

Ⅱ. 땅을 정복함 (6 - 12장)

▶ 아간은 어떤 물건들을 취했습니까 ?

<수7:21> 내가 노략한 물건 중에 **1. 시날 산의 아름다운 외투 한 벌과 2. 은 이백 세겔과 3. 오십 세겔 중의 금덩이 하나**를 보고 탐내어 취하였나이다 보소서 이제 그 물건들을 내 장막 가운데 땅 속에 감추었는데 은은 그 밑에 있나이다

▶ 여호수아는 약속의 땅의 어느 부분을 차지했습니까?

<수10:41-42> 여호수아가 또

1. 가데스 바네아에서 2. 가사까지와 온 고센 땅을 3. 기브온에 이르기까지 치매 이스라엘의 하나님 여호와께서 이스라엘을 위하여 싸우신 고로 여호수아가 이 모든 왕과 그 땅을 단번에 취하니라

▶ 여호수아는 가나안 땅을 정복하기 위하여 어떠한 군사적인 작전을 사용했습니까? (지도를 연구하십시오)

꼭 외울 필요는 없으나 기회있을 때 **여호수아 6장-12장에서 각 지역을 점령하는 작전에 핵심은 여호수아가 하나님께 지혜를 구하고 그 전략과 작전수행**을 하였음을 직접 확인하시기 바랍니다.

Ⅲ. 땅을 분배함 (13 - 24장)

▶ 그들은 그 땅에서 무엇을 유업으로 받았습니까?

<수21:2> 가나안 땅 실로에서 그들에게 말하여 가로되 여호와께서 모세로 명하사 우리의 거할 성읍들과 우리의 가축 먹일 그 들을 우리에게 주라 하셨었나이다 하매

▶ 이 계획은 이스라엘의 민음의 지도자들이 교사와 목사로서 더욱 잘 섬길 수 있도록 그들을 지파들 가운데로 흩어져 나가게 하였습니다. 다른 2 1/2지파들의 유업은 어떻게 되었습니까?

<수14:2-5> 여호와께서 모세에게 명하신 대로 그들의 기업을 제비뽑아 아홉 지파와 반 지파에게 주었으니 두 지파와 반 지파의 기업은 모세가 요단 저편에서 주었음이요 레위 자손에게는 그들 가운데서 기업을 주지 아니하였으니 요셉 자손은 므낫세와 에브라임의 두 지파가 되었음이라 이 땅에서 레위 사람에게 아무 분깃도 주지 아니하고 오직 거할 성읍들과 가축과 재물을 둘 들만 줄 뿐으로 이스라엘 자손이 여호와께서 모세에게 명하신 것과 같이 행하여 그 땅을 나누었더라

제8주 사사기

이 책은 패배와 치욕으로 가득차 있습니다. 주요 구절은 두 곳에서 찾을 수 있습니다. 17:6 과 21:25. 그것은 다음과 같이 말하고 있습니다.

<삿17:6> 그 때에는 이스라엘에 왕이 없으므로 사람마다 자기 소견에 옳은 대로 행하였더라

<,삿21:25>그 때에 이스라엘에 왕이 없으므로 사람이 각각 그 소견에 옳은 대로 행하였더라

Ⅰ. 배 교 (1 - 2:5)

▶ 이스라엘 백성들은 하나님이 명령하셨던 것같이 적들을 몰아내지 않았습니다. 대신에 그들은 무엇을 했습니까?

<삿1:28> 이스라엘이 강성한 후에야 가나안 사람에게 사역을 시켰고 다 쫓아내지 아니하였더라

<삿1:30> 스불론은 기드론 거민과 나할롤 거민을 쫓아내지 못하였으나 가나안 사람이 그들 중에 거하여 사역을 하였더라

<삿1:32> 그 땅 거민 가나안 사람 가운데 거하였으니 이는 쫓아내지 못함이었더라

<삿1:33> 납달리가 벧세메스 거민과 벧아낫 거민을 쫓아내지 못하고 그 땅 거민 가나안 사람 가운데 거하였으나 벧세메스와 벧아낫 거민들이 그들에게 사역을 하였더라

▶ 삿2:1-5에서 주의 사자는 이 죄의 결과가 무엇이 될것이라고 했습니까?

<삿2:1-5> 여호와의 사자가 길갈에서부터 보김에 이르러 가로되 내가 너희로 애굽에서 나오게 하고 인도하여 너희 열조에게 맹세한 땅으로 이끌어 왔으며 또 내가 이르기를 내가 너희에게 세운 언약을 영원히 어기지 아니하리니 너희는 이 땅 거민과 언약을 세우지 말며 그들의 단을 헐라 하였거늘 너희가 내 목소리를 청종치 아니하였도다 그리함은 어찜이뇨 그러므로 내가 또 말하기를 내가 그들을 너희 앞에서 쫓아내지 아니하리니 그들이 너희 옆구리에 가시가 될 것이며 그들의 신들이 너희에게 올무가 되리라 하였노라 여호와의 사자가 이스라엘 모든 자손에게 이 말씀을 이르매 백성이 소리를 높여 운지라 그러므로 그 곳을 이름하여 보김이라 하니라 무리가 거기서 여호와께 제사를 드렸더라

Ⅱ. 사사들의 시대 (2:6 - 16:31)

Ⅲ. 부 록 (17 - 21장)

▶이스라엘의 여러사사들(교재68p)

웃니엘 에훗 삼갈 드보라 기드온 삼손 . . . 최후사사 사무엘

제9주 룻 기

▶ 룻기의 사건들은 사사시대 기간동안 일어났으나 여기서 우리는 얼마나 다른 차이를 볼 수 있을까요! 폭력과 부도덕 대신에 우리는 부드러움과 사랑을 읽습니다. 그것은 어떤 유명한 도시로부터 있었던 경건한 가정의 이야기 입니까?

<룻1:1> 사사들의 치리하던 때에 그 땅에 흉년이 드니라 유다 베들레헴에 한 사람이 그 아내와 두 아들을 데리고 모압 지방에 가서 우거하였는데

▶ 이 가족은 그들의 땅에서의 기근 때문에 모압땅으로 이주하였습니다. 거기에서 엘리멜렉과 나오미의 두 아들들은 모압 여인들과 결혼을 하였는데 그여인들은 하나님을 예배하는 자들이 되었습니다.<1:1-4> 무엇이 나오미와 그녀의 자부들로 하여금 베들레헴으로 돌아오게 하였습니까?

<룻1:3> 나오미의 남편 엘리멜렉이 죽고 나오미와 그 두 아들이 남았으며

<룻1:5> 말론과 기론 두 사람이 다 죽고 그 여인은 두 아들과 남편의 뒤에 남았더라

▶보아스와 룻은 <u>오벳</u> 라고 이름하는 아들을 낳았고, 그는 이새라고 이름하는 아들을 낳았으며 그는 <u>다윗</u> 라고 이름하는 아들을 낳았습니다

<룻4:22> 오벳은 이새를 낳았고 이새는 다윗을 낳았더라

▶ 이 책은 예수 그리스도의 조상들의 계보를 확립해줍니다.<마1:5-6> 우리는 하나님께서 창세기3:15과 22:15-18 에서 그가 하신 약속들을 지키시고 계신 것을 볼 수 있습니다. 이 약속은 어떠한 것입니까?

<마1:5-6> 살몬은 라합에게서 보아스를 낳고 보아스는 룻에게서 오벳을 낳고 오벳은 이새를 낳고 이새는 다윗 왕을 낳으니라 다윗은 우리야의 아내에게서 솔로몬을 낳고

<창3:15> 내가 너로 여자와 원수가 되게 하고 너의 후손도 여자의 후손과 원수가 되게 하리니 여자의 후손은 네 머리를 상하게 할 것이요 너는 그의 발꿈치를 상하게 할 것이니라 하시고

<창22:15-18> 여호와의 사자가 하늘에서부터 두 번째 아브라함을 불러 가라사대 여호와께서 이르시기를 내가 나를 가리켜 맹세하노니 네가 이같이 행하여 네 아들 네 독자

를 아끼지 아니하였은즉 내가 네게 큰 복을 주고 네 씨로 크게 성하여 하늘의 별과 같고 바닷가의 모래와 같게 하리니 네 씨가 그 대적의 문을 얻으리라 또 네 씨로 말미암아 천하 만민이 복을 얻으리니 이는 네가 나의 말을 준행하였음이니라 하셨다 하니라

제10주 사무엘 상

Ⅰ. 사무엘의 생애와 사역 (1 - 7장)

▶ 사무엘상은 마음의 간절한 소원을 기도드리는 엘가나의 아내 한나의 이야기로 시작됩니다. 이 소원은 무엇이었습니까 ?

<삼상1:11a> 서원하여 가로되 만군의 여호와여 만일 주의 여종의 고통을 돌아보시고 나를 생각하시고 주의 여종을 잊지 아니하사 **아들을 주시면**

▶ 만일 하나님께서 그녀의 기도를 응답해주신다면 하나는 무엇을 하겠다고 약속했습니까?

<삼상1:11b> 내가 그의 평생에 **그를 여호와께 드리고 삭도를 그 머리에 대지 아니하겠나이다**

▶ 이스라엘은 오랜 동안 범죄해 왔습니다. 이 때문에 사무엘상 4장에 기록된 재앙이 있었던 것입니다. 그들의 적 블레셋이 침입했을 때 이스라엘은 패했으며 블레셋에 의해서 어떤 매우 중대한 일이 일어났습니다. 그것은 무엇이었습니까? <4:10-11>

<삼상4:10-11> 블레셋 사람이 쳤더니 이스라엘이 패하여 각기 장막으로 도망하였고 살륙이 심히 커서 이스라엘 보병의 엎드러진 자가 삼만이었으며 하나님의 궤는 빼앗겼고 엘리의 두 아들 홉니와 비느하스는 죽임을 당하였더라

▶ 5장에서 블레셋인들이 전리품으로 법궤를 가져다 그들의 신 다곤의 집에 놓았던 것을 볼 수 있습니다. 법궤의 임재속에서 이 거짓 신에게 어떤 일이 일어났습니까?

<삼상5:1-5> 블레셋 사람이 하나님의 궤를 빼앗아 가지고 에벤에셀에서부터 아스돗에 이르니라 블레셋 사람이 하나님의 궤를 가지고 다곤의 당에 들어가서 다곤의 곁에 두었더니 아스돗 사람이 이튿날 일찌기 일어나 본즉 다곤이 여호와의 궤 앞에서 엎드러져 그 얼굴이 땅에 닿았는지라 그들이 다곤을 일으켜 다시 그 자리에 세웠더니 그 이튿날 아침에 그들이 일찌기 일어나 본즉 다곤이 여호와의 궤 앞에서 엎드러져 얼굴이 땅에 닿았고 그 머리와 두 손목은 끊어져 문지방에 있고 다곤의 몸둥이만 남았더라 그러므로 다곤의 제사장들이나 다곤의 당에 들어가는 자는 오늘까지 아스돗에 있는 다곤의 문지방을 밟지 아니하더라

▶ 사무엘이 에벤에셀이라고 부른 돌은 무엇을 상징합니까 ?

<삼상7:12> 사무엘이 돌을 취하여 미스바와 센 사이에 세워 가로되 여호와께서 여기까지 우리를 도우셨다 하고 그 이름을 에벤에셀이라 하니라

Ⅱ. 사울의 생애와 사역 (8 - 31장)

▶ 삼상8:4-5에서 장로들이 라마에 모여 사무엘에게 무엇을 요청했습니까?

<삼상8:4-5> 이스라엘 모든 장로가 모여 라마에 있는 사무엘에게 나아가서 그에게 이르되 보소서 당신은 늙고 당신의 아들들은 당신의 행위를 따르지 아니하니 열방과 같이 우리에게 왕을 세워 우리를 다스리게 하소서 한지라

▶ 사무엘은 그들에게 댓가를 경고했습니다. 그들은 주위 국가들이 왕을 가지고 있는 것을 보고 그들도 왕을 원했지만 그것은 징집과 강제노동, 중한 세금 그리고 자유의 상실을 의미할 수 있는 것이었습니다<8:6-18>. 그들은 사무엘의 경고에 어떻게 응답했습니까 ?

<삼상8:19-20> 백성이 사무엘의 말 듣기를 거절하여 가로되 아니로소이다 우리도 우리 왕이 있어야 하리니 우리도 열방과 같이 되어 우리 왕이 우리를 다스리며 우리 앞에 나가서 우리의 싸움을 싸워야 할 것이니이다

▶ 사무엘은 삼상12:24-25에서 백성들에게 어떠한 경고를 주었습니까 ?

<삼상12:24-25> 너희는 여호와께서 너희를 위하여 행하신 그 큰 일을 생각하여 오직 그를 경외하며 너희의 마음을 다하여 진실히 섬기라 만일 너희가 여전히 악을 행하면 너희와 너희 왕이 다 멸망하리라

▶ 요나단은 누구이며 그는 다윗과 어떠한 관계였습니까? <13:16; 18:1-3>

<삼상13:16> 사울과 그 아들 요나단과 그들과 함께한 백성은 베냐민 게바에 있고 블레셋 사람은 믹마스에 진쳤더니

<삼상18:1-3> 다윗이 사울에게 말하기를 마치매 요나단의 마음이 다윗의 마음과 연락되어 요나단이 그를 자기 생명같이 사랑하니라 그 날에 사울은 다윗을 머무르게 하고 그 아비의 집으로 다시 돌아가기를 허락지 아니하였고 요나단은 다윗을 자기 생명같이 사랑하여 더불어 언약을 맺었으며

Ⅲ. 다윗의 초기 생애 (16 - 31장)

▶ 다윗은 어느 마을에서 태어났습니까?

<삼상16:1-4> 여호와께서 사무엘에게 이르시되 내가 이미 사울을 버려 이스라엘 왕이 되지 못하게 하였거늘 네가 그를 위하여 언제까지 슬퍼하겠느냐 너는 기름을 뿔에 채워 가지고 가라 내가 너를 베들레헴 사람 이새에게로 보내리니 이는 내가 그 아들 중에서 한 왕을 예선하였음이니라 사무엘이 가로되 내가 어찌 갈 수 있으리이까 사울이 들으면 나를 죽이리이다 여호와께서 가라사대 너는 암송아지를 끌고 가서 말하기를 내가 여호와께 제사를 드리러 왔다 하고 이새를 제사에 청하라 내가 너의 행할 일을 가르치리니 내가 네게 알게 하는 자에게 나를 위하여 기름을 부을지니라 사무엘이 여호와의 말씀대로 행하여 베들레헴에 이르매 성읍 장로들이 떨며 그를 영접하여 가로되 평강을 위하여 오시나이까

제11주 사무엘하

▶ 다윗이 아말렉 사람의 이야기를 들었을 때 그는 그의 부하들에게 무엇을 할 것을 명하였습니까? <삼하1:15-16>

<삼하1:15-16> 소년 중 하나를 불러 이르되 가까이 가서 저를 죽이라 하매 그가 치매

곧 죽으니라 다윗이 저에게 이르기를 네 피가 네 머리로 돌아갈지어다 네 입이 네게 대하여 증거하기를 내가 여호와의 기름 부음 받은 자를 죽였노라 함이니라 하였더라

Ⅰ. 다윗의 융성 (2 - 10장)

▶ 2장에서 다윗은 하나님께 어디에다 그의 왕국을 세워야 할까를 묻습니다 하나님의 대답은 무엇이었습니까?

<삼하2:1> 그 후에 다윗이 여호와께 물어 가로되 내가 유다 한 성으로 올라가리이까 여호와께서 가라사대 올라가라 다윗이 가로되 어디로 가리이까 가라사대 헤브론으로 갈지니라

▶ 다윗의 첫 번째 사업계획은 무엇이었습니까?<삼하5:6-9; 대상11:4-9>

<삼하5:6-9> 왕과 그 종자들이 예루살렘으로 가서 그 땅 거민 여부스 사람을 치려 하매 그 사람들이 다윗에게 말하여 가로되 네가 이리로 들어오지 못하리라 소경과 절뚝발이라도 너를 물리치리라 하니 저희 생각에는 다윗이 이리로 들어오지 못하리라 함이나 다윗이 시온 산성을 빼앗았으니 이는 다윗 성이더라 그 날에 다윗이 이르기를 누구든지 여부스 사람을 치거든 수구로 올라가서 다윗의 마음에 미워하는 절뚝발이와 소경을 치라 하였으므로 속담이 되어 이르기를 소경과 절뚝발이는 집에 들어오지 못하리라 하더라 다윗이 그 산성에 거하여 다윗 성이라 이름하고 밀로에서부터 안으로 성을 둘러 쌓으니라

<대상11:4-9> 다윗이 온 이스라엘로 더불어 예루살렘 곧 여부스에 이르니 여부스 토인이 거기 거하였더라 여부스 토인이 다윗에게 이르기를 네가 이리로 들어오지 못하리라 하나 다윗이 시온 산 성을 빼앗았으니 이는 다윗 성이더라 다윗이 가로되 먼저 여부스 사람을 치는 자는 두목과 장관을 삼으리라 하였더니 스루야의 아들 요압이 먼저 올라갔으므로 두목이 되었고 다윗이 그 산성에 거한 고로 무리가 다윗 성이라 일컬었으며 다윗이 밀로에서부터 두루 성을 쌓았고 그 남은 성은 요압이 중수하였더라 만군의 여호와께서 함께 계시니 다윗이 점점 강성하여 가니라

▶ 다윗은 그의 성실함에 대해 무엇으로 보상받을 것이라고 말씀을 들었습니까?

<삼하7:12-13> 네 수한이 차서 네 조상들과 함께 잘 때에 내가 네 몸에서 날 자식을 네 뒤에 세워 그 나라를 견고케 하리라 저는 내 이름을 위하여 집을 건축할 것이요 나는 그 나라 위를 영원히 견고케 하리라

▶ 이 약속은 어떻게 성취되었습니까?

<마1:6> 이새는 다윗 왕을 낳으니라 다윗은 우리아의 아내에게서 솔로몬을 낳고

<눅1:32-33> 저가 큰 자가 되고 지극히 높으신 이의 아들이라 일컬을 것이요 주 하나님께서 그 조상 다윗의 위를 저에게 주시리니 영원히 야곱의 집에 왕 노릇 하실 것이며 그 나라가 무궁하리라

<눅2:4> 요셉도 다윗의 집 족속인 고로 갈릴리 나사렛 동네에서 유대를 향하여 베들레헴이라 하는 다윗의 동네로

▶ 지도를 연구하시고 다윗이 정복했던 적들을 열거 하십시오

(8장과 10장을 참조 하십시오)

1. **블레셋**　　4. **암몬**
2. **베니게**　　5. **모압**

3. 시리아 6. 에돔

▶ **이 다윗 왕국의 지도에서 볼 때 다윗은 대략 얼마나 이스라엘의 영토를 증가 시켰습니까? (동그라미를 치십시오) (100%)**

Ⅱ. 다윗의 타락과 형벌 (11 - 20장)

▶ **그 밤에 우리야는 집으로 가지 않고 왕의 신복들과 더불어 잤습니다. 왜 우리야는 집으로 가지 않았습니까?**

<삼하11:11> 우리아가 다윗에게 고하되 언약궤와 이스라엘과 유다가 영채 가운데 유하고 내 주 요압과 내 왕의 신복들이 바깥 들에 유진하였거늘 내가 어찌 내 집으로 가서 먹고 마시고 내 처와 같이 자리이까 내가 이 일을 행치 아니하기로 왕의 사심과 왕의 혼의 사심을 가리켜 맹세하나이다

▶ **다윗이 그의 죄를 은폐하려는 것에 실패했음을 알았을 때 그는 어떻게 했습니까?**

<삼하11:15> 그 편지에 써서 이르기를 너희가 우리아를 맹렬한 싸움에 앞세워 두고 너희는 뒤로 물러가서 저로 맞아 죽게 하라 하였더라

<삼하11:17> 성 사람들이 나와서 요압으로 더불어 싸울 때에 다윗의 신복 중 몇 사람이 엎드러지고 헷 사람 우리아도 죽으니라

▶ **다윗은 나단 선지자에 의해 그의 죄에 직면하게 되었습니다. 이 만남에서 다윗은 네 가지 형벌을 선고 받았습니다. 이 형벌은 어떻게 일어나게 되었습니까?**

(1) <삼하12:15-18> 나단이 자기 집으로 돌아가니라 우리아의 처가 다윗에게 낳은 아이를 여호와께서 치시매 심히 앓는지라 다윗이 그 아이를 위하여 하나님께 간구하되 금식하고 안에 들어가서 밤새도록 땅에 엎드렸으니 그 집의 늙은 자들이 곁에 이르러 다윗을 일으키려 하되 왕이 듣지 아니하고 저희로 더불어 먹지도 아니하더라 이레 만에 그 아이가 죽으니라 그러나 다윗의 신복들이 아이의 죽은 것을 왕에게 고하기를 두려워하니 이는 저희가 말하기를 아이가 살았을 때에 우리가 말하여도 왕이 그 말을 듣지 아니하셨나니 어떻게 그 아이의 죽은 것을 고할 수 있으랴 왕이 훼상하시리로다 함이라

(2) <삼하13:14> 암논이 그 말을 듣지 아니하고 다말보다 힘이 세므로 억지로 동침하니라

(3) <삼하13:28-29> 압살롬이 이미 그 사환들에게 분부하여 이르기를 너희는 암논의 마음이 술로 즐거워할 때를 자세히 보다가 내가 너희에게 암논을 치라 하거든 저를 죽이라 두려워 말라 내가 너희에게 명한 것이 아니냐 너희는 담대히 용맹을 내라 한지라 압살롬의 사환들이 그 분부대로 암논에게 행하매 왕의 모든 아들이 일어나 각기 노새를 타고 도망하니라

(4). <14-18장>

▶ **압살롬의 죽음에 대해 들었을 때 다윗의 반응은 어떠했습니까?**

<삼하18:33-19:4> 왕의 마음이 심히 아파 문루로 올라가서 우니라 저가 올라갈 때에

말하기를 내 아들 압살롬아 내 아들 내 아들 압살롬아 내가 너를 대신하여 죽었더면, 압살롬 내 아들아 내 아들아 하였더라 혹이 요압에게 고하되 왕이 압살롬을 위하여 울며 슬펴하시나이다 하니 왕이 그 아들을 위하여 슬퍼한다 함이 그 날에 백성들에게 들리매 그 날의 이김이 모든 백성에게 슬픔이 된지라 그 날에 백성들이 싸움에 쫓겨 부끄러워 도망함같이 가만히 성으로 들어가니라 왕이 얼굴을 가리우고 큰 소리로 부르되 내 아들 압살롬아 압살롬아 내 아들아 내 아들아 하니

Ⅲ. 다윗의 마지막 날들 (21 - 24장)

▶ 사무엘 하의 마지막 절들은 아리우나의 타작 마당을 다윗이 구입한 것에 관해 말씀하고 있는데 그 곳에서 그는 단을 쌓았습니다. <24:24-25> 후에 그 장소에 무엇이 세워졌습니까?

<대하3:1>솔로몬이 예루살렘 모리아 산에 여호와의 전 건축하기를 시작하니 그 곳은 전에 여호와께서 그 아비 다윗에게 나타나신 곳이요 여부스 사람 오르난의 타작 마당에 다윗이 정한 곳이라

제12주 열왕기상

▶ 솔로몬의 통치 기간 중 번영과 평화 가운데서 몰락의 씨앗이 뿌려졌습니다. 열왕기상 11:1-4을 읽으시고 솔로몬의 약점을 기술해 보십시오.

<왕상11:1-4> 솔로몬 왕이 바로의 딸 외에 이방의 많은 여인을 사랑하였으니 곧 모압과 암몬과 에돔과 시돈과 헷 여인이라 여호와께서 일찌기 이 여러 국민에게 대하여 이스라엘 자손에게 말씀하시기를 너희는 저희와 서로 통하지 말며 저희도 너희와 서로 통하게 말라 저희가 정녕코 너희의 마음을 돌이켜 저희의 신들을 좇게 하리라 하셨으나 솔로몬이 저희를 연애하였더라 왕은 후비가 칠백 인이요 빈장이 삼백 인이라 왕비들이 왕의 마음을 돌이켰더라 솔로몬의 나이 늙을 때에 왕비들이 그 마음을 돌이켜 다른 신들을 좇게 하였으므로 왕의 마음이 그 부친 다윗의 마음과 같지 아니하여 그 하나님 여호와 앞에 온전치 못하였으니

Ⅰ. 솔로몬의 통치 (1 - 11장)

▶ 다윗은 그의 아들 솔로몬에게 마지막 말들을 남긴 후 죽어서 그의 40년간의 통치를 끝냅니다. 다윗이 솔로몬에게 준 명령은 무엇이었습니까?

<왕상2:2-4> 내가 이제 세상 모든 사람의 가는 길로 가게 되었노니 너는 힘써 대장부가 되고 네 하나님 여호와의 명을 지켜 그 길로 행하여 그 법률과 계명과 율례와 증거를 모세의 율법에 기록된 대로 지키라 그리하면 네가 무릇 무엇을 하든지 어디로 가든지 형통할지라 여호와께서 내 일에 대하여 말씀하시기를 만일 네 자손이 그 길을 삼가 마음을 다하고 성품을 다하여 진실히 내 앞에서 행하면 이스라엘 왕위에 오를 사람이 네게서 끊어지지 아니하리라 하신 말씀을 확실히 이루게 하시리라

▶ 하나님은 솔로몬의 초기 재위시 그에게 꿈에 나타나서 그가 요구하는 것은 무엇이든지 가질 수 있다고 말씀하셨습니다. 솔로몬은 무엇을 요구했습니까?

<왕상3:9> 누가 주의 이 많은 백성을 재판할 수 있사오리이까 지혜로운 마음을 종에

게 주사 주의 백성을 재판하여 선악을 분별하게 하옵소서

▶ 거대한 돌, 아름다운 백향목, 그리고 금으로 씌운 것이 솔로몬의 성전을 아마도 역사상 가장 아름다운 성전으로 만들어 주었을 것입니다. 이 성전의 건축에 관하여 열왕기상 6:7에서 찾을 수 있는 특이한 것은 무엇입니까?

<왕상6:7> 이 전은 건축할 때에 돌을 뜨는 곳에서 치석하고 가져다가 건축하였으므로 건축하는 동안에 전 속에서는 방망이나 도끼나 모든 철 연장 소리가 들리지 아니하였으며

▶ 9장과 10장에서 우리는 그의 경력의 정상에 있는 솔로몬을 볼 수 있습니다. 9:26-28과 10:21-23에 의하면 솔로몬은 아랍국과 그의 여러 나라들과 무역을 창시한 이스라엘의 첫 번째 왕이었습니다. 이것은 무엇이었으며 그것은 그의 왕국을 어떻게 도와주었습니까?

<왕상9:26-28> 솔로몬 왕이 에돔 땅 홍해 물가 엘롯 근처 에시온게벨에서 배들을 지은지라 히람이 자기 종 곧 바다에 익숙한 사공들을 솔로몬의 종과 함께 그 배로 보내매 저희가 오빌에 이르러 거기서 금 사백이십 달란트를 얻고 솔로몬 왕에게로 가져왔더라

<왕상10:21-23> 솔로몬 왕의 마시는 그릇은 다 금이요 레바논 나무 궁의 그릇들도 다 정금이라 은 기물이 없으니 솔로몬의 시대에 은을 귀히 여기지 아니함은 왕이 바다에 다시스 배들을 두어 히람의 배와 함께 있게 하고 그 다시스 배로 삼 년에 일차씩 금과 은과 상아와 잔나비와 공작을 실어 왔음이더라 솔로몬 왕의 재산과 지혜가 천하 열왕보다 큰지라

▶ 솔로몬의 생애의 마지막 즈음에 북 지파들 사이에 첫 혁명의 신호가 시작되었습니다. 이 기간 동안에 하나님은 선지자 아히야를 통하여 여로보암이라고 하는 젊은 이에게 말씀하셨습니다. 이하야는 여로보암에게 무엇이라고 말했습니까?<왕상 11:27-32>

<왕상11:27-32> 저가 손을 들어 왕을 대적하는 까닭은 이러하니라 솔로몬이 밀로를 건축하고 그 부친 다윗의 성의 무너진 것을 수축하였는데 이 사람 여로보암은 큰 용사라 솔로몬이 이 소년의 부지런함을 보고 세워 요셉 족속의 역사를 감독하게 하였더니 그 즈음에 여로보암이 예루살렘에서 나갈 때에 실로 사람 선지자 아히야가 길에서 저를 만나니 아히야가 새 의복을 입었고 그 두 사람만 들에 있었더라 아히야가 그 입은 새 옷을 잡아 열두 조각에 찢고 여로보암에게 이르되 너는 열 조각을 취하라 이스라엘 하나님 여호와의 말씀이 내가 이 나라를 솔로몬의 손에서 찢어 빼앗아 열 지파를 네게 주고 오직 내 종 다윗을 위하고 이스라엘 모든 지파 중에서 뺀 성 예루살렘을 위하여 한 지파를 솔로몬에게 주리니

Ⅱ. 분열 왕국 (12 - 22장)

▶ 3일 동안 그의 조언자들과 상담한 후 르호보암은 여로보암과 북 지파 사람들에게 무엇이라고 말했습니까?

<왕상12:12-14> 삼 일 만에 여로보암과 모든 백성이 르호보암에게 나아왔으니 이는 왕이 명하여 이르기를 삼 일 만에 내게로 다시 오라 하였음이라 왕이 포악한 말로 백성에게 대답할새 노인의 교도를 버리고 소년의 가르침을 좇아 저희에게 고하여 가로되 내 부친은 너희의 멍에를 무겁게 하였으나 나는 너희의 멍에를 더욱 무겁게 할지라 내 부친은 채찍으로 너희를 징치하였으나 나는 전갈로 너희를 징치하리라 하니라

▶ **지도를 보고 다음의 질문에 대답하십시오 :**

북 왕국은 무엇이라고 불리워졌습니까? **이스라엘**

북 왕국의 수도는 어디였습니까? **세겜**

남 왕국은 무엇이라고 불리워졌습니까? **유다**

남 왕국의 수도는 어디였습니까? **예루살렘**

▶ **열왕기상에 기록된 것으로써 엘리야의 사역 중 가장 눈에 두르러지는 두 가지는 무엇입니까?**

(1) 17:1과 18:42-46 <야고보서 5:17-18 참조>

<왕상17:1> 길르앗에 우거하는 자 중에 디셉 사람 엘리야가 아합에게 고하되 나의 섬기는 이스라엘 하나님 여호와의 사심을 가리켜 맹세하노니 내 말이 없으면 수년 동안 우로가 있지 아니하리라 하니라

<왕상18:42-4> 아합이 먹고 마시러 올라가니라 엘리야가 갈멜 산 꼭대기로 올라가서 땅에 꿇어 엎드려 그 얼굴을 무릎 사이에 넣고 그 사환에게 이르되 올라가 바다 편을 바라보라 저가 올라가 바라보고 고하되 아무것도 없나이다 가로되 일곱 번까지 다시 가라 일곱 번째 이르러서는 저가 고하되 바다에서 사람의 손만한 작은 구름이 일어나나이다 가로되 올라가 아합에게 고하기를 비에 막히지 아니하도록 마차를 갖추고 내려가소서 하라 하니라 조금 후에 구름과 바람이 일어나서 하늘이 캄캄하여지며 큰 비가 내리는지라 아합이 마차를 타고 이스르엘로 가니 여호와의 능력이 엘리야에게 임하매 저가 허리를 동이고 이스르엘로 들어가는 곳까지 아합 앞에서 달려갔더라

<약5:17-18> 엘리야는 우리와 성정이 같은 사람이로되 저가 비 오지 않기를 간절히 기도한즉 삼 년 육 개월 동안 땅에 비가 아니 오고 다시 기도한즉 하늘이 비를 주고 땅이 열매를 내었느니라

(2) <왕상18:19-39>

그런즉 보내어 온 이스라엘과 이세벨의 상에서 먹는 바알의 선지자 사백오십 인과 아세라의 선지자 사백 인을 갈멜 산으로 모아 내게로 나오게 하소서 아합이 이에 이스라엘 모든 자손에게로 보내어 선지자들을 갈멜 산으로 모으니라 엘리야가 모든 백성에게 가까이 나아가 이르되 너희가 어느 때까지 두 사이에서 머뭇머뭇 하려느냐 여호와가 만일 하나님이면 그를 좇고 바알이 만일 하나님이면 그를 좇을지니라 하니 백성이 한 말도 대답지 아니하는지라 엘리야가 백성에게 이르되 여호와의 선지자는 나만 홀로 남았으나 바알의 선지자는 사백오십 인이로다 그런즉 두 송아지를 우리에게 가져오게 하고 저희는 한 송아지를 택하여 각을 떠서 나무 위에 놓고 불은 놓지 말며 나도 한 송아지를 잡아 나무 위에 놓고 불은 놓지 말고 너희는 너희 신의 이름을 부르라 나는 여호와의 이름을 부르리니 이에 불로 응답하는 신 그가 하나님이니라 백성이 다 대답하되 그 말이 옳도다 엘리야가 바알의 선지자들에게 이르되 너희는 많으니 먼저 한 송아지를 택하여 잡고 너희 신의 이름을 부르라 그러나 불을 놓지 말라 저희가 그 받은 송아지를 취하여 잡고 아침부터 낮까지 바알의 이름을 불러 가로되 바알이여 우리에게 응답하소서 하나 아무 소리도 없고 아무 응답하는 자도 없으므로 저희가 그 쌓은 단 주위에서 뛰놀더라 오정에 이르러는 엘리야가 저희를 조롱하여 가로되 큰 소리로 부르라 저는 신인즉 묵상하고 있는지 혹 잠깐 나갔는지 혹 길을 행하는지 혹 잠이 들어서 깨워야 할 것인지 하매 이에 저희가 큰 소리로 부르고 그 규례를 따라 피가 흐르기까지 칼과 창으로 그 몸을 상하게 하더라 이같이 하여 오정이 지났으나 저희가 오히려 진언을 하여 저녁 소제 드릴 때까지 이를지라도 아무 소리도 없고 아무 응답하는 자도 없고 아무 돌아보는 자도 없더라 엘리야가 모든 백성을 향하여 이르되 내게로 가까이 오라 백성이 다 저에게 가까이 오매 저가 무너진 여호와의 단을 수축하되 야곱의 아들들의 지파의 수효를 따라 열두 돌을 취하니 이 야곱은 여호와께서 옛적에 저에게 임하여 이르시기를 네 이름을 이스라엘이라 하리라 하신 자더라 저가 여호와의 이름을 의지하여 그 돌로 단을 쌓고 단으로 돌아가며 곡식 종자 두 세아를 용납할 만한 도랑을 만들고 또 나무를 벌이고 송아지의 각을 떠서 나무 위에 놓고 이르되 통 넷에 물을 채워다가 번제물과 나무 위에 부으라 하고 또 이르되 다시 그리하라 하여 다시 그리하니 또 이르되 세 번 그리하라 하여 세 번 그리하니 물이 단으로 두루 흐르고 도랑에도 물이 가득하게 되었더라 저녁 소제 드릴 때에 이르러 선지자 엘리야가 나아가서 말하되 아브라함과 이삭과 이스라엘의 하나님 여호와여 주께서 이스라엘 중에서 하나님이 되심과 내가 주의 종이 됨과 내가 주의 말씀대로 이 모든 일을 행하는 것을 오늘날 알게 하옵소서 여호와여 내게 응답하옵소서 내게 응답하옵소서 이 백성으로 주 여호와는 하나님이신 것과 주는 저희의 마음으로 돌이키게 하시는 것을 알게 하옵소서 하매 이에 여호와의 불이 내려서 번제물과 나무와 돌과 흙을 태우고 또 도랑의 물을 핥은지라 모든 백성이 보고 엎드려 말하되 여호와 그는 하나님이시로다 여호와 그는 하나님이시로다 하니

제13주 열왕기하, 역대상, 역대하

(1) 열왕기하

Ⅰ. 엘리야와 엘리사의 사역 (1 - 8장)

▶ 엘리야가 그의 겉옷을 취하여 말아 그것으로 물을 쳤습니다. 어떤 일이 일어났습니까?

<왕하2:8> 엘리야가 겉옷을 취하여 말아 물을 치매 물이 이리저리 갈라지고 두 사람이 육지 위로 건너더라

▶ 강을 건넌 후 엘리야는 그가 취(取)하여 감을 받기 전 엘리사에게 어떻게 할 것을 구하라고 묻습니다. 엘리사는 그가 스승의 사역을 효과적으로 수행해나가기 위하여 엘리야의 영감의 갑절을 요구했습니다. 그리고 나서 그들이 함께 걸으며 이야기 할 때 갑자기 무슨 일이 일어났습니까?

<왕하2:11> 두 사람이 행하며 말하더니 홀연히 불수레와 불말들이 두 사람을 격하고 엘리야가 회리바람을 타고 승천하더라

Ⅱ. 예후로부터 이스라엘의 멸망까지 (9-17장)

▶요람 왕이 전쟁터에서 얻은 상처로부터 회복하는 동안 엘리사는 그의 선지자 생도 중의 하나에게 무엇을 하도록 지시했습니까?

<왕하9:1-3>선지자 엘리사가 선지자의 생도 중 하나를 불러 이르되 너는 허리를 동이고 이 기름병을 손에 가지고 길르앗 라못으로 가라 거기 이르거든 님시의 손자 여호사밧의 아들 예후를 찾아 들어가서 그 형제 중에서 일어나게 하고 데리고 골방으로 들어가서 기름병을 가지고 그 머리에 부으며 이르기를 여호와의 말씀이 내가 네게 기름을 부어 이스라엘 왕을 삼노라 하셨느니라 하고 곧 문을 열고 도망하되 지체치 말지니라

▶ 그의 다음 행동은 이스라엘에 바알 숭배를 끌어 들인 아합의 아내 이세벨을 제거하는 것이었습니다. 이세벨은 어떻게 죽임을 당했습니까?

<왕하9:30-37> 예후가 이스르엘에 이르니 이세벨이 듣고 눈을 그리고 머리를 꾸미고 창에서 바라보다가 예후가 문에 들어오매 가로되 주인을 죽인 너 시므리여 평안하냐 예후가 얼굴을 들어 창을 향하고 가로되 내 편이 될 자가 누구냐 누구냐 하니 두어 내시가 예후를 내다보는지라 가로되 저를 내려 던지라 하니 내려 던지매 그 피가 담과 말에게 뛰더라 예후가 그 시체를 밟으니라 예후가 들어가서 먹고 마시고 가로되 가서 이 저주받은 계집을 찾아 장사하라 저는 왕의 딸이니라 하매 가서 장사하려 한즉 그 두골과 발과 손바닥 외에는 찾지 못한지라 돌아와서 고한대 예후가 가로되 이는 여호와께서 그 종 디셉 사람 엘리야로 말씀하신 바라 이르시기를 이스르엘 토지에서 개들이 이세벨의 고기를 먹을지라 그 시체가 이스르엘 토지에서 거름같이 밭 면에 있으리니 이것이 이세벨이라고 가리켜 말하지 못하게 되리라 하셨느니라

▶ 호세아는 애굽이 전혀 도울 수 없는 위치에 있을 때 애굽에 도움을 요청했습니다. 그 결과로 어떠한 일이 발생했습니까? _

<왕하17:5-18> 올라와서 그 온 땅에 두루 다니고 사마리아로 올라와서 삼 년을 에워쌌더라 호세아 구년에 앗수르 왕이 사마리아를 취하고 이스라엘 사람을 사로잡아 앗수르로 끌어다가 할라와 고산 하볼 하숫가와 메대 사람의 여러 고을에 두었더라 이 일은 이스라엘 자손이 자기를 애굽에서 인도하여 내사 애굽 왕 바로의 손에서 벗어나게 하신 그 하나님 여호와께 죄를 범하고 또 다른 신들을 경외하며 여호와께서 이스라엘 자손 앞에서 쫓아내신 이방 사람의 규례와 이스라엘 여러 왕의 세운 율례를 행하였음이라 이스라엘 자손이 가만히 불의를 행하여 그 하나님 여호와를 배역하여 모든 성읍에 망대로부터 견고한 성에 이르도록 산당을 세우고 모든 산 위에와 모든 푸른 나무 아래에 목상과 아세라상을 세우고 또 여호와께서 저희 앞에서 물리치신 이방 사람같이 그 곳 모든 산당에서 분향하며 또 악을 행하여 여호와를 격노케 하였으며 또 우상을 섬겼으니 이는 여호와께서 행치 말라 명하신 일이라 여호와께서 각 선지자와 각 선견자로 이스라엘과 유다를 경계하여 이르시기를 너희는 돌이켜 너희 악한 길에서 떠나 나의 명령과 율례를 지키되 내가 너희 열조에게 명하고 또 나의 종 선지자들로 너희에게 전한 모든 율법대로 행하라 하셨으나 저희가 듣지 아니하고 그 목을 굳게 하기를 그 하나님 여호와를 믿지 아니하던 저희 열조의 목같이 하여 여호와의 율례와 여호와께서 그 열조로 더불어 세우신 언약과 경계하신 말씀을 버리고 허무한 것을 좇아 허망하며 또 여호와께서 명하사 본받지 말라 하신 사면 이방 사람을 본받아 그 하나님 여호와의 모든 명령을 버리고 자기를 위하여 두 송아지 형상을 부어 만들고 또 아세라 목상을 만들고 하늘의 일월성신을 숭배하며 또 바알을 섬기고 또 자기 자녀를 불 가운데로 지나가게 하며 복술과 사술을 행하고 스스로 팔려 여호와 보시기에 악을 행하여 그 노를 격발케 하였으므로 여호와께서 이스라엘을 심히 노하사 그 앞에서 제하시니 유다 지파 외에는 남은 자가 없으니라

▶ 왜 하나님은 이스라엘에 이러한 일이 일어나도록 허락 하셨습니까?

<왕하17:7-9> 이 일은 이스라엘 자손이 자기를 애굽에서 인도하여 내사 애굽 왕 바로의 손에서 벗어나게 하신 그 하나님 여호와께 죄를 범하고 또 다른 신들을 경외하며 여호와께서 이스라엘 자손 앞에서 쫓아내신 이방 사람의 규례와 이스라엘 여러 왕의 세운 율례를 행하였음이라 이스라엘 자손이 가만히 불의를 행하여 그 하나님 여호와를 배역하여 모든 성읍에 망대로부터 견고한 성에 이르도록 산당을 세우고

Ⅲ. 유다의 멸망 (18-25장)

▶ 히스기야는 계속 버티며 그 도시를 내어주지 않았습니다. 하나님께서 어떻게 간섭하셨습니까?

<왕하19:32-36> 그러므로 여호와께서 앗수르 왕을 가리켜 이르시기를 저가 이 성에 이르지 못하며 이리로 살을 쏘지 못하며 방패를 성을 향하여 세우지 못하며 치려고 토성을 쌓지도 못하고 오던 길로 돌아가고 이 성에 이르지 못하리라 하셨으니 이는 여호와의 말씀이시라 내가 나와 나의 종 다윗을 위하여 이 성을 보호하여 구원하리라 하셨나이다 하였더라 이 밤에 여호와의 사자가 나와서 앗수르 진에서 군사 십팔만 오천을 친지라 아침에 일찌기 일어나 보니 다 송장이 되었더라 앗수르 왕 산헤립이 떠나 돌아가서 니느웨에 거하더니

▶ 유다의 마지막 선한 왕은 요시야였습니다. 그가 나라를 다스리기 시작했을 때 그는 몇 살이었습니까?<22:1>

<왕하22:1> 요시야가 위에 나아갈 때에 나이 팔 세라 예루살렘에서 삼십일 년을 치리하니라 그 모친의 이름은 여디다라 보스갓 아다야의 딸이더라

▶ 열왕기하 23:21-23에서 요시야는 이 부흥기간 동안 어떠한 중요한 절기가 다시 복귀될 것을 명하였습니까? (이 절기를 복습하기 위해 도표를 보십시오)

<왕하23:21-23> 왕이 뭇 백성에게 명하여 가로되 이 언약책에 기록된 대로 너희의 하나님 여호와를 위하여 유월절을 지키라 하매 사사가 이스라엘을 다스리던 시대부터 이스라엘 열왕의 시대에든지 유다 열왕의 시대에든지 이렇게 유월절을 지킨 일이 없었더니 요시야 왕 십팔년에 예루살렘에서 여호와 앞에 이 유월절을 지켰더라

(2) 역대상과 역대하

▶ 요단 동편에 머물기를 작정한 르우벤과 갓과 므낫세 반 지파들에게는 어떠한 일이 일어났습니까?

<대상5:25-2> 저희가 그 열조의 하나님께 범죄하여 하나님이 저희 앞에서 멸하신 그 땅 백성의 신들을 간음하듯 섬긴지라 그러므로 이스라엘 하나님이 앗수르 왕 불의 마음을 일으키시며 앗수르 왕 디글랏 빌레셀의 마음을 일으키시매 곧 르우벤과 갓과 므낫세 반 지파를 사로잡아 할라와 하볼과 하라와 고산 하숫가에 옮긴지라 저희가 오늘날까지 거기 있으니라

<민32:20-23> 모세가 그들에게 이르되 너희가 만일 이 일을 행하여 무장하고 여호와 앞에서 가서 싸우되 너희가 다 무장하고 여호와 앞에서 요단을 건너가서 여호와께서 그 원수를 자기 앞에서 쫓아내시고 그 땅으로 여호와 앞에 복종케 하시기까지 싸우면 여호와의 앞에서나 이스라엘의 앞에서나 무죄히 돌아오겠고 이 땅은 여호와 앞에서 너희의 산업이 되리라마는 너희가 만일 그같이 아니하면 여호와께 범죄함이니 너희 죄가 정녕 너희를 찾아낼 줄 알라

지도를 보고 다음에 대답하십시오 :

▶ 앗수르와 바벨론 제국 남동쪽 사이에 어떤 유명한 '만'이 경계를 이루고 있습니까?

<u>**페르시아만**</u>

▶ 두 제국의 가운데로 어떤 강이 흐르고 있습니까? 유브라데스강
▶ 앗수르의 수도는 어디였습니까? 니느웨
▶ 바벨론의 수도는 어디였습니까? 베벨론

제14주 에스라 느헤미야

(1) 에스라

▶ 에스라는 두 가지 사역을 하고 있습니다. 에스라 7:6과 11절에 의하면 그의 두 역할은 무엇이었습니까?

1.<스7:6> 이 에스라가 바벨론에서 올라왔으니 저는 이스라엘 하나님 여호와께서 주신 바 모세의 율법에 익숙한 학사로서 그 하나님 여호와의 도우심을 입으므로 왕에게 구하는 것은 다 받는 자더니

2. <스7:11> 여호와의 계명의 말씀과 이스라엘에게 주신 율례의 학사인 학사 겸 제사장 에스라에게 아닥사스다 왕이 내린 조서 초본은 아래와 같으니라

Ⅰ. 스룹바벨 하에서의 복구 (1 - 6장)

▶ 이 책의 처음에 주님은 고레스 왕의 마음에 무엇을 하도록 감동하셨습니까?

<스1:1-4> 바사 왕 고레스 원년에 여호와께서 예레미야의 입으로 하신 말씀을 응하게 하시려고 바사 왕 고레스의 마음을 감동시키시매 저가 온 나라에 공포도 하고 조서도 내려 가로되 바사 왕 고레스는 말하노니 하늘의 신 여호와께서 세상 만국으로 내게 주셨고 나를 명하사 유다 예루살렘에 전을 건축하라 하셨나니 이스라엘의 하나님은 참 신이시라 너희 중에 무릇 그 백성 된 자는 다 유다 예루살렘으로 올라가서 거기 있는 여호와의 전을 건축하라 너희 하나님이 함께 하시기를 원하노라 무릇 그 남아 있는 백성이 어느 곳에 우거하였든지 그 곳 사람들이 마땅히 은과 금과 기타 물건과 짐승으로 도와 주고 그 외에도 예루살렘 하나님의 전을 위하여 예물을 즐거이 드릴지니라 하였더라

▶ 고레스는 세스바살에게 무엇을 주어 본국으로 돌아가게 하였습니까?

<스1:5-11> 이에 유다와 베냐민 족장들과 제사장들과 레위 사람들과 무릇 그 마음이 하나님께 감동을 받고 올라가서 예루살렘 여호와의 전을 건축코자 하는 자가 다 일어나니 그 사면 사람들이 은그릇과 황금과 기타 물건과 짐승과 보물로 돕고 그 외에도 예물을 즐거이 드렸더라 고레스 왕이 또 여호와의 전 기명을 꺼내니 옛적에 느부갓네살이 예루살렘에서 옮겨다가 자기 신들의 당에 두었던 것이라 바사 왕 고레스가 고지기 미드르닷을 명하여 그 그릇을 꺼내어 계수하여 유다 목백 세스바살에게 붙이니 그 수효는 금반이 삼십이요 은반이 일천이요 칼이 이십구요 금대접이 삼십이요 그보다 차한 은대접이 사백열이요 기타 기명이 일천이니 금, 은 기명의 도합이 오천사백이라 사로잡힌 자를 바벨론에서 예루살렘으로 데리고 올 때에 세스바살이 그 기명들을 다 가지고 왔더라

▶ 유대인들은 약 800마일의 여행 후 예루살렘에 도착했을 때 그들은 무엇을 하였습니까?

<스3:1-5> 이스라엘 자손이 그 본성에 거하였더니 칠월에 이르러 일제히 예루살렘에 모인지라 요사닥의 아들 예수아와 그 형제 제사장들과 스알디엘의 아들 스룹바벨과 그 형제들이 다 일어나 이스라엘 하나님의 단을 만들고 하나님의 사람 모세의 율법에 기록

한 대로 번제를 그 위에 드리려 할새 무리가 열국 백성을 두려워하여 단을 그 터에 세우고 그 위에 조석으로 여호와께 번제를 드리며 기록된 규례대로 초막절을 지켜 번제를 매일 정수대로 날마다 드리고 그 후에는 항상 드리는 번제와 초하루와 여호와의 모든 거룩한 절기의 번제와 사람이 여호와께 즐거이 드리는 예물을 드리되

▶ 그리고 나서 그들은 새 성전을 위한 기초를 놓기 시작했습니다. 나중에 사마리아인들로 알려진 에살하돈들은 지도자들에게 나아와 성전 재건을 도울 것을 제안했습니다. 이 제안에 대한 유대 지도자들의 반응은 어떠했으며 또한 사마리아인들은 앙갚음을 하기 위하여 무엇을 하였습니까?

<스4:1-5> 유다와 베냐민의 대적이 사로잡혔던 자의 자손이 이스라엘 하나님 여호와를 위하여 전을 건축한다 함을 듣고 스룹바벨과 족장들에게 나아와 이르되 우리로 너희와 함께 건축하게 하라 우리도 너희같이 너희 하나님을 구하노라 앗수르 왕 에살핫돈이 우리를 이리로 오게 한 날부터 우리가 하나님께 제사를 드리노라 스룹바벨과 예수아와 기타 이스라엘 족장들이 이르되 우리 하나님의 전을 건축하는데 너희는 우리와 상관이 없느니라 바사 왕 고레스가 우리에게 명하신 대로 우리가 이스라엘 하나님 여호와를 위하여 홀로 건축하리라 하였더니 이로부터 그 땅 백성이 유다 백성의 손을 약하게 하여 그 건축을 방해하되 바사 왕 고레스의 시대부터 바사 왕 다리오가 즉위할 때까지 의사들에게 뇌물을 주어 그 경영을 저희하였으며

▶ 사마리아인들의 반대는 성전 재거하는 일을 15년간 중단시키는데 성공했습니다. 이 때문에 하나님은 백성들을 격려하기 위하여 어떤 두 선지자를 세우셨습니까? (학개와 스가랴)

<스5:1-2> 선지자들 곧 선지자 학개와 잇도의 손자 스가랴가 이스라엘 하나님의 이름을 받들어 유다와 예루살렘에 거하는 유다 사람들에게 예언하였더니 이에 스알디엘의 아들 스룹바벨과 요사닥의 아들 예수아가 일어나 예루살렘 하나님의 전 건축하기를 시작하매 하나님의 선지자들이 함께 하여 돕더니

Ⅱ. 에tm라 하에서의 복구 (7-10장)

▶ 에스라서에서 이스라엘 사람들은 왕정 기간 동안 국가의 몰락의 주요한 요소가 되었던 행위를 계속하였습니다. 이 행위는 무엇이었으며 에스라는 그것에 대해 어떻게 하였습니까? (주 : 유대인들은 여호와를 예배하는 이방인들과 결혼하는 것은 금지되지 않았습니다. 라합과 룻이 그 예입니다.)

<스10:10-17> 제사장 에스라가 일어서서 저희에게 이르되 너희가 범죄하여 이방 여자로 아내를 삼아 이스라엘의 죄를 더하게 하였으니 이제 너희 열조의 하나님 앞에서 죄를 자복하고 그 뜻대로 행하여 이 땅 족속들과 이방 여인을 끊어 버리라 회 무리가 큰 소리로 대답하여 가로되 당신의 말씀대로 우리가 마땅히 행할 것이니이다 그러나 백성이 많고 또 큰 비가 내리는 때니 능히 밖에 서지 못할 것이요 우리가 이 일로 크게 범죄하였은즉 하루 이틀에 할 일이 아니오니 이제 온 회중을 위하여 우리 방백들을 세우고 우리 모든 성읍에 이방 여자에게 장가든 자는 다 기한에 본성 장로들과 재판장과 함께 오게 하여 우리 하나님의 이 일로 인하신 진노가 우리에게서 떠나게 하소서 하나 오직 아사헬의 아들 요나단과 디과의 아들 야스야가 일어나 그 일을 반대하고 므술람과 레위 사람 삽브대가 저희를 돕더라 사로잡혔던 자의 자손이 그대로 한지라 제사장 에스라가 그 종족을 따라 각기 지명된 족장 몇 사람을 위임하고 시월 초하루에 앉아 그 일을 조사하여 정월 초하루에 이르러 이방 여인을 취한 자의 일 조사하기를 마치니라

(2) 느헤미야

Ⅰ. 성벽의 재건 (1-7장)

▶ 왕이 느헤미야의 근심을 알아챘을 때 그는 어떻게 하였습니까?

<느2:2-8> 왕이 내게 이르시되 네가 병이 없거늘 어찌하여 얼굴에 수색이 있느냐 이는 필연 네 마음에 근심이 있음이로다 그 때에 내가 크게 두려워하여 왕께 대답하되 왕은 만세수를 하옵소서 나의 열조의 묘실 있는 성읍이 이제까지 황무하고 성문이 소화되었사오니 내가 어찌 얼굴에 수색이 없사오리이까 왕이 내게 이르시되 그러면 네가 무엇을 원하느냐 하시기로 내가 곧 하늘의 하나님께 묵도하고 왕에게 고하되 왕이 만일 즐겨하시고 종이 왕의 목전에서 은혜를 얻었사오면 나를 유다 땅 나의 열조의 묘실 있는 성읍에 보내어 그 성을 중건하게 하옵소서 하였는데 그 때에 왕후도 왕의 곁에 앉았더라 왕이 내게 이르시되 네가 몇 날에 행할 길이며 어느 때에 돌아오겠느냐 하고 왕이 나를 보내기를 즐겨하시기로 내가 기한을 정하고 내가 또 왕에게 아뢰되 왕이 만일 즐겨하시거든 강 서편 총독들에게 내리시는 조서를 내게 주사 저희로 나를 용납하여 유다까지 통과하게 하시고 또 왕의 삼림 감독 아삽에게 조서를 내리사 저로 전에 속한 영문의 문과 성곽과 나의 거할 집을 위하여 들보 재목을 주게 하옵소서 하매 내 하나님의 선한 손이 나를 도우심으로 왕이 허락하고

Ⅱ. 백성들의 부흥 (8-13장)

▶ 하나님 말씀의 낭독은 부흥의 불꽃을 일으켰습니다. 어떠한 절기가 재 실시 되었습니까?

<느8:13-17> 그 이튿날 뭇 백성의 족장들과 제사장들과 레위 사람들이 율법의 말씀을 밝히 알고자 하여 학사 에스라의 곳에 모여서 율법책을 본즉 여호와께서 모세로 명하시기를 이스라엘 자손은 칠월 절기에 초막에 거할지니라 하였고 또 일렀으되 모든 성읍과 예루살렘에 공포하여 이르기를 너희는 산에 가서 감람나무 가지와 들감람나무 가지와 화석류나무 가지와 종려나무 가지와 기타 무성한 나뭇가지를 취하여 기록한 바를 따라 초막을 지으라 하라 하였는지라 백성이 이에 나가서 나뭇가지를 취하여 혹은 지붕 위에, 혹은 뜰 안에, 혹은 하나님의 전 뜰에, 혹은 수문 광장에, 혹은 에브라임 문 광장에 초막을 짓되 사로잡혔다가 돌아온 회 무리가 다 초막을 짓고 그 안에 거하니 눈의 아들 여호수아 때로부터 그 날까지 이스라엘 자손이 이같이 행함이 없었으므로 이에 크게 즐거워하며

제15주 에 스 더

Ⅰ. 에스더가 여왕이 되다 (1-2장)

▶ 잔치의 7일째 되는 날 왕은 여흥거리가 떨어지자 그의 손님들을 즐겁게 하기 위하여 무엇을 하였습니까?

<에1:10-11> 제 칠 일에 왕이 주흥이 일어나서 어전 내시 므후만과 비스다와 하르보

나와 빅다와 아박다와 세달과 가르가스 일곱 사람을 명하여 왕후 와스디를 청하여 왕후의 면류관을 정제하고 왕의 앞으로 나아오게 하여 그 아리따움을 뭇 백성과 방백들에게 보이게 하라 하니 이는 왕후의 용모가 보기에 좋음이라

▶ 와스디가 왕의 요청을 거절했을 때 왕은 수많은 그의 신복들과 친구들 앞에서 난처하게 되었습니다. 그는 진노하여 그의 박사들에게 어떻게 할 것을 물었습니다. 그들은 그에게 어떻게 하라고 말했으며 왜 그렇게 했을까요?

<에1:13-22> 왕이 사례를 아는 박사들에게 묻되 (왕이 규례와 법률을 아는 자에게 묻는 전례가 있는데 때에 왕에게 가까이 하여 왕의 기색을 살피며 나라 첫 자리에 앉은 자는 바사와 메대의 일곱 방백 곧 가르스나와 세달과 아드마다와 다시스와 메레스와 마르스나와 므무간이라) 왕후 와스디가 내시의 전하는 아하수에로 왕명을 좇지 아니하니 규례대로 하면 어떻게 처치할꼬 므무간이 왕과 방백 앞에서 대답하여 가로되 왕후 와스디가 왕에게만 잘못할 뿐 아니라 아하수에로 왕의 각 도 방백과 뭇 백성에게도 잘못하였나이다 아하수에로 왕이 명하여 왕후 와스디를 청하여도 오지 아니하였다 하는 왕후의 행위의 소문이 모든 부녀에게 전파되면 저희도 그 남편을 멸시할 것인즉 오늘이라도 바사와 메대의 귀부인들이 왕후의 행위를 듣고 왕의 모든 방백에게 그렇게 말하리니 멸시와 분노가 많이 일어나리이다 왕이 만일 선히 여기실진대 와스디로 다시는 왕 앞에 오지 못하게 하는 조서를 내리되 바사와 메대의 법률 중에 기록하여 변역함이 없게 하고 그 왕후의 위를 저보다 나은 사람에게 주소서 왕의 조서가 이 광대한 전국에 반포되면 귀천을 무론하고 모든 부녀가 그 남편을 존경하리이다 왕과 방백들이 그 말을 선히 여긴지라 왕이 므무간의 말대로 행하여 각 도 각 백성의 문자와 방언대로 모든 도에 조서를 내려 이르기를 남편으로 그 집을 주관하게 하고 자기 민족의 방언대로 말하게 하라 하였더라

▶ 시신(侍臣)들은 새 왕비를 뽑기 위하여 어떠한 계획을 생각해냈습니까?

<에2:2-4> 왕의 시신이 아뢰되 왕은 왕을 위하여 아리따운 처녀들을 구하게 하시되 전국 각 도에 관리를 명령하여 아리따운 처녀를 다 도성 수산으로 모아 후궁으로 들여 궁녀를 주관하는 내시 헤개의 손에 붙여 그 몸을 정결케 하는 물품을 주게 하시고 왕의 눈에 아름다운 처녀로 와스디를 대신하여 왕후를 삼으소서 왕이 그 말을 선히 여겨 그대로 행하니라

▶ 2장 21-23에서 모르드개는 어떤 훌륭한 일을 행하였습니까?

<에2:21-23> 모르드개가 대궐 문에 앉았을 때에 문 지킨 왕의 내시 빅단과 데레스 두 사람이 아하수에로 왕을 원한하여 모살하려 하거늘 모르드개가 알고 왕후 에스더에게 고하니 에스더가 모르드개의 이름으로 왕에게 고한지라 사실하여 실정을 얻었으므로 두 사람을 나무에 달고 그 일을 왕의 앞에서 궁중 일기에 기록하니라

II. 하만의 흉계 (3-4장)

▶ 하만은 무엇을 하려고 시도합니까?

<에3:6> 저희가 모르드개의 민족을 하만에게 고한 고로 하만이 모르드개만 죽이는 것이 경하다 하고 아하수에로의 온 나라에 있는 유다인 곧 모르드개의 민족을 다 멸하고자 하더라

Ⅲ. 에스더의 중보기도 (5장)

▶ 하만은 집에 돌아와서 무엇을 합니까?

<에5:10-12> 참고 집에 돌아와서 사람을 보내어 그 친구들과 그 아내 세레스를 청하여 자기의 부성한 영광과 자녀가 많은 것과 왕이 자기를 들어 왕의 모든 방백이나 신복들보다 높인 것을 다 말하고 또 가로되 왕후 에스더가 그 베푼 잔치에 왕과 함께 오기를 허락받은 자는 나밖에 없었고 내일도 왕과 함께 청함을 받았느니라

Ⅳ. 이스라엘의 구원 (6 - 10장)

▶ 하만은 무엇을 하도록 강요 당했습니까?

<에6:10-11> 이에 왕이 하만에게 이르되 너는 네 말대로 속히 왕복과 말을 취하여 대궐 문에 앉은 유다 사람 모르드개에게 행하되 무릇 네가 말한 것에서 조금도 빠짐이 없이 하라 하만이 왕복과 말을 취하여 모르드개에게 옷을 입히고 말을 태워 성중 거리로 다니며 그 앞에서 반포하되 왕이 존귀케 하시기를 기뻐하시는 사람에게는 이같이 할 것이라 하니라

▶ 에스더가 왕에게 하만이 그를 속여 조서를 만들게 하여 그 땅의 모든 유대인들을 진멸하도록 하고 또한 그녀 역시 죽임을 당하게 되었다는 것을 말할 때 그는 어떻게 하였습니까?

<에7:7-10> 왕이 노하여 일어나서 잔치 자리를 떠나 왕궁 후원으로 들어가니라 하만이 일어서서 왕후 에스더에게 생명을 구하니 이는 왕이 자기에게 화를 내리기로 결심한 줄 앎이더라 왕이 후원으로부터 잔치 자리에 돌아오니 하만이 에스더의 앉은 걸상 위에 엎드렸거늘 왕이 가로되 저가 궁중 내 앞에서 왕후를 강간까지 하고자 하는가 이 말이 왕의 입에서 나오매 무리가 하만의 얼굴을 싸더라 왕을 모신 내시 중에 하르보나가 왕에게 아뢰되 왕을 위하여 충성된 말로 고발한 모르드개를 달고자 하여 하만이 고가 오십 규빗 되는 나무를 준비하였는데 이제 그 나무가 하만의 집에 섰나이다 왕이 가로되 하만을 그 나무에 달라 하매 모르드개를 달고자 한 나무에 하만을 다니 왕의 노가 그치니라

<잠11:8> 의인은 환난에서 구원을 얻고 악인은 와서 그를 대신하느니라

제3장 시가서와 지혜서

제16주 욥 기

▶ 이제 우리는 역사서 공부를 마치고(여호수아부터 에스더까지) 시가서로 오게 되었습니다. 시가서에는 어떠한 것들이 있습니까?

1. 욥기　2. 시편　3. 잠언　4. 전도서　5.아가

Ⅰ. 욥의 시험 (1 - 3장)

▶ 욥에 대하여 사단이 했던 첫 번째 참소는 무엇이었습니까?

<욥1:8-12> 여호와께서 사단에게 이르시되 네가 내 종 욥을 유의하여 보았느냐 그와 같이 순전하고 정직하여 하나님을 경외하며 악에서 떠난 자가 세상에 없느니라 사단이 여호와께 대답하여 가로되 욥이 어찌 까닭 없이 하나님을 경외하리이까 주께서 그와 그 집과 그 모든 소유물을 산울로 두르심이 아니니이까 주께서 그 손으로 하는 바를 복되게 하사 그 소유물로 땅에 널리게 하셨음이니이다 이제 주의 손을 펴서 그의 모든 소유물을 치소서 그리하시면 정녕 대면하여 주를 욕하리이다 여호와께서 사단에게 이르시되 내가 그의 소유물을 다 네 손에 붙이노라 오직 그의 몸에는 네 손을 대지 말지니라 사단이 곧 여호와 앞에서 물러가니라

▶ 욥의 자녀들도 죽임을 당했습니다. 어떻게 죽었습니까?

<욥1:18-19> 그가 아직 말할 때에 또 한 사람이 와서 고하되 주인의 자녀들이 그 맏형의 집에서 식물을 먹으며 포도주를 마시더니 거친 들에서 대풍이 와서 집 네 모퉁이를 치매 그 소년들 위에 무너지므로 그들이 죽었나이다 나만 홀로 피한 고로 주인께 고하러 왔나이다 한지라

▶ 우리가 어찌할 바를 모르고 당황하게 될 때 우리는 로마서 8:28의 말씀을 기억해야 할 필요가 있습니다. 그것은 다음과 같이 말씀하고 있습니다:

<롬8:28> 우리가 알거니와 하나님을 사랑하는 자 곧 그 뜻대로 부르심을 입은 자들에게는 모든 것이 합력하여 선을 이루느니라

Ⅱ. 욥과 그의 친구들의 충고 (4-37장)

▶ 세 사람이 욥의 고난은 그의 죄 때문이라는 논쟁을 하고 있는 동안 네 번째 친구인 엘리후는 그 논쟁에 새로운 통찰력을 더해 주었습니다. 그는 무엇이라고 말했습니까?

<욥33:9-20> 나는 깨끗하여 죄가 없고 허물이 없으며 불의도 없거늘 하나님이 나를 칠 틈을 찾으시며 나를 대적으로 여기사 내 발을 착고에 채우시고 나의 모든 길을 감시하신다 하였느니라 내가 네게 대답하리라 이 말에 네가 의롭지 못하니 하나님은 사람보다 크심이니라 하나님은 모든 행하시는 것을 스스로 진술치 아니하시나니 네가 하나님과 변쟁함은 어찜이뇨 사람은 무관히 여겨도 하나님은 한 번 말씀하시고 다시 말씀하시되 사람이 침상에서 졸며 깊이 잠들 때에나 꿈에나 밤의 이상 중에 사람의 귀를 여시고 인치듯 교훈하시나니 이는 사람으로 그 꾀를 버리게 하려 하심이며 사람에게 교만을 막으려 하심이라 그는 사람의 혼으로 구덩이에 빠지지 않게 하시며 그 생명으로 칼에 멸망치 않게 하시느니라 혹시는 사람이 병상의 고통과 뼈가 늘 쑤심의 징계를 받나니 그

의 마음은 식물을 싫어하고 그의 혼은 별미를 싫어하며

Ⅲ. 욥의 구원 (38 - 42장)

▶ 첫 세 친구들 각자가 말한 후에는 욥이 대답했습니다. 그러나 엘리후의 발언 후에는 누가 대답하기 위해 개입하셨습니까?

<욥38:1> 때에 여호와께서 폭풍 가운데로서 욥에게 말씀하여 가라사대

▶ 모든 것에 대한 욥의 반응은 어떠했습니까?

<욥42:6> 그러므로 내가 스스로 한하고 티끌과 재 가운데서 회개하나이다

▶ 욥의 친구들을 꾸짖은 후 하나님은 욥의 소유를 회복시켜 주셨습니다. 하나님은 욥에게 얼마나 많이 주셨습니까?

<욥42:10> 욥이 그 벗들을 위하여 빌매 여호와께서 욥의 곤경을 돌이키시고 욥에게 그 전 소유보다 갑절이나 주신지라

▶ 그 외에 하나님은 욥을 위해 무엇을 갑절로 더하셨습니까?

<욥42:16> 그 후에 욥이 일백사십 년을 살며 아들과 손자 사 대를 보았고

<시90:10> 우리의 연수가 칠십이요 강건하면 팔십이라도 그 연수의 자랑은 수고와 슬픔뿐이요 신속히 가니 우리가 날아가나이다

제17주 시 편

Ⅰ. 다윗의 시편 (1 - 41장)

▶ 1절에 의하면 경건하거나 복된 자가 하지 않는 것들은 무엇입니까?

<시1:1> 복 있는 사람은

1. 악인의 꾀를 좇지 아니하며　　2. 죄인의 길에 서지 아니하며
3. 오만한 자의 자리에 앉지 아니하고

▶ 반면에 복있는 자는 무엇을 합니까?

<시1:2> 오직 여호와의 율법을 즐거워하여 그 율법을 주야로 묵상하는 자로다

Ⅱ. 이스라엘 국가에 관한 시편 (42 - 72장)

▶ 세 종류의 히브리 리듬 중(앞면에 정의된) 어떤 것이 1절에서 사용되었습니까?

<시46:1> 하나님은 우리의 피난처시요 힘이시니 환난 중에 만날 큰 도움이시라

▶ 2-5절에서는 어떤 종류가 사용되었습니까?

<시46:2-5>그러므로 땅이 변하든지 산이 흔들려 바다 가운데 빠지든지 바닷물이 흉용하고 뛰놀든지 그것이 넘침으로 산이 요동할지라도 우리는 두려워 아니하리로다 한 시내가 있어 나뉘어 흘러 하나님의 성 곧 지극히 높으신 자의 장막의 성소를 기쁘게 하도다 하나님이 그 성중에 거하시매 성이 요동치 아니할 것이라 새벽에 하나님이 도우시리로다

▶ 10절을 읽고 왜 우리가 고통의 때에 하나님의 임재하심을 알 수 있도록 하기위하여 내적인 고요함을 체험해야 하는지 설명하십시오.

<시46:10> 이르시기를 너희는 가만히 있어 내가 하나님 됨을 알지어다 내가 열방과 세계 중에서 높임을 받으리라 하시도다

Ⅲ. 성소에 관한 시편 (73 - 89장)

▶ 11-15절을 읽으시고 왜 우리가 때때로 악한 자에 관해서 올바른 시각을 잃어버리는지 설명하십시오.

<시73:11-15> 말하기를 하나님이 어찌 알랴 지극히 높은 자에게 지식이 있으랴 하도다 볼지어다 이들은 악인이라 항상 평안하고 재물은 더 하도다 내가 내 마음을 정히 하며 내 손을 씻어 무죄하다 한 것이 실로 헛되도다 나는 종일 재앙을 당하며 아침마다 징책을 보았도다 내가 만일 스스로 이르기를 내가 이렇게 말하리라 하였더면 주의 아들들의 시대를 대하여 궤휼을 행하였으리이다

Ⅳ. 그 외의 시편 (90-106장)

▶ 이 시편의 처음 두 구절에서는 하나님에 대하여 어떤 두 가지 사실이 나타나있습니까?

<시90:1-2> 주여 **1. 주는 대대에 우리의 거처가 되셨나이다** 산이 생기기 전, 땅과 세계도 주께서 조성하시기 전 곧 **2. 영원부터 영원까지 주는 하나님이시니이다**

▶ 10절에 의하면 보통 사람은 얼마나 오래 살 것을 기대할 수 있을까요?

<시90:10> 우리의 연수가 칠십이요 강건하면 팔십이라도 그 연수의 자랑은 수고와 슬픔뿐이요 신속히 가니 우리가 날아가나이다

▶ 12절의 의미는 무엇이라고 생각하십니까?

<시90:12> 우리에게 우리 날 계수함을 가르치사 지혜의 마음을 얻게 하소서

Ⅴ. 예배를 위한 시편 (107 - 150장)

▶ 행복을 위한 어떤 세 조건이 시편 119:1-3에 나열되어 있습니까? <시119:1-3>

1. 행위 완전하여 여호와의 법에 행하는 자가 복이 있음이여
2. 여호와의 증거를 지키고 전심으로 여호와를 구하는 자가 복이 있도다
3. 실로 저희는 불의를 행치 아니하고 주의 도를 행하는도다

▶ 시편 119:11은 무엇을 의미합니까?

<시119:11> 내가 주께 범죄치 아니하려 하여 주의 말씀을 내 마음에 두었나이다

▶ 다음의 용어들은 시편에서 여러번 나오고 있습니다. 성경 사전을 사용해서 이 단어들의 의미를 찾아보십시오.

▷ **아멘** 'amēn-기도나 찬양의 말 끝에 그 내용에 찬동한다는 뜻으로 쓰이는 말.
여러 뜻이 있는데, 동사로는 '확실하다', 명사로는 '진리', 부사로는 '참으로', 끝맺는 말로는 '확실히 그렇게 되어지이다' '그렇게 해주십시오'라는 뜻을 지니고 있다. 원래는 유

대인들이 제례의식 때 사용하던 말이었는데, 그리스도교의 예배와 전례(典禮)에 그대로 수용되었다. 신약성서에 포함된 사도들의 편지를 보면 이미 성부 ·성자 ·성신에 대한 송영(頌詠) 다음에 끝맺는 말로 사용하고 있다. 로마식 전례를 보면(고린I 14:16), 기도 ·찬가 ·축하식이 끝난 다음에, 또는 성사(聖事)의 집전에서 답사의 끝맺는 말로 사용하고 있다. 다만, 세례 용어 다음에는 쓰지 않는다. 개신교에서는 예배 때에 기도 ·찬송 ·신경(信經)암송이 끝난 마지막에 이 말을 쓰며, 목사가 시편이나 성구를 읽은 다음에도 사용한다. 설교나 기도 시간에 동참한 자들이 그 설교나 기도말에 동감이라는 뜻으로도 쓴다.

▷**송축** 頌祝 - 경사를 기리고 축하함. ≒송도(頌禱).

악장은 신왕조에 대한 찬양과 송축의 필요에 따라 나타난다

▷**할렐루야** - 할렐루야(Halleluj(y)ah), 또는 알렐루야(Alleluia), 알릴루이야(Ἀλληλούϊα)는 히브리어 단어인 הַלְלוּיָהּ· 의 음차(표준 히브리어: Halləluya, 티베리 히브리어: Halləlûyāh)인데, 이 단어는 '찬양하라(הַלְלוּ:Hallelu)'와 '하느님을(יָהּ:yah)'의 합성 단어이다. 이 단어는 주로 구약성서에서는 시편에 23번, 신약성서에서는 요한묵시록에 4번 기록되어 있으며, 유대인의 할렐에서도 자주 쓰인다.많은 그리스도인이 이 단어를 자주 사용하고, 이 단어의 사용을 가장 기쁘게 하나님을 찬양하는 것으로 여기지만, 일부 종파에서는 사순절기간 동안 할렐루야를 대영광송과 함께 사용하지 않는다. 또한 NIV 성경에서는 할렐루야를 'praise the Lord'로 번역하기도 하였다. 하지만 대한민국에서는 개신교의 대표적인 성서인 개역한글판 성경, 개신교와 천주교가 공동번역으로 번역한 공동번역 성경, 천주교의 천주교 새번역 성경 모두 할렐루야를 사용하고 있으며, 개신교의 예배나, 일반적인 생활에서도 할렐루야라는 말의 사용이 일반화되어 있다. 다만, 천주교의 경우에는 할렐루야 보다는 알렐루야나 '✝ 찬미 예수'의 사용 빈도가 높은 편이다. 정교회에서는 알릴루이야라고 한다.

▷**셀라 [selah]** '목소리를 높이다', '찬양하다'의 뜻을 지닌 히브리어.

구약성서 《시편》에 71회나 사용된 음악적 용어이다. 《시편》 3편 2절에 "많은 사람이 있어 나를 가리켜 말하기를 저는 하나님께 도움을 얻지 못한다 하나이다 (셀라)"라고 되어 있다. 그리고 《하박국》에서도 3회가 나온다. 하박국 3장 3절에 "하나님이 데만에서부터 오시며 거룩한 자가 바란산에서부터 오시도다(셀라)"라고 되어 있다. 70인역성서 역자는 이 용어가 관현악단에게 올리라고 지시하는 것으로 이해했던 것 같다. 그래서 이 때 노래하는 사람은 조용히 하고 관현악단만이 악기를 연주하게 된다. 한편으로는 신호와 함께 영광송이나 축복송을 제창한 것으로 추측되기도 한다. 통상적으로 셀라가 매우 중요한 내용이 있은 직후 잠시 중단할 만한 좋은 위치를 지시해주고 있다는 점에서 휴지부를 나타낸다는 주장도 있다.

제18주 잠언, 전도서, 아가

(1) 잠 언

▶ **잠언서는 다음의 주제들에 관해서 무엇이라 말씀하고 있습니까?**

지혜-<잠3:13-15> 지혜를 얻은 자와 명철을 얻은 자는 복이 있나니 이는 지혜를 얻는 것이 은을 얻는 것보다 낫고 그 이익이 정금보다 나음이니라 지혜는 진주보다 귀하니 너의 사모하는 모든 것으로 이에 비교할 수 없도다

한담-<잠11:13> 두루 다니며 한담하는 자는 남의 비밀을 누설하나 마음이 신실한 자

는 그런 것을 숨기느니라

거짓말-<잠12:22> 거짓 입술은 여호와께 미움을 받아도 진실히 행하는 자는 그의 기뻐하심을 받느니라

술마심 - <잠23:29-32> 재앙이 뉘게 있느뇨 근심이 뉘게 있느뇨 분쟁이 뉘게 있느뇨 원망이 뉘게 있느뇨 까닭 없는 창상이 뉘게 있느뇨 붉은 눈이 뉘게 있느뇨 술에 잠긴 자에게 있고 혼합한 술을 구하러 다니는 자에게 있느니라 포도주는 붉고 잔에서 번쩍이며 순하게 내려가나니 너는 그것을 보지도 말지어다 이것이 마침내 뱀같이 물 것이요 독사같이 쏠 것이며

간섭 - <잠26:17> 길로 지나다가 자기에게 상관없는 다툼을 간섭하는 자는 개 귀를 잡는 자와 같으니라

자랑- <잠27:2> 타인으로 너를 칭찬하게 하고 네 입으로는 말며 외인으로 너를 칭찬하게 하고 네 입술로는 말지니라

아첨 - <잠28:23> 사람을 경책하는 자는 혀로 아첨하는 자보다 나중에 더욱 사랑을 받느니라 / <잠29:5> 이웃에게 아첨하는 것은 그의 발 앞에 그물을 치는 것이니라

(2) 전 도 서

▶ 1장에서 전도자는 그것이 삶을 살만한 가치가 있도록 해준다는 생각에서 무엇을 찾습니까?

<전1:13> 마음을 다하며 지혜를 써서 하늘 아래서 행하는 모든 일을 궁구하며 살핀즉 이는 괴로운 것이니 하나님이 인생들에게 주사 수고하게 하신 것이라

▶ 그는 그의 모든 지식으로부터 무엇을 얻었습니까?

<전1:18> 지혜가 많으면 번뇌도 많으니 지식을 더하는 자는 근심을 더하느니라

▶ 2장에서 전도자는 무엇을 찾습니까?

<전2:1-3> 나는 내 마음에 이르기를 자, 내가 시험적으로 너를 즐겁게 하리니 너는 낙을 누리라 하였으나 본즉 이것도 헛되도다 내가 웃음을 논하여 이르기를 미친 것이라 하였고 희락을 논하여 이르기를 저가 무엇을 하는가 하였노라 내 마음이 궁구하기를 내가 어떻게 하여야 내 마음에 지혜로 다스림을 받으면서 술로 내 육신을 즐겁게 할까 또 어떻게 하여야 어리석음을 취하여서 천하 인생의 종신토록 생활함에 어떤 것이 쾌락인지 알까 하여

▶ 그는 이러한 종류의 삶에 대해서 무엇을 발견합니까?

<전2:10-11> 무엇이든지 내 눈이 원하는 것을 내가 금하지 아니하며 무엇이든지 내 마음이 즐거워하는 것을 내가 막지 아니하였으니 이는 나의 모든 수고를 내 마음이 기뻐하였음이라 이것이 나의 모든 수고로 말미암아 얻은 분복이로다 그 후에 본즉 내 손으로 한 모든 일과 수고한 모든 수고가 다 헛되어 바람을 잡으려는 것이며 해 아래서 무익한 것이로다

▶ 12:7에 의하면 하나님의 자녀에게는 그가 죽을 때 어떤 일이 일어납니까?

<전12:7> 흙은 여전히 땅으로 돌아가고 신은 그 주신 하나님께로 돌아가기 전에 기억하라

▶ 솔모몬의 결론은 12:13에서 찾게 됩니다. 그것은 무엇입니까?

<전12:13> 일의 결국을 다 들었으니 하나님을 경외하고 그 명령을 지킬지어다 이것이 사람의 본분이니라

(3) 아 가 서

제4장 선지서

제19주 이 사 야

▶ 선지자라고 하는 Prophet란 단어의 뒷부분인 -phet는- "말한다" 는 의미입니다. 이 단어의 두 부분의 의미들을 함께 합쳐놓으면 우리는 선지자 혹은 예언자(Prophet)란 단어의 훌륭한 정의를 내릴 수 있습니다. 그것은 무엇입니까?

<신18:15-22> 네 하나님 여호와께서 너의 중 네 형제 중에서 나와 같은 선지자 하나를 너를 위하여 일으키시리니 너희는 그를 들을지니라 이것이 곧 네가 총회의 날에 호렙 산에서 너의 하나님 여호와께 구한 것이라 곧 네가 말하기를 나로 다시는 나의 하나님 여호와의 음성을 듣지 않게 하시고 다시는 이 큰 불을 보지 않게 하소서 두렵건대 내가 죽을까 하나이다 하매 여호와께서 이르시되 그들의 말이 옳도다 내가 그들의 형제 중에 너와 같은 선지자 하나를 그들을 위하여 일으키고 내 말을 그 입에 두리니 내가 그에게 명하는 것을 그가 무리에게 다 고하리라 무릇 그가 내 이름으로 고하는 내 말을 듣지 아니하는 자는 내게 벌을 받을 것이요 내가 고하라고 명하지 아니한 말을 어떤 선지자가 만일 방자히 내 이름으로 고하든지 다른 신들의 이름으로 말하면 그 선지자는 죽임을 당하리라 하셨느니라 네가 혹시 심중에 이르기를 그 말이 여호와의 이르신 말씀인지 우리가 어떻게 알리요 하리라 만일 선지자가 있어서 여호와의 이름으로 말한 일에 증험도 없고 성취함도 없으면 이는 여호와의 말씀하신 것이 아니요 그 선지자가 방자히 한 말이니 너는 그를 두려워 말지니라

▶다음면의 도표를 보시고 선지자와 제사장을 구분하여 맞는 빈칸에 적으십시오.

하나님	**하나님**
⇩	⇧
선지자(예언선포-설교)	**대제사장(제사집례:예배)**
⇩	⇧
백 성	**백 성**

▶ 이사야는 어느 왕국의 선지자 였습니까?(도표를 참조 하십시오) 유다왕국
▶ 이사야의 동시대 선지자 두명을 기록하십시오. 도표를 참조) 미가 예레미야

이사야서에서 가장 유명한 절들 중의 하나가 6:1-9입니다. 여기서 우리는 이사야의 생애의 비밀을 발견합니다. 그가 성전 안에서 예배드리던 중 이사야는 주님의 환상을 보았습니다. 주님에 대한 이사야의 체험은 다섯 단계로 나뉘어집니다. 이 각 단계들을 기술해주는 절이나 절의 부분을 기록하십시오.

1.이사야가 죄를 깨닫다 - <사6:5> 그 때에 내가 말하되 화로다 나여 망하게 되었도다 나는 입술이 부정한 사람이요 입술이 부정한 백성 중에 거하면서 만군의 여호와이신 왕을 뵈었음이로다

2.이사야가 자백하다 - <사6:5> 그 때에 내가 말하되 화로다 나여 망하게 되었도다 나는 입술이 부정한 사람이요 입술이 부정한 백성 중에 거하면서 만군의 여호와이신 왕을 뵈었음이로다

3.이사야가 정결케 되다 - <사6:7> 그것을 내 입에 대며 가로되 보라 이것이 네 입에 닿았으니 네 악이 제하여졌고 네 죄가 사하여졌느니라 하더라

4.이사야가 헌신하다- <사6:8> 내가 또 주의 목소리를 들은즉 이르시되 내가 누구를 보내며 누가 우리를 위하여 갈꼬 그 때에 내가 가로되 내가 여기 있나이다 나를 보내소서

5.이사야가 소명을 받다- <사6:9> 여호와께서 가라사대 가서 이 백성에게 이르기를 너희가 듣기는 들어도 깨닫지 못할 것이요 보기는 보아도 알지 못하리라 하여

▶ 수 많은 이사야의 예언들은 근본적인 인간의 본성을 말씀함으로써 어떠한 세대에도 적용되는 것입니다. 이사야의 다음 절들을 읽고 그것들이 우리 세대에 어떻게 적용되는지 설명해 보십시오.

▷**이사야서1:23** 네 방백들은 패역하여 도적과 짝하며 다 뇌물을 사랑하며 사례물을 구하며 고아를 위하여 신원치 아니하며 과부의 송사를 수리치 아니하는도다

▷**이사야서5:20-23** 악을 선하다 하며 선을 악하다 하며 흑암으로 광명을 삼으며 광명으로 흑암을 삼으며 쓴 것으로 단 것을 삼으며 단 것으로 쓴 것을 삼는 그들은 화 있을진저 스스로 지혜롭다 하며 스스로 명철하다 하는 그들은 화 있을진저 포도주를 마시기에 용감하며 독주를 빚기에 유력한 그들은 화 있을진저 그들은 뇌물로 인하여 악인을 의롭다 하고 의인에게서 그 의를 빼앗는도다

▷**이사야서10:1-2** 불의한 법령을 발포하며 불의한 말을 기록하며 빈핍한 자를 불공평하게 판결하여 내 백성의 가련한 자의 권리를 박탈하며 과부에게 토색하고 고아의 것을 약탈하는 자는 화 있을진저

▷**이사야서29:15** 화 있을진저 자기의 도모를 여호와께 깊이 숨기려 하는 자여 그 일을 어두운 데서 행하며 이르기를 누가 우리를 보랴 누가 우리를 알랴 하니

▷**이사야서31:1** 도움을 구하러 애굽으로 내려가는 자들은 화 있을진저 그들은 말을 의뢰하며 병거의 많음과 마병의 심히 강함을 의지하고 이스라엘의 거룩하신 자를 앙모치 아니하며 여호와를 구하지 아니하거니와

▶ 이사야서는 그리스도의 때 앞서 약 700년 전 경에 기록되었으나 그것은 우리들에게 그리스도의 탄생과 삶 그리고 죽음에 대해 많은 것을 말씀해 주고 있습니다.

이사야에서 다음 구절들을 보고 그것들이 그리스도에 관해서 우리에게 무엇을 말씀해 주고 있는지 기록하십시오 : (이 예언들의 성취를 기록한 신약성경의 구절들은 괄호안에 있습니다.)

<사7:14> 그러므로 주께서 친히 징조로 너희에게 주실 것이라 보라 처녀가 잉태하여 아들을 낳을 것이요 그 이름을 임마누엘이라 하리라

=> <눅1:26-31> 여섯째 달에 천사 가브리엘이 하나님의 보내심을 받들어 갈릴리 나사렛이란 동네에 가서 다윗의 자손 요셉이라 하는 사람과 정혼한 처녀에게 이르니 그 처녀의 이름은 마리아라 그에게 들어가 가로되 은혜를 받은 자여 평안할지어다 주께서 너와 함께 하시도다 하니 처녀가 그 말을 듣고 놀라 이런 인사가 어찌함인고 생각하매 천사가 일러 가로되 마리아여 무서워 말라 네가 하나님께 은혜를 얻었느니라 보라 네가 수태하여 아들을 낳으리니 그 이름을 예수라 하라

<사11:1>이새의 줄기에서 한 싹이 나며 그 뿌리에서 한 가지가 나서 결실할 것이요

=> <눅1:31> 보라 네가 수태하여 아들을 낳으리니 그 이름을 예수라 하라

<사50:6> 나를 때리는 자들에게 내 등을 맡기며 나의 수염을 뽑는 자들에게 나의 뺨을 맡기며 수욕과 침 뱉음을 피하려고 내 얼굴을 가리우지 아니하였느니라
=> <마26:67> 이에 예수의 얼굴에 침뱉으며 주먹으로 치고 혹은 손바닥으로 때리며

<사53:3>그는 멸시를 받아서 사람에게 싫어 버린 바 되었으며 간고를 많이 겪었으며 질고를 아는 자라 마치 사람들에게 얼굴을 가리우고 보지 않음을 받는 자 같아서 멸시를 당하였고 우리도 그를 귀히 여기지 아니하였도다
=> <요1:11> 자기 땅에 오매 자기 백성이 영접지 아니하였으나

<사53:5> 그가 찔림은 우리의 허물을 인함이요 그가 상함은 우리의 죄악을 인함이라 그가 징계를 받음으로 우리가 평화를 누리고 그가 채찍에 맞음으로 우리가 나음을 입었도다
=> <롬5:6-8> 우리가 아직 연약할 때에 기약대로 그리스도께서 경건치 않은 자를 위하여 죽으셨도다 의인을 위하여 죽는 자가 쉽지 않고 선인을 위하여 용감히 죽는 자가 혹 있거니와 우리가 아직 죄인 되었을 때에 그리스도께서 우리를 위하여 죽으심으로 하나님께서 우리에게 대한 자기의 사랑을 확증하셨느니라

<사53:7> 그가 곤욕을 당하여 괴로울 때에도 그 입을 열지 아니하였음이여 마치 도수장으로 끌려가는 어린양과 털 깎는 자 앞에 잠잠한 양같이 그 입을 열지 아니하였도다
=> <막15:4-5> 빌라도가 또 물어 가로되 아무 대답도 없느냐 저희가 얼마나 많은 것으로 너를 고소하는가 보라 하되 예수께서 다시 아무 말씀도 대답지 아니하시니 빌라도가 기이히 여기더라

<사53:12> 이러므로 내가 그로 존귀한 자와 함께 분깃을 얻게 하며 강한 자와 함께 탈취한 것을 나누게 하리니 이는 그가 자기 영혼을 버려 사망에 이르게 하며 범죄자 중 하나로 헤아림을 입었음이라 그러나 실상은 그가 많은 사람의 죄를 지며 범죄자를 위하여 기도하였느니라 하시니라
=> <막15:27-28> 강도 둘을 예수와 함께 십자가에 못 박으니 하나는 그의 우편에, 하나는 좌편에 있더라

제20주 예레미야, 예레미야애가

(1) 예레미야

▶ 예레미야는 어느 왕국을 향한 선지자였습니까? **유다(남)왕국**

▶ 그가 그의 사역을 시작한 것은 그의 왕국의 몰락 이전입니까, 그 기간 중입니까, 아니면 그 후입니까? **멸망기간 중**

▶ 주님은 언제 예레미야를 선지자로 택정하였습니까?

<렘1:5> 내가 너를 복중에 짓기 전에 너를 알았고 네가 태에서 나오기 전에 너를 구별하였고 너를 열방의 선지자로 세웠노라 하시기로

▶ 예레미야가 하나님의 부르심을 들었을 때 그의 응답은 어떠했습니까?

<렘1:6> 내가 가로되 슬프도소이다 주 여호와여 보소서 나는 아이라 말할 줄을 알지 못하나이다

▶ 주님은 예레미야가 그분을 위해 말씀할 수 있다는 것을 어떻게 그에게 확신시키셨습니까? <렘1:7> 여호와께서 내게 이르시되 너는 아이라 하지 말고 내가 너를 누구에게 보내든지 너는 가며 내가 네게 무엇을 명하든지 너는 말할지니라

<렘17:19> 여호와께서 내게 이같이 말씀하시되 너는 가서 유다 왕들의 출입하는 평민의 문과 예루살렘 모든 문에 서서

▶ 그들의 배역의 깊은 곳에 있었음에도 불구하고 하나님은 그 백성들에게 무엇을 말하라고 예레미야에게 말씀하셨습니까?

<렘4:1-4>> 여호와께서 가라사대 이스라엘아 네가 돌아오려거든 내게로 돌아오라 네가 만일 나의 목전에서 가증한 것을 버리고 마음이 요동치 아니하며 진실과 공평과 정의로 여호와의 삶을 가리켜 맹세하면 열방이 나로 인하여 스스로 복을 빌며 나로 인하여 자랑하리라 나 여호와가 유다와 예루살렘 사람에게 이같이 이르노라 너희 묵은 땅을 갈고 가시덤불 속에 파종하지 말라 유다인과 예루살렘 거민들아 너희는 스스로 할례를 행하여 너희 마음 가죽을 베고 나 여호와께 속하라 그렇지 아니하면 너희 행악을 인하여 나의 분노가 불같이 발하여 사르리니 그것을 끌 자가 없으리라

▶ 하나님은 예루살렘에서 얼마나 많은 의인을 발견할 수 있으면 그곳을 살려두기로 동의하셨습니까?

<렘5:1> 너희는 예루살렘 거리로 빨리 왕래하며 그 넓은 거리에서 찾아보고 알라 너희가 만일 공의를 행하며 진리를 구하는 자를 한 사람이라도 찾으면 내가 이 성을 사하리라

▶ 로마서8:28은 신성한 토기장이로서 하나님에 대하여 어떻게 인용될 수 있습니까?

<롬8:28> 우리가 알거니와 하나님을 사랑하는 자 곧 그 뜻대로 부르심을 입은 자들에게는 모든 것이 합력하여 선을 이루느니라

▶ 19:1-13에서 장차 올 심판의 표징으로써 하나님은 예레미야에게 무엇을 하도록 말씀하셨습니까?

<렘19:1-13> 여호와께서 이같이 말씀하시되 가서 토기장이의 오지병을 사고 백성의 어른들과 제사장의 어른 몇 사람을 데리고 하시드 문 어귀 곁에 있는 힌놈의 아들의 골짜기로 가서 거기서 내가 네게 이른 말을 선포하여 이르기를 너희 유다 왕들과 예루살렘 거민아 여호와의 말씀을 들으라 만군의 여호와 이스라엘의 하나님이 이같이 말씀하시되 보라 내가 이 곳에 재앙을 내릴 것이라 무릇 그것을 듣는 자의 귀가 진동하리니 이는 그들이 나를 버리고 이 곳을 불결케 하며 이 곳에서 자기와 자기 열조와 유다 왕들의 알지 못하던 다른 신들에게 분향하며 무죄한 자의 피로 이 곳에 채웠음이며 또 그들이 바알을 위하여 산당을 건축하고 자기 아들들을 바알에게 번제로 불살라 드렸나니 이는 내가 명하거나 뜻한 바가 아니니라 그러므로 나 여호와가 말하노라 보라 다시는 이 곳을 도벳이나 힌놈의 아들의 골짜기라 칭하지 아니하고 살륙의 골짜기라 칭하는 날이 이를 것이라 내가 이 곳에서 유다와 예루살렘의 모계를 무효케 하여 그들로 그 대적 앞과 생명을 찾는 자의 손의 칼에 엎드러지게 하고 그 시체를 공중의 새와 땅 짐승의 밥이 되게 하며 이 성으로 놀람과 모욕거리가 되게 하리니 그 모든 재앙을 인하여 지나

는 자마다 놀라며 모욕할 것이며 그들이 그 대적과 그들의 생명을 찾는 자에게 둘러싸여 곤핍을 당할 때에 내가 그들로 그 아들의 고기, 딸의 고기를 먹게 하고 또 각기 친구의 고기를 먹게 하리라 하셨다 하고 너는 함께 가는 자의 목전에서 그 오지병을 깨뜨리고 그들에게 이르기를 만군의 여호와께서 이같이 말씀하시되 사람이 토기장이의 그릇을 한번 깨뜨리면 다시 완전하게 할 수 없나니 이와 같이 내가 이 백성과 이 성을 파하리니 그들을 매장할 자리가 없도록 도벳에 장사하리라 나 여호와가 말하노라 내가 이 곳과 그 중 거민에게 이같이 행하여 이 성으로 도벳 같게 할 것이라 예루살렘 집들과 유다 왕들의 집들 곧 그 집들이 그 집 위에서 하늘의 만상에 분향하고 다른 신들에게 전제를 부음으로 더러워졌은즉 도벳 땅처럼 되리라 하셨다 하라

▶ 26:8-16에서 제사장들과 선지자들은 예레미야에게 어떻게 하려고 했습니까?

<렘26:8-16> 예레미야가 여호와께서 명하신 말씀을 모든 백성에게 고하기를 마치매 제사장들과 선지자들과 모든 백성이 그를 붙잡고 이르되 네가 반드시 죽으리라 어찌하여 네가 여호와의 이름을 의탁하고 예언하여 이르기를 이 집이 실로같이 되겠고 이 성이 황무하여 거민이 없으리라 하느뇨 하며 그 모든 백성이 여호와의 집에서 예레미야에게로 모여 드니라 유다 방백들이 이 일을 듣고 왕궁에서 여호와의 집으로 올라와서 여호와의 집 새 문 어귀에 앉으매 제사장들과 선지자들이 방백들과 모든 백성에게 말하여 가로되 이 사람은 죽음이 합당하니 너희 귀로 들음같이 이 성을 쳐서 예언하였느니라 예레미야가 모든 방백과 백성에게 일러 가로되 여호와께서 나를 보내사 너희의 들은 바 모든 말로 이 집과 이 성을 쳐서 예언하게 하셨느니라 그런즉 너희는 너희 길과 행위를 고치고 너희 하나님 여호와의 목소리를 청종하라 그리하면 여호와께서 너희에게 선고하신 재앙에 대하여 뜻을 돌이키시리라 보라 나는 너희 손에 있으니 너희 소견에 선한 대로, 옳은 대로 하려니와 너희는 분명히 알라 너희가 나를 죽이면 정녕히 무죄한 피로 너희 몸과 이 성과 이 성 거민에게로 돌아가게 하리라 이는 여호와께서 진실로 나를 보내사 이 모든 말을 너희 귀에 이르게 하셨음이니라 방백들과 모든 백성이 제사장들과 선지자들에게 이르되 이 사람이 우리 하나님 여호와의 이름을 의탁하고 우리에게 말하였으니 죽음이 부당하니라

▶ 바룩이 그것을 성전에서 읽은 후 그는 그것을 방백들에게 읽고 나서는 차례로 그것을 왕 자신에게 읽어주었습니다<36:15-21>. 그것이 왕에게 읽혀질 때 그는 어떻게 했습니까?

<렘36:15-21> 그들이 바룩에게 이르되 앉아서 이를 우리 귀에 낭독하라 바룩이 그들의 귀에 낭독하매 그들이 그 모든 말씀을 듣고 놀라 서로 보며 바룩에게 이르되 우리가 이 모든 말을 왕에게 고하리라 그들이 또 바룩에게 물어 가로되 네가 그 구전하는 이 모든 말을 어떻게 기록하였느뇨 청컨대 우리에게 이르라 바룩이 대답하되 그가 그 입으로 이 모든 말을 내게 베풀기로 내가 먹으로 책에 기록하였노라 이에 방백들이 바룩에게 이르되 너는 가서 예레미야와 함께 숨고 너희 있는 곳을 사람에게 알리지 말라 하니라 그들이 두루마리를 서기관 엘리사마의 방에 두고 뜰에 들어가 왕께 나아가서 이 모든 말로 왕의 귀에 고하니 왕이 여후디를 보내어 두루마리를 가져오게 하매 여후디가 서기관 엘리사마의 방에서 가져다가 왕과 왕의 곁에 선 모든 방백의 귀에 낭독하니

<렘36:23> 여후디가 삼 편 사 편을 낭독하면 왕이 소도로 그것을 연하여 베어 화로 불에 던져서 온 두루마리를 태웠더라

▶ 39:1-8을 읽고 예루살렘 성읍과 왕의 가족과 왕 자신에게 어떤 일이 일어났는지

기록해보십시오.

<렘39:1-8> 유다 왕 시드기야의 구년 시월에 바벨론 왕 느부갓네살과 그 모든 군대가 와서 예루살렘을 에워싸고 치더니 시드기야의 제 십일 년 사월 구일에 성이 함락되니라 예루살렘이 함락되매 바벨론 왕의 모든 방백이 이르러 중문에 앉으니 곧 네르갈사레셀과 삼갈르보와 환관장 살스김과 박사장 네르갈사레셀과 바벨론 왕의 기타 모든 방백들이었더라 유다 왕 시드기야와 모든 군사가 그들을 보고 도망하되 밤에 왕의 동산길로 좇아 두 담 샛문을 통하여 성읍을 벗어나서 아라바로 갔더니 갈대아인의 군대가 그들을 따라 여리고 평원에서 시드기야에게 미쳐 그를 잡아서 데리고 하맛 땅 립나에 있는 바벨론 왕 느부갓네살에게로 올라가매 왕이 그를 심문하였더라 바벨론 왕이 립나에서 시드기야의 목전에서 그 아들들을 죽였고 왕이 또 유다의 모든 귀인을 죽였으며 왕이 또 시드기야의 눈을 빼게 하고 바벨론으로 옮기려 하여 사슬로 결박하였더라 갈대아인들이 왕궁과 백성의 집을 불사르며 예루살렘 성벽을 헐었고

(2) 예레미야애가

제21주 에 스 겔

Ⅰ. 에스겔의 소명과 환상 (1-3장)

▶ 에스겔은 환상 가운데 무엇을 보았으며 그의 반응은 어떠했습니까?

<겔1:5> 그 속에서 네 생물의 형상이 나타나는데 그 모양이 이러하니 사람의 형상이라 / <겔1:28> 그 사면 광채의 모양은 비 오는 날 구름에 있는 무지개 같으니 이는 여호와의 영광의 형상의 모양이라 내가 보고 곧 엎드리어 그 말씀하시는 자의 음성을 들으니라

▶ 에스겔의 소명은 2:4-9에서 분명해집니다. 어떠한 목적으로 하나님은 에스겔을 부르셨습니까?

<겔2:4-9> 이 자손은 얼굴이 뻔뻔하고 마음이 강퍅한 자니라 내가 너를 그들에게 보내노니 너는 그들에게 이르기를 주 여호와의 말씀이 이러하시다 하라 그들은 패역한 족속이라 듣든지 아니 듣든지 그들 가운데 선지자 있은 줄은 알지니라 인자야 너는 비록 가시와 찔레와 함께 처하며 전갈 가운데 거할지라도 그들을 두려워 말고 그 말을 두려워 말지어다 그들은 패역한 족속이라도 그 말을 두려워 말며 그 얼굴을 무서워 말지어다 그들은 심히 패역한 자라 듣든지 아니 듣든지 너는 내 말로 고할지어다 인자야 내가 네게 이르는 말을 듣고 그 패역한 족속같이 패역하지 말고 네 입을 벌리고 내가 네게 주는 것을 먹으라 하시기로 내가 보니 한 손이 나를 향하여 펴지고 그 손에 두루마리 책이 있더라

▶ 에스겔의 소명은 이사야와 예레미야의 소명과 어떻게 비교됩니까?

<사6:9-12> 여호와께서 가라사대 가서 이 백성에게 이르기를 너희가 듣기는 들어도 깨닫지 못할 것이요 보기는 보아도 알지 못하리라 하여 이 백성의 마음으로 둔하게 하며 그 귀가 막히고 눈이 감기게 하라 염려컨대 그들이 눈으로 보고 귀로 듣고 마음으로 깨닫고 다시 돌아와서 고침을 받을까 하노라 내가 가로되 주여 어느 때까지니이까 대답하시되 성읍들은 황폐하여 거민이 없으며 가옥들에는 사람이 없고 이 토지가 전폐하게 되며 사람들이 여호와께 멀리 옮기워서 이 땅 가운데 폐한 곳이 많을 때까지니라

<렘1:17-19> 그러므로 너는 네 허리를 동이고 일어나 내가 네게 명한 바를 다 그들에게 고하라 그들을 인하여 두려워 말라 두렵건대 내가 너로 그들 앞에서 두려움을 당하게 할까 하노라 보라 내가 오늘날 너로 그 온 땅과 유다 왕들과 그 족장들과 그 제사장들과 그 땅 백성 앞에 견고한 성읍, 쇠기둥, 놋 성벽이 되게 하였은즉 그들이 너를 치나 이기지 못하리니 이는 내가 너와 함께 하여 너를 구원할 것임이니라 여호와의 말이니라

▶ 증인이 되어야 할 실제적인 책임이 에스겔서 3:18에 나옵니다. 이 구절을 읽고 그 뜻을 설명하십시오.
<겔3:18> 가령 내가 악인에게 말하기를 너는 꼭 죽으리라 할 때에 네가 깨우치지 아니하거나 말로 악인에게 일러서 그 악한 길을 떠나 생명을 구원케 하지 아니하면 그 악인은 그 죄악 중에서 죽으려니와 내가 그 피 값을 네 손에서 찾을 것이고

Ⅱ. 유다의 죄에 대한 예언 (4 - 24장)

▶ 주님은 에스겔에게 성전의 행위들에 관하여 무엇을 보여 주셨습니까?<8:7-13>
<겔8:7-13> 그가 나를 이끌고 뜰 문에 이르시기로 내가 본즉 담에 구멍이 있더라 그가 내게 이르시되 인자야 너는 이 담을 헐라 하시기로 내가 그 담을 허니 한 문이 있더라 또 내게 이르시되 들어가서 그들이 거기서 행하는 가증하고 악한 일을 보라 하시기로 내가 들어가 보니 각양 곤충과 가증한 짐승과 이스라엘 족속의 모든 우상을 그 사면 벽에 그렸고 이스라엘 족속의 장로 중 칠십 인이 그 앞에 섰으며 사반의 아들 야아사냐도 그 가운데 섰고 각기 손에 향로를 들었는데 향연이 구름같이 오르더라 또 내게 이르시되 인자야 이스라엘 족속의 장로들이 각각 그 우상의 방 안 어두운 가운데서 행하는 것을 네가 보았느냐 그들이 이르기를 여호와께서 우리를 보지 아니하시며 이 땅을 버리셨다 하느니라 또 내게 이르시되 너는 다시 그들의 행하는 바 다른 큰 가증한 일을 보리라 하시더라

▶ 9:4-10에서 하나님은 유다의 죄악으로 인해 그가 어떻게 하시겠다고 말씀하십니까? <겔9:4-10> 이르시되 너는 예루살렘 성읍 중에 순행하여 그 가운데서 행하는 모든 가증한 일로 인하여 탄식하며 우는 자의 이마에 표하라 하시고 나의 듣는데 또 그 남은 자에게 이르시되 너희는 그 뒤를 좇아 성읍 중에 순행하며 아껴 보지도 말며 긍휼을 베풀지도 말고 쳐서 늙은 자와 젊은 자와 처녀와 어린아이와 부녀를 다 죽이되 이마에 표 있는 자에게는 가까이 말라 내 성소에서 시작할지니라 하시매 그들이 성전 앞에 있는 늙은 자들로부터 시작하더라 그가 또 그들에게 이르시되 너희는 성전을 더럽혀 시체로 모든 뜰에 채우라 너희는 나가라 하시매 그들이 나가서 성읍 중에서 치더라 그들이 칠 때에 내가 홀로 있는지라 엎드리어 부르짖어 가로되 오호라 주 여호와여 예루살렘을 향하여 분노를 쏟으시오니 이스라엘 남은 자를 모두 멸하려 하시나이까 그가 내게 이르시되 이스라엘과 유다 족속의 죄악이 심히 중하여 그 땅에 피가 가득하며 그 성읍에 불법이 찼나니 이는 그들이 이르기를 여호와께서 이 땅을 버리셨으며 보지 아니하신다 함이라 그러므로 내가 그들을 아껴 보지 아니하며 긍휼을 베풀지 아니하고 그 행위대로 그 머리에 갚으리라 하시더라

▶ 사람들이 어떻게 생각하든 관계없이 하나님은 그의 백성들의 세대를 심판하실 때 언제나 공정하십니다. 그분은 18:19-20에서 그분의 심판에 대하여 무어라고 말씀하십니까?
<겔18:19-20> 그런데 너희는 이르기를 아들이 어찌 아비의 죄를 담당치 않겠느뇨 하

는도다 아들이 법과 의를 행하며 내 모든 율례를 지켜 행하였으면 그는 정녕 살려니와 범죄하는 그 영혼은 죽을지라 아들은 아비의 죄악을 담당치 아니할 것이요 아비는 아들의 죄악을 담당치 아니하리니 의인의 의도 자기에게로 돌아가고 악인의 악도 자기에게로 돌아가리라

Ⅲ. 이방 나라들에 대한 예언 (25 32장)

▶ 25:2, 8, 12와 15절에서 주님은 에스겔에게 누구에 대하여 예언하라고 명하셨습니까? <겔25:2> 인자야 1. 암몬 족속을 향하여 그들을 쳐서 예언하라 너는 암몬 족속에게 이르기를 너희는 주 여호와의 말씀을 들을지어다 주 여호와의 말씀에 내 성소를 더럽힐 때에 네가 그것을 대하여, 이스라엘 땅이 황무할 때에 네가 그것을 대하여, 유다 족속이 사로잡힐 때에 네가 그들을 대하여 이르기를 아하 좋다 하였도다

<겔25:8> 나 주 여호와가 말하노라 2. 모압과 세일이 이르기를 유다 족속은 모든 이방과 일반이라 하도다

<겔25:12> 나 주 여호와가 말하노라 3. 에돔이 유다 족속을 쳐서 원수를 갚았고 원수를 갚음으로 심히 범죄하였도다

<겔25:15> 나 주 여호와가 말하노라 4. 블레셋 사람이 옛날부터 미워하여 멸시하는 마음으로 원수를 갚아 진멸코자 하였도다

▶ 이 모든 나라들이 공통적으로 갖고 있는 하나의 지리적인 사실은 무엇이었으며 그것이 어떻게 그들을 더욱 하나님께 책임을 갖도록 만들었습니까?
(다음 지도를 참조하십시오)

Ⅳ. 복귀의 확신 (33 - 48장)

▶ 33:1-9에서 에스겔이 그의 백성의 파숫군임이 드러난 후 그가 유다 민족에게 고하라고 한 소망의 광선은 무엇이라고 하나님은 말씀하십니까?

<겔33:11> 주 여호와의 말씀에 나의 삶을 두고 맹세하노니 나는 악인의 죽는 것을 기뻐하지 아니하고 악인이 그 길에서 돌이켜 떠나서 사는 것을 기뻐하노라 이스라엘 족속아 돌이키고 돌이키라 너희 악한 길에서 떠나라 어찌 죽고자 하느냐 하셨다 하라

▶ 4-6절에서 주님은 에스겔에게 무엇을 하라고 말씀하셨습니까?

<겔37:4-6> 또 내게 이르시되 너는 이 모든 뼈에게 대언하여 이르기를 너희 마른 뼈들아 여호와의 말씀을 들을지어다 주 여호와께서 이 뼈들에게 말씀하시기를 내가 생기로 너희에게 들어가게 하리니 너희가 살리라 너희 위에 힘줄을 두고 살을 입히고 가죽으로 덮고 너희 속에 생기를 두리니 너희가 살리라 또 나를 여호와인 줄 알리라 하셨다 하라

▶ 에스겔이 하나님께서 그에게 말씀하신 대로 했을 때 어떠한 일이 일어났으며 그것은 무엇을 의미합니까?

<겔37:7-14> 이에 내가 명을 좇아 대언하니 대언할 때에 소리가 나고 움직이더니 이 뼈, 저 뼈가 들어 맞아서 뼈들이 서로 연락하더라 내가 또 보니 그 뼈에 힘줄이 생기고 살이 오르며 그 위에 가죽이 덮이나 그 속에 생기는 없더라 또 내게 이르시되 인자야 너는 생기를 향하여 대언하라 생기에게 대언하여 이르기를 주 여호와의 말씀에 생기야

사방에서부터 와서 이 사망을 당한 자에게 불어서 살게 하라 하셨다 하라 이에 내가 그 명대로 대언하였더니 생기가 그들에게 들어가매 그들이 곧 살아 일어나서 서는데 극히 큰 군대더라 또 내게 이르시되 인자야 이 뼈들은 이스라엘 온 족속이라 그들이 이르기를 우리의 뼈들이 말랐고 우리의 소망이 없어졌으니 우리는 다 멸절되었다 하느니라 그러므로 너는 대언하여 그들에게 이르기를 주 여호와의 말씀에 내 백성들아 내가 너희 무덤을 열고 너희로 거기서 나오게 하고 이스라엘 땅으로 들어가게 하리라 내 백성들아 내가 너희 무덤을 열고 너희로 거기서 나오게 한즉 너희가 나를 여호와인 줄 알리라 내가 또 내 신을 너희 속에 두어 너희로 살게 하고 내가 또 너희를 너희 고토에 거하게 하리니 나 여호와가 이 일을 말하고 이룬 줄을 너희가 알리라 나 여호와의 말이니라 하셨다 하라

제22주 다 니 엘

Ⅰ. 역사적인 내용 (1 - 6장)

▶ 다니엘과 함께 그의 친구 세 명이 있었으니 그들은 하나냐, 미사엘, 아사랴였습니다. 이 친구들의 고쳐진 이름들은 무엇이었습니까?

<단1:7> 환관장이 그들의 이름을 고쳐 다니엘은 벨드사살이라 하고 **1. 하나냐는 사드락이라 하고 2. 미사엘은 메삭이라 하고 3. 아사랴는 아벳느고**라 하였더라

▶ 그 대신에 다니엘과 그의 친구들은 어떻게 함으로써 시험해 볼 것을 제의했습니까? <단1:11-14> 환관장이 세워 다니엘과 하나냐와 미사엘과 아사랴를 감독하게 한 자에게 다니엘이 말하되 청하오니 당신의 종들을 **열흘 동안 시험하여 채식을 주어 먹게 하고 물을 주어 마시게 한 후에 당신 앞에서 우리의 얼굴과 왕의 진미를 먹는 소년들의 얼굴을 비교하여 보아서 보이는 대로 종들에게 처분하소서** 하매 그가 그들의 말을 좇아 열흘을 시험하더니

▶ 이 시험의 결과는 무엇이었습니까?

<단1:15> 열흘 후에 그들의 얼굴이 더욱 아름답고 살이 더욱 윤택하여 왕의 진미를 먹는 모든 소년보다 나아 보인지라 / <단1:21> 다니엘은 고레스 왕 원년까지 있으니라

▶ 느부갓네살 왕은 이 박수와 술객들에게 만일 그들이 그의 꿈을 기억나게 해주고 그를 위해 그것을 해석해 주지 아니하면 어떻게 하겠다고 말했습니까?

<단2:4-5 >갈대아 술사들이 아람 방언으로 왕에게 말하되 왕이여 만세수를 하옵소서 왕은 그 꿈을 종들에게 이르시면 우리가 해석하여 드리겠나이다 왕이 갈대아 술사에게 대답하여 가로되 내가 명령을 내렸나니 너희가 만일 꿈과 그 해석을 나로 알게 하지 아니하면 너희 몸을 쪼갤 것이며 너희 집으로 거름터를 삼을 것이요

▶ 그가 계속하여 그 꿈과 해석을 알려줄 것을 요구할 때 이 술사들은 왕에게 어떻게 말했습니까?

<단2:10-11> 갈대아 술사들이 왕 앞에 대답하여 가로되 세상에는 왕의 그 일을 보일 자가 하나도 없으므로 크고 권력 있는 왕이 이런 것으로 박수에게나 술객에게나 갈대아 술사에게 물은 자가 절대로 있지 아니하였나이다 왕의 물으신 것은 희한한 일이라 육체와 함께 거하지 아니하는 신들 외에는 왕 앞에 그것을 보일 자가 없나이다 한지라

▶ 다니엘이 그 꿈과 해석을 왕에게 고했을 때 느부갓네살은 다니엘에게 어떠한 상을 내렸습니까?

<단2:46-49> 이에 느부갓네살 왕이 엎드려 다니엘에게 절하고 명하여 예물과 향품을 그에게 드리게 하니라 왕이 대답하여 다니엘에게 이르되 너희 하나님은 참으로 모든 신의 신이시요 모든 왕의 주재시로다 네가 능히 이 은밀한 것을 나타내었으니 네 하나님은 또 은밀한 것을 나타내시는 자시로다 왕이 이에 다니엘을 높여 귀한 선물을 많이 주며 세워 바벨론 온 도를 다스리게 하며 또 바벨론 모든 박사의 어른을 삼았으며 왕이 또 다니엘의 청구대로 사드락과 메삭과 아벳느고를 세워 바벨론 도의 일을 다스리게 하였고 다니엘은 왕궁에 있었더라

▶ 음악 소리가 났을 때 어떤 세 사람이 그 신상에게 절하기를 거부하였습니까?

<단3:12> 이제 몇 유다 사람 사드락과 메삭과 아벳느고는 왕이 세워 바벨론 도를 다스리게 하신 자이어늘 왕이여 이 사람들이 왕을 높이지 아니하며 왕의 신들을 섬기지 아니하며 왕이 세우신 금신상에게 절하지 아니하나이다

▶ 결과적으로 그들은 풀무불 속으로 던져졌습니다. 그들에게 어떠한 일이 일어났습니까?

<단3:19-27> 느부갓네살이 분이 가득하여 사드락과 메삭과 아벳느고를 향하여 낯빛을 변하고 명하여 이르되 그 풀무를 뜨겁게 하기를 평일보다 칠 배나 뜨겁게 하라 하고

군대 중 용사 몇 사람을 명하여 사드락과 메삭과 아벳느고를 결박하여 극렬히 타는 풀무 가운데 던지라 하니 이 사람들을 고의와 속옷과 겉옷과 별다른 옷을 입은 채 결박하여 극렬히 타는 풀무 가운데 던질 때에 왕의 명령이 엄하고 풀무가 심히 뜨거우므로 불꽃이 사드락과 메삭과 아벳느고를 붙든 사람을 태워 죽였고 이 세 사람 사드락과 메삭과 아벳느고는 결박된 채 극렬히 타는 풀무 가운데 떨어졌더라 때에 느부갓네살 왕이 놀라 급히 일어나서 모사들에게 물어 가로되 우리가 결박하여 불 가운데 던진 자는 세 사람이 아니었느냐 그들이 왕에게 대답하여 가로되 왕이여 옳소이다 왕이 또 말하여 가로되 내가 보니 결박되지 아니한 네 사람이 불 가운데로 다니는데 상하지도 아니하였고 그 넷째의 모양은 신들의 아들과 같도다 하고 느부갓네살이 극렬히 타는 풀무 아구 가까이 가서 불러 가로되 지극히 높으신 하나님의 종 사드락, 메삭, 아벳느고야 나와서 이리로 오라 하매 사드락과 메삭과 아벳느고가 불 가운데서 나온지라 방백과 수령과 도백과 왕의 모사들이 모여 이 사람들을 본즉 불이 능히 그 몸을 해하지 못하였고 머리털도 그슬리지 아니하였고 고의 빛도 변하지 아니하였고 불탄 냄새도 없었더라

▶ 이 책에 나오는 다른 극적인 이야기는 6장에서 볼 수 있는데 - 그것은 사자굴 사건입니다. 왜 다니엘은 사자굴 속으로 던져 졌습니까?

<단6:7-12> 나라의 모든 총리와 수령과 방백과 모사와 관원이 의논하고 왕에게 한 율법을 세우며 한 금령을 정하실 것을 구하려 하였는데 왕이여 그것은 곧 이제부터 삼십일 동안에 누구든지 왕 외에 어느 신에게나 사람에게 무엇을 구하면 사자굴에 던져넣기로 한 것이니이다 그런즉 왕이여 원컨대 금령을 세우시고 그 조서에 어인을 찍어서 메대와 바사의 변개치 아니하는 규례를 따라 그것을 다시 고치지 못하게 하옵소서 하매 이에 다리오 왕이 조서에 어인을 찍어 금령을 내니라 다니엘이 이 조서에 어인이 찍힌 것을 알고도 자기 집에 돌아가서는 그 방의 예루살렘으로 향하여 열린 창에서 전에 행하던 대로 하루 세 번씩 무릎을 꿇고 기도하며 그 하나님께 감사하였더라 그 무리들이

모여서 다니엘이 자기 하나님 앞에 기도하며 간구하는 것을 발견하고 이에 그들이 나아가서 왕의 금령에 대하여 왕께 아뢰되 왕이여 왕이 이미 금령에 어인을 찍어서 이제부터 삼십 일 동안에 누구든지 왕 외에 어느 신에게나 사람에게 구하면 사자굴에 던져넣기로 하지 아니하였나이까 왕이 대답하여 가로되 이 일이 적실하니 메대와 바사의 변개치 아니하는 규례대로 된 것이니라

▶ 사자굴 속에서 어떤 일이 일어났습니까?

<단6:18-23> 왕이 궁에 돌아가서는 밤이 맞도록 금식하고 그 앞에 기악을 그치고 침수를 폐하니라 이튿날에 왕이 새벽에 일어나 급히 사자굴로 가서 다니엘의 든 굴에 가까이 이르러는 슬피 소리질러 다니엘에게 물어 가로되 사시는 하나님의 종 다니엘아 너의 항상 섬기는 네 하나님이 사자에게서 너를 구원하시기에 능하셨느냐 다니엘이 왕에게 고하되 왕이여 원컨대 왕은 만세수를 하옵소서 나의 하나님이 이미 그 천사를 보내어 사자들의 입을 봉하셨으므로 사자들이 나를 상해치 아니하였사오니 이는 나의 무죄함이 그 앞에 명백함이오며 또 왕이여 나는 왕의 앞에도 해를 끼치지 아니하였나이다 왕이 심히 기뻐서 명하여 다니엘을 굴에서 올리라 하매 그들이 다니엘을 굴에서 올린즉 그 몸이 조금도 상하지 아니하였으니 이는 그가 자기 하나님을 의뢰함이었더라

Ⅱ. 예언적인 내용 (7 - 12장)

▶ 7장에서 다니엘은 그의 꿈 속에서 네 마리의 짐승들을 봅니다. 이 짐승들은 누구를 나타내고 있다고 다니엘은 말합니까?

< 단7:17-23> **그 네 큰 짐승은 네 왕이라** 세상에 일어날 것이로되 지극히 높으신 자의 성도들이 나라를 얻으리니 그 누림이 영원하고 영원하고 영원하리라 이에 내가 넷째 짐승의 진상을 알고자 하였으니 곧 그것은 모든 짐승과 달라서 심히 무섭고 그 이는 철이요 그 발톱은 놋이며 먹고 부숴뜨리고 나머지는 발로 밟았으며 또 그것의 머리에는 열 뿔이 있고 그 외에 또 다른 뿔이 나오매 세 뿔이 그 앞에 빠졌으며 그 뿔에는 눈도 있고 큰 말하는 입도 있고 그 모양이 동류보다 강하여 보인 것이라 내가 본즉 이 뿔이 성도들로 더불어 싸워 이기었더니 옛적부터 항상 계신 자가 와서 지극히 높으신 자의 성도를 위하여 신원하셨고 때가 이르매 성도가 나라를 얻었더라 모신 자가 이처럼 이르되 넷째 짐승은 곧 땅의 넷째 나라인데 이는 모든 나라보다 달라서 천하를 삼키고 밟아 부숴뜨릴 것이며

▶ 하나님께서 그에게 말씀하시기 위하여 가브리엘을 보냈을 때 다니엘은 어떻게 했으며 이것은 오늘날 그리스도인으로서 우리에게 어떤 교훈을 줍니까?

<단9:21-23> 곧 **내가 기도할 때**에 이전에 환상 중에 본 그 사람 가브리엘이 빨리 날아서 **저녁 제사(예배)를 드릴 때** 즈음에 내게 이르더니 내게 가르치며 내게 말하여 이르되 다니엘아 내가 이제 **네게 지혜와 총명을 주려**고 왔느니라 곧 네가 기도를 시작할 즈음에 명령이 내렸으므로 이제 네게 알리러 왔느니라 **너는 크게 은총을 입은 자**라 그런즉 너는 이 일을 생각하고 그 **환상을 깨달을지니라**

▶ 다니엘서 10:5-15절과 요한계시록 1:12-16의 유사점은 그냥 지나칠 수 없을 만큼 너무도 큰 것입니다. 이 두 문맥들을 읽을 때 우리는 다니엘이 이 이상 중에 만난 사람이 누구라고 결론 지을 수 있습니까?

<단10:5-15> 그 때에 내가 눈을 들어 바라본즉 한 사람이 세마포 옷을 입었고 허리에는 우바스 정금 띠를 띠었고 그 몸은 황옥 같고 그 얼굴은 번갯빛 같고 그 눈은 횃불 같고 그 팔과 발은 빛난 놋과 같고 그 말소리는 무리의 소리와 같더라 이 이상은 나 다

니엘이 홀로 보았고 나와 함께한 사람들은 이 이상은 보지 못하였어도 그들 이 크게 떨며 도망하여 숨었었느니라 그러므로 나만 홀로 있어서 이 큰 이상을 볼 때에 내 몸에 힘이 빠졌고 나의 아름다운 빛 이 변하여 썩은 듯하였고 나의 힘이 다 없어졌으나 내가 그 말소리를 들었는데 그 말소리를 들을 때에 내가 얼굴을 땅에 대고 깊이 잠들었었느니라 한 손이 있어 나를 어루만지기로 내가 떨더니 그가 내 무릎과 손바닥이 땅에 닿게 일으키고 내게 이르되 은총을 크게 받은 사람 다니엘아 내가 네게 이르는 말을 깨닫고 일어서라 내가 네게 보내심을 받았느니라 그가 내게 이 말을 한 후에 내가 떨며 일어서매 그가 내게 이르되 다니엘아 두려워하지 말라 네가 깨달으려 하여 네 하나님 앞에 스스로 겸비케 하기로 결심하던 첫날부터 네 말이 들으신 바 되었으므로 내가 네 말로 인하여 왔느니라 그런데 바사국 군이 이십일 일 동안 나를 막았으므로 내가 거기 바사국 왕들과 함께 머물러 있더니 군장 중 하나 미가엘이 와서 나를 도와 주므로 이제 내가 말일에 네 백성의 당할 일을 네게 깨닫게 하러 왔노라 대저 이 이상은 오래 후의 일이니라 그가 이런 말로 내게 이를 때에 내가 곧 얼굴을 땅에 향하고 벙벙하였더니

<계1:12-16> 몸을 돌이켜 나더러 말한 음성을 알아보려고 하여 돌이킬 때에 일곱 금촛대를 보았는데 촛대 사이에 인자 같은 이가 발에 끌리는 옷을 입고 가슴에 금띠를 띠고 그 머리와 털의 희기가 흰 양털 같고 눈 같으며 그의 눈은 불꽃 같고 그의 발은 풀무에 단련한 빛난 주석 같고 그의 음성은 많은 물 소리와 같으며 그 오른손에 일곱 별이 있고 그 입에서 좌우에 날선 검이 나오고 그 얼굴은 해가 힘있게 비취는 것 같더라

▶ 다니엘이 이 모든 예언을 이해할 수 없었던 이유는 12:9에서 찾을 수 있습니다. 그것은 무엇입니까?

<단12:9> 그가 가로되 다니엘아 갈지어다 **대저 이 말은 마지막 때까지 간수하고 봉함할 것**임이니라

제23주 호세아, 요엘, 아모스, 오바댜, 요나, 미가

(1) 호세아

▶ 호세아는 이스라엘(북) 왕국에 대한 선지자입니다. < 139p도표를 보십시오 >

▶ 4:2에서 호세아는 이스라엘의 죄악을 열거하고 있습니다. 그것들은 어떠한 것들이었습니까?

<호4:2> 오직 **1. 저주와 2. 사위와 3. 살인과 4. 투절과 5. 간음**뿐이요 강포하여 피가 피를 뒤대임이라

(2) 요 엘

▶ 요엘은 유다(남) 왕국에 대한 선지자입니다.

(3) 아모스

▶ 아모스는 이스라엘(북) 왕국에 대한 선지자입니다.

▶ 도표를 보고 아모스와 동시대의 선지자들을 찾아 보십시오:

1. 요나　　2. 호세아

(4) 오바댜

▶ 오바댜는 유다 왕국에 대한 선지자였습니다.

(5) 요나

▶ 요나는 이스라엘 왕국에 대한 선지자였습니다.

▶ 책의 시작에서 하나님은 요나에게 니느웨에 가서 그곳에서 설교할 것을 명하십니다. 니느웨는 어느 제국의 수도였습니까? <98p지도를 보십시오> 앗수르제국

▶ 요나의 설교의 결과로써 어떤 일이 일어났습니까?

<욘3:5-9> 니느웨 백성이 하나님을 믿고 금식을 선포하고 무론 대소하고 굵은 베를 입은지라 그 소문이 니느웨 왕에게 들리매 왕이 보좌에서 일어나 조복을 벗고 굵은 베를 입고 재에 앉으니라 왕이 그 대신으로 더불어 조서를 내려 니느웨에 선포하여 가로되 사람이나 짐승이나 소 떼나 양 떼나 아무것도 입에 대지 말지니 곧 먹지도 말 것이요 물도 마시지 말 것이며 사람이든지 짐승이든지 다 굵은 베를 입을 것이요 힘써 여호와께 부르짖을 것이며 각기 악한 길과 손으로 행한 강포에서 떠날 것이라 하나님이 혹시 뜻을 돌이키시고 그 진노를 그치사 우리로 멸망치 않게 하시리라 그렇지 않을 줄을 누가 알겠느냐 한지라

▶ 이 결과에 대해 요나는 어떻게 반응했습니까?

<욘4:1-3> 요나가 심히 싫어하고 노하여 여호와께 기도하여 가로되 여호와여 내가 고국에 있을 때에 이러하겠다고 말씀하지 아니하였나이까 그러므로 내가 빨리 다시스로 도망하였사오니 주께서는 은혜로우시며 자비로우시며 노하기를 더디하시며 인애가 크시사 뜻을 돌이켜 재앙을 내리지 아니하시는 하나님이신 줄을 알았음이니이다 여호와여 원컨대 이제 내 생명을 취하소서 사는 것보다 죽는 것이 내게 나음이니이다

주님은 어떻게 요나를 꾸짖으셨습니까?

<욘4:4-11> 여호와께서 이르시되 너의 성냄이 어찌 합당하냐 하시니라 요나가 성에서 나가서 그 성 동편에 앉되 거기서 자기를 위하여 초막을 짓고 그 그늘 아래 앉아서 성읍이 어떻게 되는 것을 보려 하니라 하나님 여호와께서 박넝쿨을 준비하사 요나 위에 가리우게 하셨으니 이는 그 머리를 위하여 그늘이 지게 하며 그 괴로움을 면케 하려 하심이었더라 요나가 박넝쿨을 인하여 심히 기뻐하였더니 하나님이 벌레를 준비하사 이튿날 새벽에 그 박넝쿨을 씹게 하시매 곧 시드니라 해가 뜰 때에 하나님이 뜨거운 동풍을 준비하셨고 해는 요나의 머리에 쬐매 요나가 혼곤하여 스스로 죽기를 구하여 가로되 사는 것보다 죽는 것이 내게 나으니이다 하나님이 요나에게 이르시되 네가 이 박넝쿨로 인하여 성냄이 어찌 합당하냐 그가 대답하되 내가 성내어 죽기까지 할지라도 합당하니이다 여호와께서 가라사대 네가 수고도 아니하였고 배양도 아니하였고 하룻밤에 났다가 하룻밤에 망한 이 박넝쿨을 네가 아꼈거든 하물며 이 큰 성읍, 니느웨에는 좌우를 분변치 못하는 자가 십이만여 명이요 육축도 많이 있나니 내가 아끼는 것이 어찌 합당치 아니하냐

(6) 미가

▶ 미가는 유다 왕국에 대한 선지자였습니다.

▶ 아래 열거된 것은 참 종교의 세가지 요소들입니다. 8절을 보고 각 요소의 옆에 해당되는 구절을 적으십시오. (1.공의, 2.경외)

<미6:8> 사람아 주께서 선한 것이 무엇임을 네게 보이셨나니 여호와께서 네게 구하시는 것이 오직 **1. 공의를 행하며 인자를 사랑하며 2. 겸손히 네 하나님과 함께 행하는 것**이 아니냐_

타인을 생각함 <약1:27> 2. 하나님 아버지 앞에서 정결하고 더러움이 없는 경건은 1. 곧 고아와 과부를 그 환난 중에 돌아보고 또 자기를 지켜 세속에 물들지 아니하는 이것이니라

▶ 참 종교를 구성하는 것은 이러한 것들이지 교리나 신조나 예식이 아닙니다. 예수님께서 바리새인들에게 그들의 종교가 어떠해야 하는가를 말씀하실 때 그분은 참 종교를 묘사함에 있어서 매우 흡사한 용어를 사용하셨던 것은 흥미 있게 주목 할만 합니다. 그것들은 어떠한 것들이었습니까?

<마23:23> 화 있을진저 **1. 외식하는 서기관들과 바리새인들이여 2. 너희가 박하와 회향과 근채의 십일조를 드리되 3. 율법의 더 중한 바 의와 인과 신은 버렸도다** 그러나 이것도 행하고 저것도 버리지 말아야 할지니라

제24주 나훔, 하박국, 스바냐, 학개, 스가랴, 말라기

(1) 나훔

▶ 나훔은 어느 왕국을 향한 선지자였습니까? <139p도표를 보십시오> **유다왕국**

▶ 나훔이라는 이름은 "위로" 또는 "위안"을 뜻합니다. 그는 유다의 구원과 그들의 적 앗수르의 멸망을 예언했습니다.

▶ 나훔의 주제는____요나____의 설교로 인해 회개했던(요나3:4-5) 도시 니느웨의 멸망입니다. 나훔은 그 위대한 부흥이 있는 지 약 150년 이후에 씌어졌습니다.

<욘3:4-5> 요나가 그 성에 들어가며 곧 하룻길을 행하며 외쳐 가로되 사십 일이 지나면 니느웨가 무너지리라 하였더니 니느웨 백성이 하나님을 믿고 금식을 선포하고 무론 대소하고 굵은 베를 입은지라

▶ 나훔은 1:2-3과 1:6-8에서 니느웨의 운명을 어떻게 기술했습니까?

<나1:2-3> 여호와는 투기하시며 보복하시는 하나님이시니라 여호와는 보복하시며 진노하시되 자기를 거스리는 자에게 보복하시며 자기를 대적하는 자에게 진노를 품으시며 여호와는 노하기를 더디하시며 권능이 크시며 죄인을 결코 사하지 아니하시느니라 여호와의 길은 회리바람과 광풍에 있고 구름은 그 발의 티끌이로다

<나1:6-8> 누가 능히 그 분노하신 앞에 서며 누가 능히 그 진노를 감당하랴 그 진노를 불처럼 쏟으시니 그를 인하여 바위들이 깨어지는도다 여호와는 선하시며 환난 날에 산성이시라 그는 자기에게 의뢰하는 자들을 아시느니라 그가 범람한 물로 그 곳을 진멸하시고 자기 대적들을 흑암으로 쫓아내시리라

(2) 하박국

1. "의인은 믿음으로 말미암아 살리라."< 2:4 > 이것은 성경에서 가장 중요한 구절 중의 하나입니다. 이것은 신약에서 세 번 인용되어 집니다.

2. "하나님의 영광이 세상에 가득하리라." < 2:14 > 이 구절은 하박국의 시대의 죄악들을 묘사하는 '다섯 가지 화' 중간에 나오는 구절입니다.

다음의 구절들을 보시고 하나님께서 '화'있다고 말씀하신 죄악들을 열거하십시오:

<합2:6> 그 무리가 다 속담으로 그를 평론하며 조롱하는 시로 그를 풍자하지 않겠느냐 곧 이르기를 화 있을진저 자기 소유 아닌 것을 모으는 자여 언제까지 이르겠느냐 볼모잡은 것으로 무겁게 짐진 자여

<합2:9> 재앙을 피하기 위하여 높은 데 깃들이려 하며 자기 집을 위하여 불의의 이를 취하는 자에게 화 있을진저

<합2:15> 피로 읍을 건설하며 불의로 성을 건축하는 자에게 화 있을진저 합2:12

이웃에게 술을 마시우되 자기의 분노를 더하여 그로 취케 하고 그 하체를 드러내려 하는 자에게 화 있을진저

<합2:19> 나무더러 깨라 하며 말하지 못하는 돌더러 일어나라 하는 자에게 화 있을진저 그것이 교훈을 베풀겠느냐 보라 이는 금과 은으로 입힌 것인즉 그 속에는 생기가 도무지 없느니라

(3) 스바냐

▶ 이 책은 아주 강한 어조로 시작됩니다.

<습1:2> 여호와께서 가라사대 내가 지면에서 모든 것을 진멸하리라

▶ 바벨론 사람들에 의하여 유다에 임할 심판에 관해 많이 언급되어 있습니다. 왜 심판이 오게 되었습니까?

<습1:17> 내가 사람들에게 고난을 내려 소경같이 행하게 하리니 이는 그들이 나 여호와께 범죄하였음이라 또 그들의 피는 흘리워서 티끌같이 되며 그들의 살은 분토같이 될지라

▶ 2:1-3에서 스바냐는 무엇을 요청했습니까?

<습2:1-3> 수치를 모르는 백성아 모일지어다 모일지어다 명령이 시행되기 전, 광음이 겨같이 날아 지나가기 전, 여호와의 진노가 너희에게 임하기 전, 여호와의 분노의 날이 너희에게 이르기 전에 그러할지어다 여호와의 규례를 지키는 세상의 모든 겸손한 자들아 너희는 여호와를 찾으며 공의와 겸손을 구하라 너희가 혹시 여호와의 분노의 날에 숨김을 얻으리라

(4) 학개

(5) 스가랴

▶ 스가랴는 오실 메시야에 관하여 이사야를 제외한 다른 어떤 선지자보다 우리에게 더욱 많이 말해 주고 있습니다. 다음의 참조 구절들을 보시고 그리스도에 관하여 무엇을 말하고 있는지 설명해 보십시오:

<슥9:9> 시온의 딸아 크게 기뻐할지어다 예루살렘의 딸아 즐거이 부를지어다 보라 네 왕이 네게 임하나니 그는 공의로우며 구원을 베풀며 겸손하여서 나귀를 타나니 나귀의 작은 것 곧 나귀새끼니라

=> <마21:4-5> 이는 선지자로 하신 말씀을 이루려 하심이라 일렀으되
시온 딸에게 이르기를 네 왕이 네게 임하나니 그는 겸손하여 나귀, 곧 멍에 메는 짐승의 새끼를 탔도다 하라 하였느니라

▶ <슥11:12-1> 내가 그들에게 이르되 너희가 좋게 여기거든 내 고가를 내게 주고 그렇지 아니하거든 말라 그들이 곧 은 삼십을 달아서 내 고가를 삼은지라 여호와께서 내게 이르시되 그들이 나를 헤아린 바 그 준가를 토기장이에게 던지라 하시기로 내가 곧 그 은 삼십을 여호와의 전에서 토기장이에게 던지고
=> <마27:9-10> 이에 선지자 예레미야로 하신 말씀이 이루었나니 일렀으되 저희가 그 정가된 자 곧 이스라엘 자손 중에서 정가한 자의 가격 곧 은 삼십을 가지고 토기장이의 밭 값으로 주었으니 이는 주께서 내게 명하신 바와 같으니라 하였더라

▶ <슥12:10> 내가 다윗의 집과 예루살렘 거민에게 은총과 간구하는 심령을 부어 주리니 그들이 그 찌른 바 그를 바라보고 그를 위하여 애통하기를 독자를 위하여 애통하듯 하며 그를 위하여 통곡하기를 장자를 위하여 통곡하듯 하리로다
=> <요19:37> 또 다른 성경에 저희가 그 찌른 자를 보리라 하였느니라

▶ <슥13:6> 혹이 그에게 묻기를 네 두 팔 사이에 상처는 어찜이냐 하면 대답하기를 이는 나의 친구의 집에서 받은 상처라 하리라
<요1:11> 자기 땅에 오매 자기 백성이 영접지 아니하였으나

▶ <슥13:7> 만군의 여호와가 말하노라 칼아 깨어서 내 목자, 내 짝된 자를 치라 목자를 치면 양이 흩어지려니와 작은 자들 위에는 내가 내 손을 드리우리라
=> <마26:31> 그 때에 예수께서 제자들에게 이르시되 오늘 밤에 너희가 다 나를 버리리라 기록된 바 내가 목자를 치리니 양의 떼가 흩어지리라 하였느니라
=> <요16:32> 보라 너희가 다 각각 제 곳으로 흩어지고 나를 혼자 둘 때가 오나니 벌써 왔도다 그러나 내가 혼자 있는 것이 아니라 아버지께서 나와 함께 계시느니라 >

▶ <슥14:3-8> 그 때에 여호와께서 나가사 그 열국을 치시되 이왕 전쟁 날에 싸운 것 같이 하시리라 그 날에 그의 발이 예루살렘 앞 곧 동편 감람 산에 서실 것이요 감람 산은 그 한가운데가 동서로 갈라져 매우 큰 골짜기가 되어서 산 절반은 북으로, 절반은 남으로 옮기고 그 산 골짜기는 아셀까지 미칠지라 너희가 그의 산 골짜기로 도망하되 유다 왕 웃시야 때에 지진을 피하여 도망하던 것같이 하리라 나의 하나님 여호와께서 임하실 것이요 모든 거룩한 자가 주와 함께 하리라 그 날에는 빛이 없겠고 광명한 자들이 떠날 것이라 여호와의 아시는 한 날이 있으리니 낮도 아니요 밤도 아니라 어두워 갈 때에 빛이 있으리로다 그 날에 생수가 예루살렘에서 솟아나서 절반은 동해로, 절반은 서해로 흐를 것이라 여름에도 겨울에도 그러하리라
=> <행1:11> 가로되 갈릴리 사람들아 어찌하여 서서 하늘을 쳐다보느냐 너희 가운데서 하늘로 올리우신 이 예수는 하늘로 가심을 본 그대로 오시리라 하였느니라
=> <계22:1-5> 또 저가 수정같이 맑은 생명수의 강을 내게 보이니 하나님과 및 어린 양의 보좌로부터 나서 길 가운데로 흐르더라 강 좌우에 생명나무가 있어 열두 가지 실과를 맺히 달마다 그 실과를 맺히고 그 나무 잎사귀들은 만국을 소성하기 위하여 있더라 다시 저주가 없으며 하나님과 그 어린 양의 보좌가 그 가운데 있으리니 그의 종들이 그를 섬기며 그의 얼굴을 볼 터이요 그의 이름도 저희 이마에 있으리라 다시 밤이 없겠

고 등불과 햇빛이 쓸데없으니 이는 주 하나님이 저희에게 비취심이라 저희가 세세토록 왕 노릇 하리로다

(6) 말라기

▶ 말라기의 시대에 남자들은 그들의 유대인 처들과 이혼하고 우상을 숭배하는 여인들과 결혼했습니다. 또한 사람들은 하나님께서 그들에게 하라고 명령하신 것들을 하지 않았습니다. 그것은 무엇입니까?

<말3:8-10> 사람이 어찌 하나님의 것을 도적질하겠느냐 그러나 너희는 나의 것을 도적질하고도 말하기를 우리가 어떻게 주의 것을 도적질하였나이까 하도다 이는 곧 십일조와 헌물이라 너희 곧 온 나라가 나의 것을 도적질하였으므로 너희가 저주를 받았느니라 만군의 여호와가 이르노라 너희의 온전한 십일조를 창고에 들여 나의 집에 양식이 있게 하고 그것으로 나를 시험하여 내가 하늘 문을 열고 너희에게 복을 쌓을 곳이 없도록 붓지 아니하나 보라

제25주 구약의 복습

Ⅰ. 다음의 인물들을 그들의 살았던 순서대로 적어 넣으십시오.

1. 아 담
2. 아 벨
3. 므두셀라
4. 노 아
5. 아브라함
6. 이 삭
7. 야 곱
8. 요 셉
9. 아 론
10. 모 세
11. 여호수아
12. 기 드 온
13. 삼 손
14. 사 무 엘
15. 사 울
16. 다 윗
17. 솔 로 몬
18. 여로보암
19. 에 스 라
20. 느헤미야

Ⅱ. 구약에 나오는 다음 인물은 누구일까요?

1. 가인 아담의 첫째 아들
2. 에녹 하나님과 동행했으며 죽음을 보지 않았음
3. 야곱 이름이 이스라엘로 바뀜
4. 리브가 이삭의 아내
5. 르우벤 야곱의 첫째 아들
6. 삼손 다곤의 신전을 무너뜨림
7. 삼갈 소 모는 막대기로 블레셋 사람 600명을 죽임
8. 기드온 항아리와 횃불
9. 이론 모세의 장인
10. 갈렙 열두명의 정탐군 중 여호수아와 함께 약속의 땅에 들어간 인물
11. 룻 나오미의 며느리
12. 보아스 룻과 결혼한 사람
13. 사울 연합 왕국의 첫 번째 통치자
14. 솔로몬 연합 왕국의 마지막 통치자
15. 나단 다윗에게 그의 죄를 말한 선지자
16. 한나 사무엘의 어머니
17. 이새 다윗의 아버지
18. 사무엘 이스라엘의 마지막 사사
19. 엘리사 엘리야의 뒤를 이은 선지자
20. 에스라 성전 재건을 기록한 책
21. 에스더 와스디를 대신하여 왕후가 된 여인
22. 하만 모르드개를 미워함
23. 욥 인내의 예
24. 예레미야 토기장이의 집에 들어감
25. 에스겔 네 생물들을 봄
26. 호세아 고멜과 결혼함

Ⅲ. 광야의 성막에서 발견되는 여섯가지 기구

1. 놋 제 단 2. 물 두 멍 3. 금촛대
4. 진설병 떡상 5. 향 단 6. 법 궤

Ⅳ. 구약의 성일과 절기

1. 안 식 일 노동으로부터 쉼
2. 유 월 절 애굽으로부터의 해방을 기억함
3. 초 막 절 최종 수확기를 기념함
4. 속 죄 일 이스라엘의 죄를 덮음
5. 안 식 년 일년동안 땅을 쉼
6. 희 년 모든 이스라엘인들의 유대인 노예를 자유케 함

Ⅴ. 구약에서 다음은 무엇입니까?

1. 바 벨 "혼잡케 함"을 의미함
2. 지팡이 이적을 행하기 위해 아론의 의해 사용된 것
3. 재 앙 바로를 움직이기 위해 사용된 10가지
4. 성 막 "거하시는 곳"을 의미함
5. 느보산 모세는 거기서 약속의 땅을 보았음
6. 예루살렘 연합 왕국의 수도
7. 사마리아 북 왕국의 수도
8. 나만 엘리사가 물 속에 들어가게 함
9. 할렐루야 "찬양"을 의미함
10. 선지자/예언자 "설교자"를 의미함

제5장 새로운 시대가 열리다

제26주 신약의 소개

1. 신구약 중간사

구약의 끝과 신약의 처음 사이에 수많은 새로운 단체들과 의식들이 생겨났습니다. 이 변화들을 이해하기 위해서 당신은 다음의 용어들과 친숙해질 필요가 있습니다.

▶ **성경사전을 사용해서 다음 용어들을 정의해 보십시오.**(인도자는 본 해설을 꼭 읽고 요약해서 합습자에게 설명바랍니다)

▷**바리새파** [Pharisees] **바리사이파 - BC 1세기~AD 1세기에 사두개파(사두가이파派)와 함께 세력이 컸던 유대교의 일파. 율법의 세목(細目)까지도 철저히 지킨다는 형식적인 순수함을 근거로 해서 다른 사람들로부터 자신들을 우월적(優越的)으로 분리시켜 특수층으로 자처한 사람들이다.** 그리스 시대의 경건주의자인 하시데아(하시딤)파(派)를 계승 ·발전시킨 일파로 알려졌다. 신약성서 시대에 바리사이(바리새)파는 사두가이(사두개)파와 갈등을 빚고 있었는데, 그것은 사두가이파가 천사나 영혼의 존재를 믿지 않고 구비전승(口碑傳承)도 부정한 데 반하여, 바리사이파의 가르침은 율법과 동시에 구비전승에 바탕을 둔 것이었기 때문이다. 그들은 육체의 부활이나 천사의 존재 등을 믿었는데, 이런 내용들이 모세 오경(五經)에 분명히 언급되어 있지 않았기 때문에 후대의 저작들과 구비전승에서 그 원천을 찾으려 하였다.

윤리면에서 바리사이파는 안식일을 엄격히 지킬 것과 십일조(十一租) 등을 가르쳤다. 이들의 엄격함과 결의론적(決疑論的)인 가르침은 때때로 참된 신앙심을 깨뜨리는 형식주의에 빠지기도 하였다. 예루살렘이 파괴되고 이스라엘이 망한 후에 그들은 유대인들 사이에서 영향력 있는 집단으로 남았다. 그 후 몇 세기 동안 그들은 유대인을 하나로 일치시키는 데 주역을 담당하였는데, 후대의 랍비들은 바리사이파를 이스라엘 율법과 전통의 진정한 옹호자로 찬양하였다. 《탈무드》의 랍비들은 바리사이파의 정신적 후예들이었던 것이다.

그래서 세례자 요한이나 예수의 비난의 적(的)이 되었다. 예수가 바리사이파의 율법적인 전통의 많은 부분을 거부하고(마르 7:1~23), 사람들을 그 무거운 짐으로부터 자유롭게 하여 주어(마태 11:28~30), 그들에게 율법의 보다 심오한 의미를 가르치고자(마태 5:20~48), 형식적인 신앙을 통렬히 비난하고(마태 6:1~18, 23:5~12), 예수 자신으로부터 구원이 성취되리라고 가르친(마르 10:45) 사실 등은 바리사이파와의 갈등을 불가피하게 하는 결과를 가져왔으며, 결국은 혹세무민(惑世誣民) 죄목으로 십자가에 처형되는 운명을 자초하였다. 이 갈등은 예수의 사망 후 초대 교회신도들과 바리사이파의 갈등으로 이어졌다.

▷**사두개파 - 또는 사두가이파는 유대교 제사장을 중심으로 한 사상 세력으로서 유대교의 조류이다.**

사두개파는 다윗 시대의 대사제(대제사장)였던 사독에서 파생된 말로, 사독의 후손들은 마카베오 시대까지 사제직을 수행했다. 그들은 바리새파 사람들과 함께 산헤드린 의회에서 법관의 역할도 했기 때문에, 사도행전에 사도 바울이 산헤드린 의회에서 재판을 받았다는 이야기가 나온다(사도 23:1-9). 그들은 모세 오경으로만 국한된 모세 법에 배타적으로 집착하고, 바리새파 사람들이 받아들인 온갖 주석과 전승들을 거부했다는 점에서 그들과 구별된다. 그들은 특히 천사나 악마의 존재뿐만 아니라 부활 사상과 내세에서의 보상(마22:22-33)이라는 생각도 받아들이지 않았다(행23:8-9). 그리하여 루가의 복음서에는 부활에 대해 사두가이파와 예수가 논쟁을 벌였다는 내용이 나온다(눅20:27-38). 사두가이 파 사람들은 유대교의 신학과 전통을 중요하게 생각하던 바리사이 파 사람들과 달리 헬레니즘의 영향을 그대로 방치했다. 광야에서 세례자 요한은 그들을 '독사의 족속들'(마태오 3:7)로 취급했다. 정치적으로는 로마 제국에 우호적인 모습을 보이면서 정치적, 종교적, 경제적인 기득권을 누린 친로마파였다. 하지만 사두가이파들의 활동무대였던 예루살렘이 유대독립전쟁으로 붕괴되면서 사두가이파들은 역사속으로 사라지게 된다.

▷**서기관**_모세 율법의 해석자이며 교사. 포로 귀환시대때부터 토라를 유대주의 안에 간직하려는 운동이 왕성하게 일어났기 때문에(느8-9장), 율법을 해석하여 적용하는 교사들은 중요한 역할을 감당하게 되었다. 이 역할은 먼저 제사장들과 레위인들에게 주어졌다(느8:7,9;참조. 대하17: 7-9). 그러나 이 때 이들은 평신도 교사의 도움을 받았다. B.C.180년 즈음에,사법적인 사건에도 관여했던 '서기관'직인 율법 교사 직책이 창설되었다 서기관들의 일은 랍비 유대주의의 초석이 된다.성경에서 흔히 언급되고 있는 예수님과 서기관들의 충돌에서 서기관들은 '장로들의 유전' (곧, 구전 토라)을 기꺼이 앞세웠다(마15:1이하). 따라서 예수님을 반대하는 서기관들은 주로 바리새인들일 것이라고 추측된다. '서기관들과 바리새인들'은 예수님을 반대하는 자들에게 사용되는 흔한 용어이다(예. 5:20,12:38.눅5:21).끊임없는 긴장관계에 놓여 있있던 예수님과 서기관들 사이의 갈등은 몇 가지 문제에 초점이 모아지게 된다. 예수님이 죄사함(용서)을 말씀하실 때, 몇몇 서기관들은 이것을 참담한 일로 여겼다(마 9:3).

▷**회당**_유대인이 예배 드리고 율법을 가르치는데 사용된 건물. 회당은 페르시아 시대에 시작되었거나 아니면 바벨론 포로기에 시작되었을 것이다. 회당은 유대인이 그들 선조들의 땅과 히브리 종교의 중심지인 성전으로부터 아주 멀리 떠나 살았을 때 유대교의 새로운 구심점이 되었다. 이러한 발전은 제사장과 레위인 지도 체제에서 서기관 지도체제로 넘어가는 과도기가 되었다. 이러한 변천으로 말미암아 유대교는 A.D.70년 성전 파괴 이후에도 모세의 법을 중심으로 한 종교로서 존속될 수 있었다. 히비르어로 '모에드'는 구약에서 일반적으로 어떤 약속된 시간 또는 장소, 그리고 총회를 가리키기도한다. 시74: 8에서 '하나님의 회당'(히. '모아데이엘')은 분명히 유대에 있는 회당을 가리키는 칭호이다.

▷**산헤드린**-예루살렘에 있었던 하나의 회의 기관이면서, 유대인 출신에게는 최고의 중앙 재판소로서의 권위를 지녔다. 신약에서는 이 산헤드린이 예수님을 체포하려고 시도하였던 기관으로 언급된다(마 26 :47 ,요 11:47-53). 또한 예수님과 초대 교회의 일부 지도자들은 이 공회 앞에서 신문을 받은 것으로 나타나 있다(마 26:57-27:2, 행 4:5-21, 5:21- 40, 6:12-15, 22:30-23:10).적어도 이상적으로는 산헤드린의 구성원이 70인으로 나타나지만, 실제로는 공의회 의장을 포함하여 71인으로 확인되고 있다. 신약 시대에는 대제사장이 의장이었다(참조. 마 26:57). 그 구성원들은 주로 제사장 가문 출신과 그 당시 종교적 지도자로 알려진 서기관, 곧 율법의 교사들로 이루어졌다. 이들의 두 그룹을 모두 포함함으로써 산헤드린은 주로 제사장 계열의 사두개인들과 서기관 계열의 바리새인들로 구성되었다고 볼 수 있다. 그러나 이들의 두 그룹과는 연관이 없는 '장로들'도 일부 포함되어 있었다

▷**사마리아인_ 사마리아 지방의 거주민과 사마리아의 종교적 전통에 대한 신봉자**.사마리아 사람의 기원과 본질에 대한 유대인의 견해는 이미 구약에 나타나 있다. 이것은 북이스라엘이 끊임없이 진실한 종교에서부터 떠난 것에 대한 하나님의 심판과 함께 시작되었다(이에 대해서는 왕하 17:7-23에 요약되어 있다). 북이스라엘 왕국이 앗수르에 의해서 파괴된 후 그 곳에 살았던 사람들은 그 곳에 이주하여 그들의 다신론에 이스라엘 종교를 접붙인 비이스라엘인으로 여겨지고있다(왕하 24-41절). 사마리아인들은 유대인들에 의해서 완전한 이방인도, 완전한 유대인도 아닌 사람들로 여겨지게 되었다. 따라서 '사마리아인'은 유대인들 사이에서 경멸을 나타내는 용어가 되었다(요8:48). 미슈나에서는 사마리아인을 '구다인'으로 지칭함으로써 기원상 비이스라엘인으로 취급하였다. 사마리아인의 경전은 오직 오경 뿐이다. 그들은 모세를 하나님의 마지막 선지자로, 초인적인 존재로 여긴다. 그들은 또한 그리심산을 아브라함이 이삭을 희생 제물로 드리려고 했던 장소로(창22장), 하나님께서 이스라엘의 유일한 희생 예배의 장소로 설정하신 곳으로 여겼다(참조. 신 11:29-30; 12:5-14).

▷**세리-신약시대 세금을 징수하는 관리** 로마식민지 였던 이스라엘 사람들은 스스로 의롭다 여기던 서기관들과 바리새인들은 세리들을 죄인과 이방인과 같이 부정하게 여겼다. 눅 19:2에는 세리장 삭개오가 언급되어 있다.

▷**백부장- '백 사람의 우두머리**

로마 군대의 가장 작은 단위인 '센츄리'(Century)의 지휘관. 신약시대에 이루어졌던 편제를 살펴보면, 10개의 센츄리가 모여서 '코호르트'(Cohort)가 구성되며, 6개의 코호르트가 모여서 '레기온'(legion)을 구성하였다. 따라서 레기온은 약 6친여명의 병사로 편제되어 있다. 이 백부장들은 그 당시 로마 군대의 중추적인 요원으로 인정되었다. 그들은 부대의 훈련과 검열, 또한 그것의 주둔과 전투에 대한 명령, 외인 보조 부대에 대한 명령 등의 책임을 지고 있었다. 누가는 두 사람의 백부장에 대해서 그 이름을 밝히고 있다. '고넬료'는 최초의 이방인 개종자(행10:1,22,30, 44-47)이고 '율리오'는 바울을 로마로 압송하는 책임을 맡은 자(27:1, 3, 43)이다. 그러나 다른 백부장들의 이름은 밝혀져 있지 않다. 그럼에도 불구하고 그들은 매우 친근하게 언급되고 있다. 예수님께 믿음을 칭찬 받았던 백부장은 가버나움에 주둔하고 있있다(마8:5-13; 눅 7:1-10), 또한 사람의 백부장은 예수께서 십자가에 못박히셨을 때 그것을 지키고 었었던 사람으로 예수께서 운명하신 후, 그 된 일을 보고 '그는 진실로 하나님의 아들이었다'고 고백하였다

Ⅱ. 신약의 정경(Canon)

▶ **신약의 27권의 책들은 8명의 사람들에 의해 씌어졌습니다. 그들을 열거하십시오:**

1. 마태 2. 마가 3. 누가 4. 요한 5. 바울 6. 베드로 7. 야고보 8. 유다

복음이란?

▶ **아래의 도표를 보고 다음의 질문에 대답하십시오**

교재 신약 20p 아래 '신약의 도표' 참조

제6장 복음서와 사도행전

제27주 마태복음

Ⅰ. 왕의 배경과 준비 < 1-4장 >

▶ 마태의 복음의 주제는 처음 구절에서 발견되어집니다. 왜 그가 그리스도의 계보로써 시작했다고 생각하십니까? (신약교재 18p 중간부분 참조)
마태는 예수님의 왕권을 강조하고 있습니다. 그의 책은 예수님의 왕의 후손의 계보로 시작합니다. 그 목적은 유대인들에게 호소하기 위한 것이라는 점입니다. 마태는 '성경이 이루어짐이다'라는 구절을 여러번 사용하고 있습니다. 이 복음서가 유대인들에게 예수님은 메시야라는 사실을 확인시키기 위해 씌어진 것이라는 사실은 의심할 여지가 없는 것입니다.

▶ 1장에서 예수님에게 주어진 이름들을 열거하십시오:
<마1:16> 야곱은 마리아의 남편 요셉을 낳았으니 마리아에게서 **1. 그리스도**라 칭하는 예수가 나시니라 <마1:21> 아들을 낳으리니 이름을 **2. 예수**라 하라 이는 그가 자기 백성을 저희 죄에서 구원할 자이심이라 하니라 <마1:23>보라 처녀가 잉태하여 아들을 낳을 것이요 그 이름은 **3. 임마누엘**이라 하리라 하셨으니 이를 번역한즉 하나님이 우리와 함께 계시다 함이라

▶ 2장과 3장 사이에는 30년의 공백기간이 있습니다. 예수님의 선두 주자의 설교는 메시야 출현의 신호였습니다. 예수님의 선두 주자는 누구였습니까?
<마3:1> 그 때에 **세례 요한**이 이르러 유대 광야에서 전파하여 가로되

▶ 나사렛에 관한 불명료한 것들을 남겨두고 예수님은 세례요한에게 세례를 받기 위해 요단강으로 내려갔습니다. 이 세례에서 하나님은 3위일체라는 진리가 드러나게 되었습니다. 3위의 각 분은 어떻게 나타나고 계십니까? < 3:16-17 >

성부 하나님 하늘로서 소리가 있어 말씀하시되 이는 내 사랑하는 아들이요
성자 하나님 예수께서 세례를 받으시고 곧 물에서 올라오실새
성령 하나님 하나님의 성령이 비둘기같이 내려

<마3:16-17> **2. 예수께서 세례를 받으시고** 곧 물에서 올라오실새 하늘이 열리고 **3. 하나님의 성령이 비둘기같이** 내려 자기 위에 임하심을 보시더니
1. 하늘로서 소리가 있어 말씀하시되 이는 내 사랑하는 아들이요 내 기뻐하는 자라 하시니라

▶ 사탄은 먼저 돌들이 변하여 떡이 되게 하라고 예수를 유혹합니다. 예수님의 대답은 무엇이었습니까? <마4:3> 시험하는 자가 예수께 나아와서 가로되 네가 만일 하나님의 아들이어든 명하여 이 돌들이 떡덩이가 되게 하라

▶ 다음 사탄은 예수를 성전 꼭대기에서 뛰어내림으로써 하나님의 돌보심을 시험해 볼 것을 요구합니다. 예수님의 대답은 무엇이었습니까? <마4:7> 예수께서 이르시되 또 기록되었으되 주 너의 하나님을 시험치 말라 하였느니라 하신대

▶ 마지막으로 사탄은 만일 예수께서 그에게 엎드려 절하면 온 세상을 예수에게 주겠다고 했습니다. 예수님은 무엇이라고 말씀하셨습니까? <마4:10> 이에 예수께서 말씀하시되 사단아 물러가라 기록되었으되 주 너의 하나님께 경배하고 다만 그를 섬기라 하였느니라

Ⅱ. 천국의 법 < 5-7장 >

▶ 산상수훈에서 찾아 볼 수 있는 가장 유명한 문맥들을 아래에 열거해 놓았습니다. 그것들은 무엇이라 불리웁니까?

<마5:3-12 > 심령이 가난한 자는 **복이 있나니** 천국이 저희 것임이요 애통하는 자는 복이 있나니 저희가 위로를 받을 것임이요 온유한 자는 복이 있나니 저희가 땅을 기업으로 받을 것임이요 의에 주리고 목마른 자는 복이 있나니 저희가 배부를 것임이요 긍휼히 여기는 자는 복이 있나니 저희가 긍휼히 여김을 받을 것임이요 마음이 청결한 자는 복이 있나니 저희가 하나님을 볼 것임이요 화평케 하는 자는 복이 있나니 저희가 하나님의 아들이라 일컬음을 받을 것임이요 의를 위하여 핍박을 받은 자는 복이 있나니 천국이 저희 것임이라 나를 인하여 너희를 욕하고 핍박하고 거짓으로 너희를 거스려 모든 악한 말을 할 때에는 너희에게 복이 있나니 기뻐하고 즐거워하라 하늘에서 너희의 상이 큼이라 너희 전에 있던 선지자들을 이같이 핍박하였느니라

<마6:9-13> 그러므로 **너희는 이렇게 기도하라** 하늘에 계신 우리 아버지여 이름이 거룩히 여김을 받으시오며 나라이 임하옵시며 뜻이 하늘에서 이룬 것같이 땅에서도 이루어지이다 오늘날 우리에게 일용할 양식을 주옵시고 우리가 우리에게 죄 지은 자를 사하여 준 것같이 우리 죄를 사하여 주옵시고 우리를 시험에 들게 하지 마옵시고 다만 악에서 구하옵소서 (나라와 권세와 영광이 아버지께 영원히 있사옵나이다 아멘)

<마7:12> 그러므로 무엇이든지 남에게 대접을 받고자 하는 대로 너희도 **남을 대접하라 이것이 율법이요 선지자니라**

Ⅲ. 왕의 능력에 대한 반대 < 8-12장 >

Ⅳ. 천국에 관한 비유 < 13장 >

▶ 예수님은 왜 그가 비유들을 사용하신다고 말씀하고 계십니까?

<마13:10-17> 제자들이 예수께 나아와 가로되 어찌하여 저희에게 비유로 말씀하시나이까 대답하여 가라사대 천국의 비밀을 아는 것이 너희에게는 허락되었으나 저희에게는 아니 되었나니 무릇 있는 자는 받아 넉넉하게 되되 무릇 없는 자는 그 있는 것도 빼앗기리라 그러므로 내가 저희에게 비유로 말하기는 저희가 보아도 보지 못하며 들어도 듣지 못하며 깨닫지 못함이니라 이사야의 예언이 저희에게 이루었으니 일렀으되 너희가 듣기는 들어도 깨닫지 못할 것이요 보기는 보아도 알지 못하리라 이 백성들의 마음이 완악하여져서 그 귀는 듣기에 둔하고 눈은 감았으니 이는 눈으로 보고 귀로 듣고 마음으로 깨달아 돌이켜 내게 고침을 받을까 두려워함이라 하였느니라 그러나 너희 눈은 봄으로, 너희 귀는 들음으로 복이 있도다 내가 진실로 너희에게 이르노니 많은 선지자와 의인이 너희 보는 것들을 보고자 하여도 보지 못하였고 너희 듣는 것들을 듣고자 하여도 듣지 못하였느니라

Ⅴ. 왕의 배척 당하심

▶ 마태복음 17장은 예수님의 변화하심을 기록하고 있습니다. 베드로, 야고보와 요한은 이 사건을 목격했는데 거기에는 두 명의 구약의 인물들이 나타났습니다. 그들은 누구였습니까? (1. 모세와 2. 엘리야)

<마17> 엿새 후에 예수께서 베드로와 야고보와 그 형제 요한을 데리시고 따로 높은 산에 올라가셨더니 저희 앞에서 변형되사 그 얼굴이 해같이 빛나며 옷이 빛과 같이 희어졌더라 때에 모세와 엘리야가 예수로 더불어 말씀하는 것이 저희에게 보이거늘 베드

로가 예수께 여짜와 가로되 주여 우리가 여기 있는 것이 좋사오니 주께서 만일 원하시면 내가 여기서 초막 셋을 짓되 하나는 주를 위하여, 하나는 모세를 위하여, 하나는 엘리야를 위하여 하리이다 말할 때에 홀연히 빛난 구름이 저희를 덮으며 구름 속에서 소리가 나서 가로되 이는 내 사랑하는 아들이요 내 기뻐하는 자니 너희는 저의 말을 들으라 하는지라 제자들이 듣고 엎드리어 심히 두려워하니 예수께서 나아와 저희에게 손을 대시며 가라사대 일어나라 두려워 말라 하신대 제자들이 눈을 들고 보매 오직 예수 외에는 아무도 보이지 아니하더라 저희가 산에서 내려올 때에 예수께서 명하여 가라사대 인자가 죽은 자 가운데서 살아나기 전에는 본 것을 아무에게도 이르지 말라 하시니 제자들이 묻자와 가로되 그러면 어찌하여 서기관들이 엘리야가 먼저 와야 하리라 하나이까 예수께서 대답하여 가라사대 엘리야가 과연 먼저 와서 모든 일을 회복하리라 내가 너희에게 말하노니 엘리야가 이미 왔으되 사람들이 알지 못하고 임의로 대우하였도다 인자도 이와 같이 그들에게 고난을 받으리라 하시니 그제야 제자들이 예수의 말씀하신 것이 세례 요한인 줄을 깨달으니라

Ⅵ. 유다의 왕 < 19-28장 >

▶ 유다와 사마리아와 갈릴리의 동편에 접하고 있는 것은 무엇입니까?(베뢰아)
▶ 갈릴리와 유다 사이에는 어떤 지역이 있습니까?(사마리아)
▶ 북쪽 끝에는 어떤 지역이 있습니까?(수리아)

▶ 아래의 도시들은 어떤 세 지역 안에 들어 있습니까?

베들레헴	유다	가이사랴	수리아
나사렛	갈릴리	여리고	유다
베다니	유다	가나	갈릴리
예루살렘	유다	가버나움	갈릴리

제28주 마가복음

Ⅰ. 종의 분비 < 1:1-13 >

Ⅱ. 종의 사역 < 1:14-10:52 >

▶ 1:14-20에서 예수님은 몇몇 어부들을 그분의 제자들로 부르십니다. 이 두 쌍의 형제들은 누구 누구입니까?
(시몬과 그 형제 안드레, 세베대의 아들 야고보와 그 형제 요한)

<막1:14-20> 요한이 잡힌 후 예수께서 갈릴리에 오셔서 하나님의 복음을 전파하여 가라사대 때가 찼고 하나님 나라가 가까왔으니 회개하고 복음을 믿으라 하시더라 갈릴리 해변으로 지나가시다가 가 바다에 그물 던지는 것을 보시니 저희는 어부라 예수께서 가라사대 나를 따라오너라 내가 너희로 사람을 낚는 어부가 되게 하리라 하시니 곧 그물을 버려 두고 좇으니라 조금 더 가시다가 세베대의 아들 야고보와 그 형제 요한을 보시니 저희도 배에 있어 그물을 깁는데 곧 부르시니 그 아비 세베대를 삯꾼들과 함께 배에 버려 두고 예수를 따라가니라

▶ **1:23-27에서 벌써 우리는 마가복음에 기록된 첫 번째 이적을 봅니다. 마태복음에서는 예수님의 첫 번째 이적이 어디에 기록되어 있습니까?**

<막1:23-27> 마침 저희 회당에 더러운 귀신들린 사람이 있어 소리질러 가로되 나사렛 예수여 우리가 당신과 무슨 상관이 있나이까 우리를 멸하러 왔나이까 나는 당신이 누구인 줄 아노니 하나님의 거룩한 자니이다 예수께서 꾸짖어 가라사대 잠잠하고 그 사람에게서 나오라 하시니 더러운 귀신이 그 사람으로 경련을 일으키게 하고 큰 소리를 지르며 나오는지라 다 놀라 서로 물어 가로되 이는 어찜이뇨 권세 있는 새 교훈이로다 더러운 귀신들을 명한즉 순종하는도다 하더라

▶ **예수님은 "안식일은 사람을 위하여 있는 것이요 사람이 안식일을 위하여 있는 것이 아니다"라고 대답 하셨습니다.**

(막 2:27-28) 또 이르시되 안식일이 사람을 위하여 있는 것이요 사람이 안식일을 위하여 있는 것이 아니니 이러므로 인자는 안식일에도 주인이니라

예수님은 무슨 의미로 이 말씀을 하셨습니까?

안식의 진정한 의미 - 안식일의 주인은 주님이신데 곧 하나님은 안식일을 사람을 살리시기 위해 창조하셨다 하나님을 만남으로 영적 위로와 능력을 받고 그 분을 찬송하며 영광돌리는 것이 진정한 안식이다.

▶ **이 복음서에 나오는 비유들을 열거하십시오.**

1. 4:3-20 **씨를 뿌리는 자 비유** 2. 4:26-29 **추수 때 비유**
3. 4:30-32 **겨자씨 비유** 4. 12:1-11 **포도원 악한 농부 비유**

<막4:3-20> 들으라 씨를 뿌리는 자가 뿌리러 나가서 뿌릴새 더러는 길가에 떨어지매 새들이 와서 먹어 버렸고 더러는 흙이 얇은 돌밭에 떨어지매 흙이 깊지 아니하므로 곧 싹이 나오나 해가 돋은 후에 타져서 뿌리가 없으므로 말랐고 더러는 가시떨기에 떨어지매 가시가 자라 기운을 막으므로 결실치 못하였고 더러는 좋은 땅에 떨어지매 자라 무성하여 결실하였으니 삼십 배와 육십 배와 백 배가 되었느니라 하시고 또 이르시되 들을 귀 있는 자는 들으라 하시니라 예수께서 홀로 계실 때에 함께한 사람들이 열두 제자로 더불어 그 비유들을 묻자오니 이르시되 하나님 나라의 비밀을 너희에게는 주었으나 외인에게는 모든 것을 비유로 하나니 이는 저희로 보기는 보아도 알지 못하며 듣기는 들어도 깨닫지 못하게 하여 돌이켜 죄 사함을 얻지 못하게 하려 함이니라 하시고 또 가라사대 너희가 이 비유를 알지 못할진대 어떻게 모든 비유를 알겠느뇨 뿌리는 자는 말씀을 뿌리는 것이라 말씀이 길가에 뿌리웠다는 것은 이들이니 곧 말씀을 들었을 때에 사단이 즉시 와서 저희에게 뿌리운 말씀을 빼앗는 것이요 또 이와 같이 돌밭에 뿌리웠다는 것은 이들이니 곧 말씀을 들을 때에 즉시 기쁨으로 받으나 그 속에 뿌리가 없어 잠깐 견디다가 말씀을 인하여 환난이나 핍박이 일어나는 때에는 곧 넘어지는 자요 또 어떤 이는 가시떨기에 뿌리우는 자니 이들은 말씀을 듣되 세상의 염려와 재리의 유혹과 기타 욕심이 들어와 말씀을 막아 결실치 못하게 되는 자요 좋은 땅에 뿌리웠다는 것은 곧 말씀을 듣고 받아 삼십 배와 육십 배와 백 배의 결실을 하는 자니라

<막4:26-29> 또 가라사대 하나님의 나라는 사람이 씨를 땅에 뿌림과 같으니 저가 밤낮 자고 깨고 하는 중에 씨가 나서 자라되 그 어떻게 된 것을 알지 못하느니라 땅이 스스로 열매를 맺되 처음에는 싹이요 다음에는 이삭이요 그 다음에는 이삭에 충실한 곡식이라 열매가 익으면 곧 낫을 대나니 이는 추수 때가 이르렀음이니라

<막4:30-32> 또 가라사대 우리가 하나님의 나라를 어떻게 비하며 또 무슨 비유로 나타낼꼬 겨자씨 한 알과 같으니 땅에 심길 때에는 땅 위의 모든 씨보다 작은 것이로되

심긴 후에는 자라서 모든 나물보다 커지며 큰 가지를 내니 공중의 새들이 그 그늘에 깃들일 만큼 되느니라

<막12:1-11> 예수께서 비유로 저희에게 말씀하시되 한 사람이 포도원을 만들고 산울로 두르고 즙 짜는 구유 자리를 파고 망대를 짓고 농부들에게 세로 주고 타국에 갔더니 때가 이르매 농부들에게 포도원 소출 얼마를 받으려고 한 종을 보내니 저희가 종을 잡아 심히 때리고 거저 보내었거늘 다시 다른 종을 보내니 그의 머리에 상처를 내고 능욕하였거늘 또 다른 종을 보내니 저희가 그를 죽이고 또 그외 많은 종들도 혹은 때리고 혹은 죽인지라 오히려 한 사람이 있으니 곧 그의 사랑하는 아들이라 최후로 이를 보내며 가로되 내 아들은 공경하리라 하였더니 저 농부들이 서로 말하되 이는 상속자니 자 죽이자 그러면 그 유업이 우리 것이 되리라 하고 이에 잡아 죽여 포도원 밖에 내어 던졌느니라 포도원 주인이 어떻게 하겠느뇨 와서 그 농부들을 진멸하고 포도원을 다른 사람들에게 주리라 너희가 성경에 건축자들의 버린 돌이 모퉁이의 머릿돌이 되었나니 이것은 주로 말미암아 된 것이요 우리 눈에 기이하도다 함을 읽어 보지도 못하였느냐 하시니라

Ⅲ. 종의 배척당함 < 11-15장 >

1) 대 제사장들과 서기관들과 장로들이 물었습니다.: "무슨 권세로 이런 일을 하느뇨? 누가 이런 일 할 이 권세를 주었느뇨?<11:28> 예수님의 대답은 29-30절에서 찾을 수 있습니다. 이 대답은 어떻게 제사장들과 서기관들과 장로들을 꼼짝 못하게 했습니까?

<막11:29-30> 예수께서 가라사대 나도 한 말을 너희에게 물으리니 대답하라 그리하면 나도 무슨 권세로 이런 일을 하는지 이르리라 요한의 세례가 하늘로서냐 사람에게로서냐 내게 대답하라

2) 바리새인들과 헤롯 당원들은 물었습니다.: "가이사에게 세를 바치는 것이 가하니이까 불가하니이까?" 그 질문에 대한 예수님의 대답은 오늘날 우리들에게 어떻게 지시하고 계십니까?

<막 12:17> 이에 예수께서 이르시되 가이사의 것은 가이사에게, 하나님의 것은 하나님께 바치라 하시니 그들이 예수께 대하여 매우 놀랍게 여기더라

<u>국가 지역 사회 가족의 제도적 질서와 권위에 대한 보편적 인정을 말씀하신다. 공동체적 질서와 원칙을 저버리는 것을 주님은 결코 인정하지 않으신다.</u>

3) 사두개인들은 12:18-23에서 그분에게 한 질문을 했습니다. 예수님의 대답은 오늘날 우리들에게 어떠한 메시지를 주고 계십니까?

<막12:24-27>예수께서 가라사대 너희가 성경도, 하나님의 능력도 알지 못하므로 오해함이 아니냐 사람이 죽은 자 가운데서 살아날 때에는 장가도 아니가고 시집도 아니가고 하늘에 있는 천사들과 같으니라 죽은 자의 살아난다는 것을 의논할진대 너희가 모세의 책 중 가시나무떨기에 관한 글에 하나님께서 모세에게 이르시되 나는 아브라함의 하나님이요 이삭의 하나님이요 야곱의 하나님이로라 하신 말씀을 읽어 보지 못하였느냐 하나님은 죽은 자의 하나님이 아니요 산 자의 하나님이시라 너희가 크게 오해하였도다 하시니라

4) 서기관들은 그분에게 물었습니다. "모든 계명 중에 첫째가 무엇이니이까?"<12:28> 12:30-31에서 예수님의 대답의 두 부분은 구약에서의 인용입니다. 각자에 대한 구약의 참조 구절을 열거하십시오.:

<마가복음 12:29-31> 예수께서 대답하시되 첫째는 이것이니 이스라엘아 들으라 주 곧

우리 하나님은 유일한 주시라 네 마음을 다하고 목숨을 다하고 뜻을 다하고 힘을 다하여 주 너의 하나님을 사랑하라 하신 것이요 둘째는 이것이니 네 이웃을 네 몸과 같이 사랑하라 하신 것이라 이에서 더 큰 계명이 없느니라

<신명기6:4-6> 이스라엘아 들으라 우리 하나님 여호와는 오직 하나인 여호와시니 너는 마음을 다하고 성품을 다하고 힘을 다하여 네 하나님 여호와를 사랑하라 오늘날 내가 네게 명하는 이 말씀을 너는 마음에 새기고

Ⅳ. 종의 높임 받음 < 16장 >

▶ 그를 따르는 자들에게 주시는 그리스도의 명령은 16:15절에서 찾아볼 수 있습니다. 아래에 기록하십시오.

<막16:15> 또 가라사대 너희는 온 천하에 다니며 만민에게 복음을 전파하라

제29주 누가복음

Ⅰ. 서론 < 1:1-4 >

Ⅱ. 예수님의 출생과 유년기 < 1:5-4;13 >

▶ 누가복음의 이 부분에서 다음의 인물들을 찾아 보십시오:

▷**엘리사벳 (눅 1:5-6) 제사장 사가랴의 아내이며 세례 요한의 어머니**. 전승에 의하면 엘리사벳 부부는, 예루살렘 서쪽7km쯤에 위치한 유다의 산간지대 아인카렘'에서 살았다고 한다. 그녀는 아론의 후손이었으며, 하나님 앞에서 의로운 사람이었다. 그러나 안타깝게도 그녀는 아이를 낳을 수가 없었다. 유대 사회에서 아이를 갖지 못하면 하나님의 저주가 임했다고 여겼으며 사회적인 멸시를 받았다. 그래서 수태하였다는 천사의 소식을 듣자 그녀는 이것이 하나님의 은총에 대한 표시라고 고백했던 것이다(1:24,25). 그녀는 예수님의 모친인 마리아의 친척이었다(1:36). 마리아의 방문을 받은 엘리사벳은, 마리아가 약속된 메시야를 잉태했기 매문에 가장 축복받은 여인이라고 말하며 그녀를 맞아들였다(1:41).

▷**스가랴 (눅1:5-25, 57-80,)엘리사벳의 남편이며, 세례 요한의 아버지이다.** 예수님의 모친 마리아와는 친척지간이였다. 또한 아비야 반차의 제사장의 한 사람이다. 그와 그의 아내는 경건한 자들이었다. 그러나 노년에 이르도록 자식을 갖지 못하였다. 스가랴가 순번에 따라 평생에 한 번 정도밖에는 봉사할 수 없는 제사장 직분을 행하여 예루살렘 성전에서 분향할 때에 가브리엘 천사가 분향단 옆에 나타나서, 메시야를 위하여 그의 백성들을 준비 시킬 한 아이가 스가랴의 가정에서 탄생할 것 을 예고하였다. 그러나 스가랴가 그 말을 믿지 못하자, 그 예고된 아이가 태어날 때까지 벙어리가 될 것이라고 통보하였다. 그 아이가 태어나자, 스가랴는 가브리엘의 말을 쫓아 그의 이름을 요한이라고 지었다. 하나님께 대한 그의 감사와 찬송은 '베네딕투스'(Benedictus)로알려진 예언의 노래로서 성경에 기록되고 있다. 한글 개역 성경은 '사가라'로 표기됨)._

▷**가브리엘 (눅 1 : 11-20, 26-38절) 천사들 가운데 특별한 천사**로 미가엘과 함께 성경에 그 이름이 나타나 있다. 이들 외에 천상의 존재로서 그 이름이 밝혀진 자는 아무도 없다. 그는 하나의 전달자로 다니엘에게 나타나서 다니엘이 보았던 이상에 대해 해석하여 주었다(단 8 : 16이하). 또한 다니엘이 이스라엘 백성의 죄를 자복할 때 그 응답으로 가브리엘이 지혜와 총명을 다니엘에게 주었다(9 : 22). 누가복음에 나타나는 가브리엘은 세례요한의 탄생을 사가라에게, 예수님의 탄생을 마리아에게 예고하였다(눅 1 : 11-20, 26-38절).어떤 학자들은 계 8 : 2에 언급된 일곱 천사들 가운데 가브리엘이 포함

되었을 것으로 주장하기도 한다

▷**가이사 아구스도(눅2:1)- 동로마 제국에서는 가이사가 최고의 통치자**를 의미했으며 서로마 제국에서는 황제의 아들들을 가이사로 불렀다. A.D. 2세기부터는 왕위를 계승할 왕자에게만 이 직함이 주어졌다(황제는 아구스도라고 불렀다).신약에서는 가이사가 아구스도(눅2:1), 디베료(3:1), 글라우디오(행17:7; 18:2)의 개인적인 이름으로 사용되었다. 그러나 마22:17-22의 경우는 하나의 직함으로 사용되어 있는데 디베료에게 적용되고 있다(그는 A.D. 14-37년까지 통치하였다). 바울이 가이사의 법정에 상소했을 때의 왕은 네로였다

▷**시므온(눅2:25-35)- 예루살렘에 거주하고 있던 한 경건한 사람**으로, 그는 자신이 죽기 전에 메시야를 볼 것이라는 성령의 지시를 받고 있었다. 그가 성령의 감동으로 성전에 들어갈 때, 마침 부모들에 의하여 성전으로 오신 어린 예수님을 만나 찬송을 하였다. 또한 부모들에게 축복하고, 마리아에게 예수님에 관한 예언적인 말을 전하였다(눅2:25-35). 그의 찬송은 '눈크디미티스'(Nunc Dimittis)라는 이름으로 유명하다..

Ⅲ. 예수님의 사역 < 4:14-9:50 >

▶ 예수님은 구약에서 어떤 두 가지 예를 사용하심으로 이방인들을 향하신 하나님의 사랑을 보여주셨습니까?

<눅4:25-27> 내가 참으로 너희에게 이르노니 엘리야 시대에 하늘이 세 해 여섯 달을 닫히어 온 땅에 큰 흉년이 들었을 때에 이스라엘에 많은 과부가 있었으되 엘리야가 그 중 한 사람에게도 보내심을 받지 않고 오직 1)**시돈 땅에 있는 사렙다의 한 과부**에게 뿐이었으며 또 선지자 엘리사 때에 이스라엘에 많은 문둥이가 있었으되 그 중에 한 사람도 깨끗함을 얻지 못하고 오직 2) **수리아 사람 나아만**뿐이니라

▶ 누가복음의 이부분의 절정은 예수님의 변화되신 사건입니다. 단지 누가만이 모세와 엘리야가 예수님과 함께 무엇에 관해 이야기 했는가를 말씀하고 있습니다. 그것은 무엇입니까?

<눅9:31> 영광 중에 나타나서 장차 예수께서 **예루살렘에서 별세하실 것**을 말씀할새

Ⅳ. 십자가로 가는 길 < 9:50-24:53 >

사마리아인들은 유대인들에 의해 멸시를 받았으나 예수님은 그분의 가장 아름답고 유명한 이야기들 중 하나에서 사마리아 사람을 훌륭한 인물로 만들고 있습니다.

<10:25-37>이 이야기에 관한 다음의 질문들에 대답하십시오

▶ '누가 나의 이웃이냐'고 질문한 사람은 누구였습니까? 율법사

▶ 누가가 이 비유를 기록한 유일한 복음서 저자입니다. 왜 그가 이것을 포함시켰다고 생각하십니까?

<눅10:25-37> 어떤 율법사가 일어나 예수를 시험하여 가로되 선생님 내가 무엇을 하여야 영생을 얻으리이까 예수께서 이르시되 율법에 무엇이라 기록되었으며 네가 어떻게 읽느냐 대답하여 가로되 네 마음을 다하며 목숨을 다하며 힘을 다하며 뜻을 다하여 주 너의 하나님을 사랑하고 또한 네 이웃을 네 몸과 같이 사랑하라 하였나이다 예수께서 이르시되 네 대답이 옳도다 이를 행하라 그러면 살리라 하시니 이 사람이 자기를 옳게 보이려고 예수께 여짜오되 그러면 내 이웃이 누구오니이까 예수께서 대답하여 가라사대

어떤 사람이 예루살렘에서 여리고로 내려가다가 강도를 만나매 강도들이 그 옷을 벗기고 때려 거반 죽은 것을 버리고 갔더라 마침 한 제사장이 그 길로 내려가다가 그를 보고 피하여 지나가고 또 이와 같이 한 레위인도 그 곳에 이르러 그를 보고 피하여 지나가되 어떤 사마리아인은 여행하는 중 거기 이르러 그를 보고 불쌍히 여겨 가까이 가서 기름과 포도주를 그 상처에 붓고 싸매고 자기 짐승에 태워 주막으로 데리고 가서 돌보아 주고 이튿날에 데나리온 둘을 내어 주막 주인에게 주며 가로되 이 사람을 돌보아 주라 부비가 더 들면 내가 돌아올 때에 갚으리라 하였으니 네 의견에는 이 세 사람 중에 누가 강도 만난 자의 이웃이 되겠느냐 가로되 자비를 베푼 자니이다 예수께서 이르시되 가서 너도 이와 같이 하라 하시니라

(영생의 진정한 의미는 교단이나 교파 율법에 있지 아니하고 오직 하나님의 사랑과 이웃사랑에 있다. 이를 온 몸(죽음과 부활)으로 보여주시고 오늘도 우리와 함께 하시는 예수님을 우리가 믿고 닮아가는 것이 본 비유의 복음적 의미라고 할 수 있다)

▶ 15장에서 누가는 무엇이 하나님을 기쁘시게 하는가를 우리에게 말해줍니다. 그는 자기의 잃어버린 양을 찾았을 때 기뻐하는 목자와 잃어버린 드라크마를 찾았을 때 기뻐하는 여인과 탕자가 집에 돌아왔을 때 기뻐하는 아버지의 이야기를 기록하고 있습니다. 이 비유들은 하나님에 대해서 우리에게 무엇을 가르쳐줍니까?

(하나님의 기다리는 사랑, 탕자의 회개)

▶ 왜 이 신자들은 그렇게 슬펐습니까?

<눅24:17-20> 예수께서 이르시되 너희가 길 가면서 서로 주고 받고 하는 이야기가 무엇이냐 하시니 두 사람이 슬픈 빛을 띠고 머물러 서더라 그 한 사람인 글로바라 하는 자가 대답하여 가로되 당신이 예루살렘에 우거하면서 근일 거기서 된 일을 홀로 알지 못하느뇨 가라사대 무슨 일이뇨 가로되 나사렛 예수의 일이니 그는 하나님과 모든 백성 앞에서 말과 일에 능하신 선지자여늘 우리 대제사장들과 관원들이 사형 판결에 넘겨 주어 십자가에 못 박았느니라

▶ 예수님은 그들과 함께 동행하시면서 그들에게 무엇을 말씀하셨습니까?

<눅24:25-27> 가라사대 미련하고 선지자들의 말한 모든 것을 마음에 더디 믿는 자들이여 그리스도가 이런 고난을 받고 자기의 영광에 들어가야 할 것이 아니냐 하시고 이에 모세와 및 모든 선지자의 글로 시작하여 모든 성경에 쓴 바 자기에 관한 것을 자세히 설명하시니라

▶ 그들이 예수님인 줄 알았을 때 어떤 일이 생겼습니까?

<눅 24:31> 저희 눈이 밝아져 그인 줄 알아보더니 예수는 저희에게 보이지 아니하시는지라

▶ 그 후 그들은 무엇을 했습니까?

<눅24:33-35> 곧 그 시로 일어나 예루살렘에 돌아가 보니 열한 사도와 및 그와 함께 한 자들이 모여 있어 말하기를 주께서 과연 살아나시고 시몬에게 나타나셨다 하는지라 두 사람도 길에서 된 일과 예수께서 떡을 떼심으로 자기들에게 알려지신 것을 말하더라

▶ 엠마오로 가던 신자들이 예수님과 만났던 당시의 일을 11제자들에게 말하고 있을 때 주님 자신이 그들 가운데 나타나셨습니다. < 24:36 > 그들이 그분에게 먹을 것을 드린 후 그분은 그들에게 구약의 어떠한 세부분에서 그분에 관해 기록된 모든 것이 이루어져야 하리라고 말씀하셨습니까?

<눅24:44> 또 이르시되 내가 너희와 함께 있을 때에 너희에게 말한 바 곧 **1. 모세의 율법과 2. 선지자의 글과 3. 시편에** 나를 가리켜 기록된 모든 것이 이루어져야 하리라 한 말이 이것이라 하시고

제30주 요한복음

▶ 그는 신약의 다른 네 권의 저자입니다. 그것들은 무엇입니까?
(1. 요한1서 2. 요한2서 3. 요한3서 4. 요한계시록)

▶ 요한복음은 위대하신 '나는(출애굽기 3:14을 보십시오)'의 계시입니다. 예수님의 신성을 강조하기 위해 요한은 7번의 '나는'을 사용하고 있습니다. 그것들을 열거하십시오

<요6:35> 예수께서 가라사대 내가 곧 생명의 떡이니 내게 오는 자는 결코 주리지 아니할 터이요 나를 믿는 자는 영원히 목마르지 아니하리라

<요8:12> 예수께서 또 일러 가라사대 나는 세상의 빛이니 나를 따르는 자는 어두움에 다니지 아니하고 생명의 빛을 얻으리라

<요8:58> 예수께서 가라사대 진실로 진실로 너희에게 이르노니 아브라함이 나기 전부터 내가 있느니라 하시니

<요10:11> 나는 선한 목자라 선한 목자는 양들을 위하여 목숨을 버리거니와

<요11:25> 예수께서 가라사대 나는 부활이요 생명이니 나를 믿는 자는 죽어도 살겠고

<요14:6> 예수께서 가라사대 내가 곧 길이요 진리요 생명이니 나로 말미암지 않고는 아버지께로 올 자가 없느니라

<요15:1> 내가 참 포도나무요 내 아버지는 그 농부라

요한복음의 개요 :

Ⅰ. 머리말 < 1:1-18 >

▶ 그분을 영접하는 자에게 예수님은 무엇을 해 주셨습니까? < 1:12 >

<요1:12>영접하는 자 곧 그 이름을 믿는 자들에게는 하나님의 자녀가 되는 권세를 주셨으니

Ⅱ. 그리스도의 공중사역 < 1:19-12:50 >

▶ 베데스다 연못가의 중풍병자를 치료하신 것과 5,000명을 먹이신 것. 5,000명을 먹이신 후 사람들은 예수님을 어떻게 하기를 원했습니까?

<요6:15> 그러므로 예수께서 저희가 와서 자기를 억지로 잡아 임금 삼으려는 줄을 아시고 다시 혼자 산으로 떠나가시니라

▶ 왜 이것은 예수님의 마음을 상하게 해드렸습니까?

<요6:26-27> 예수께서 대답하여 가라사대 내가 진실로 진실로 너희에게 이르노니 너희가 나를 찾는 것은 표적을 본 까닭이 아니요 떡을 먹고 배부른 까닭이로다 썩은 양식을 위하여 일하지 말고 영생하도록 있는 양식을 위하여 하라 이 양식은 인자가 너희에게 주리니 인자는 아버지 하나님의 인치신 자니라

▶ 그분은 또한 죽으셔서 그분이 먼저 계시던 하늘나라로 다시 올라가셔야 한다고 그들에게 말씀하십니다. 이 계시에 대해 군중들의 반응은 어떠했습니까?

<요6:66> 이러므로 제자 중에 많이 물러가고 다시 그와 함께 다니지 아니하더라

Ⅲ. 그리스도의 제자들과의 마지막 저녁 < 13장-17장 >

▶ 13장에서 우리는 제자들이 누가 더 크냐고 논쟁하는 것을 발견합니다. 이 질문에 대답하시기 위해서 예수님은 무엇을 하셨으며 왜 그렇게 하셨습니까?

<요13:12-17> 저희 발을 씻기신 후에 옷을 입으시고 다시 앉아 저희에게 이르시되 내가 너희에게 행한 것을 너희가 아느냐 너희가 나를 선생이라 또는 주라 하니 너희 말이 옳도다 내가 그러하다 내가 주와 또는 선생이 되어 너희 발을 씻겼으니 너희도 서로 발을 씻기는 것이 옳으니라 내가 너희에게 행한 것같이 너희도 행하게 하려 하여 본을 보였노라 내가 진실로 진실로 너희에게 이르노니 종이 상전보다 크지 못하고 보냄을 받은 자가 보낸 자보다 크지 못하니 너희가 이것을 알고 행하면 복이 있으리라

▶ 요한복음 15:4-6에서 예수님께서 보여 주시는 열매 맺는 비결은 무엇입니까?

<요15:4-6> 내 안에 거하라 나도 너희 안에 거하리라 가지가 포도나무에 붙어 있지 아니하면 절로 과실을 맺을 수 없음같이 너희도 내 안에 있지 아니하면 그러하리라 나는 포도나무요 너희는 가지니 저가 내 안에, 내가 저 안에 있으면 이 사람은 과실을 많이 맺나니 나를 떠나서는 너희가 아무것도 할 수 없음이라 사람이 내 안에 거하지 아니하면 가지처럼 밖에 버리워 말라지나니 사람들이 이것을 모아다가 불에 던져 사르느니라

▶ 16장에서 예수님은 그분의 떠나가심은 곧 성령님의 오심을 의미하고 있음을 드러내십니다. 성령님께서 오시면 어떠한 네 가지 일들을 하실 것이라고 예수님은 말씀하셨습니까? <16:8-14>

⑴ 8절 그가 와서 죄에 대하여, 의에 대하여, 심판에 대하여 세상을 책망하시리라

⑵ 13절 전반부 그러하나 진리의 성령이 오시면 그가 너희를 모든 진리 가운데로 인도하시리니

⑶ 13절 후반부 그가 자의로 말하지 않고 오직 듣는 것을 말하시며 장래 일을 너희에게 알리시리라

⑷ 14절 그가 내 영광을 나타내리니 내 것을 가지고 너희에게 알리겠음이니

Ⅳ. 그리스도의 고난, 죽으심과 부활 < 18장-20장 >

Ⅴ. 끝맺음 말 < 21장 >

▶ 이 복음서에 기록된 예수님의 최후의 말씀은 무엇입니까?

<요21:22> 예수께서 가라사대 내가 올 때까지 그를 머물게 하고자 할지라도 네게 무슨 상관이냐 너는 나를 따르라 하시더라

제31주 사 도 행 전

▶ 무엇이 이 책을 위한 좋은 제목이 될 것이라고 생각하십니까?
(성령님의 행하심의 기록 = 성령 행전)

사도행전의 간략한 개요 :

Ⅰ. 베드로를 지도자로 한 팔레스타인 안에서의 복음 전파 <1-12장>

▶ 부활이후 며칠 동안 예수님은 지상에 나타나셨습니까?

<행1:3> 해받으신 후에 또한 저희에게 확실한 많은 증거로 친히 사심을 나타내사 사십 일 동안 저희에게 보이시며 하나님 나라의 일을 말씀하시니라

▶ 대략 몇 사람이 다락방에 있었습니까?

<행1:5> 요한은 물로 세례를 베풀었으나 너희는 몇 날이 못되어 성령으로 세례를 받으리라 하셨느니라

▶ 누가 가룟 유다 대신 뽑혔습니까?

<행1:26> 제비뽑아 맛디아를 얻으니 저가 열한 사도의 수에 가입하니라

▶ 어떤 날에 성령님께서 오셨습니까?

<행2:1-2> 오순절날이 이미 이르매 저희가 다 같이 한 곳에 모였더니 홀연히 하늘로부터 급하고 강한 바람 같은 소리가 있어 저희 앉은 온 집에 가득하며

▶ 어떤 일이 일어난 것인가를 설명하기 위하여 누가 일어섰습니까?

<행2:14> 베드로가 열한 사도와 같이 서서 소리를 높여 가로되 유대인들과 예루살렘에 사는 모든 사람들아 이 일을 너희로 알게 할 것이니 내 말에 귀를 기울이라

▶ 베드로의 설교의 결과로 얼마나 많은 사람들이 신자가 되었습니까?

<행2:41> 그 말을 받는 사람들은 세례를 받으매 이 날에 제자의 수가 삼천이나 더하더라

▶ 사두개인들은 어떠한 것을 믿었습니까? (본 인도자 자료집 64p 참조)

▶ 풀려난 후에 베드로와 요한은 그들의 동료들에게 어떤 일이 일어났는지 말했으며 그들은 모두 합심하여 기도했습니다. 그들의 기도 가운데 그들은 하나님께 무엇을 위해 구했습니까?

<행4:29> 주여 이제도 저희의 위협함을 하감하옵시고 또 종들로 하여금 담대히 하나님의 말씀을 전하게 하여 주옵시며

▶ 6장에서는 차별 대우의 문제가 일어납니다. 우리는 사탄이 교회의 교제를 깨뜨리기 위해 바쁘게 움직이는 것을 발견합니다. 이 잠정적인 문제를 해결하기 위해 사도들은 어떻게 일해 나갔습니까?

<행6:3> 형제들아 너희 가운데서 성령과 지혜가 충만하여 칭찬 듣는 사람 일곱을 택하라 우리가 이 일을 저희에게 맡기고

9장과 10장에서 다음의 질문들을 대답하시오:

▶ 왜 사울은 다메섹으로 가고 있었습니까?

<행9:2> 다메섹 여러 회당에 갈 공문을 청하니 이는 만일 그 도를 좇는 사람을 만나면 무론 남녀하고 결박하여 예루살렘으로 잡아오려 함이라

▶ 다메섹 근처에서 그는 무엇을 보았습니까?

<행9:3>사울이 행하여 다메섹에 가까이 가더니 홀연히 하늘로서 빛이 저를 둘러 비추는지라

▶ 예루살렘에 있던 제자들이 바울을 영접하기를 두려워할 때 누가 그를 변호해서 말했습니까?

<행9:27> 바나바가 데리고 사도들에게 가서 그가 길에서 어떻게 주를 본 것과 주께서 그에게 말씀하신 일과 다메섹에서 그가 어떻게 예수의 이름으로 담대히 말하던 것을 말하니라

▶ 하나님의 사자가 그에게 말하는 환상을 누가 보았습니까? <10:1-4>

<행10:1-4> 가이사랴에 고넬료라 하는 사람이 있으니 이달리야대라 하는 군대의 백부장이라 그가 경건하여 온 집으로 더불어 하나님을 경외하며 백성을 많이 구제하고 하나

님께 항상 기도하더니 하루는 제 구 시쯤 되어 환상 중에 밝히 보매 하나님의 사자가 들어와 가로되 고넬료야 하니 고넬료가 주목하여 보고 두려워 가로되 주여 무슨 일이니이까 천사가 가로되 네 기도와 구제가 하나님 앞에 상달하여 기억하신 바가 되었으니

Ⅱ. 바울을 지도자로 한 팔레스타인 밖에서의 복음 전파 < 13-28장 >

1.제 1 차 선교 여행 < 13:3-15:35 >

바울의 제 1 차 선교 여행의 지도를 보고 다음의 질문들에 대답하시오. (교재57면)

▶ 그것은 어디에서 시작되었습니까? (안디옥)

▶ 그의 동반자들은 누구였습니까? <행12:25> 바나바와 사울이 부조의 일을 마치고 마가라 하는 요한을 데리고 예루살렘에서 돌아오니라

▶ 제 2 차 그리고 제 3 차 선교 여행과 비교해서 제 1 차 선교 여행은 더 길었습니까 혹은 더 짧았습니까? (짧았다)

2. 제 2 차 선교 여행 < 15:36-18:22 >

▶ 바울의 동반자는 누구였습니까?

<행15:40> 바울은 실라를 택한 후에 형제들에게 주의 은혜에 부탁함을 받고 떠나

▶ 바나바에게 무슨 일이 일어났습니까?

<행15:36-39> 수일 후에 바울이 바나바더러 말하되 우리가 주의 말씀을 전한 각 성으로 다시 가서 형제들이 어떠한가 방문하자 하니 바나바는 마가라 하는 요한도 데리고 가고자 하나 바울은 밤빌리아에서 자기들을 떠나 한가지로 일하러 가지 아니한 자를 데리고 가는 것이 옳지 않다 하여 서로 심히 다투어 피차 갈라 서니 바나바는 마가를 데리고 배 타고 구브로로 가고

▶ '우리'라는 말의 사용이 16:10에서 시작됨으로 인하여 선교 여행에 누가 동참한 것을 알 수 있습니까?

<행15:40> 바울은 **실라**를 택한 후에 형제들에게 주의 은혜에 부탁함을 받고 떠나

<행16:2-3> **디모데**는 루스드라와 이고니온에 있는 형제들에게 칭찬 받는 자니 바울이 그를 데리고 떠나고자 할새

<행16:10> 바울이 이 환상을 본 후에 우리가 곧 마게도냐로 떠나기를 힘쓰니 이는 하나님이 저 사람들에게 복음을 전하라고 **우리**를 부르신 줄로 인정함이러라

▶ 빌립보에서 어떤 일이 일어났습니까? < 16:12-15 >

<행16:12-15> 거기서 빌립보에 이르니 이는 마게도냐 지경 첫성이요 또 로마의 식민지라 이 성에서 수일을 유하다가 안식일에 우리가 기도처가 있는가 하여 문 밖 강가에 나가 거기 앉아서 모인 여자들에게 말하더니 두아디라 성의 자주 장사로서 하나님을 공경하는 루디아라 하는 한 여자가 들었는데 주께서 그 마음을 열어 바울의 말을 청종하게 하신지라 저와 그 집이 다 세례를 받고 우리에게 청하여 가로되 만일 나를 주 믿는 자로 알거든 내 집에 들어와 유하라 하고 강권하여 있게 하니라

3. 제 3 차 선교 여행 <18:23-20:16>

4. 바울의 로마 여행 <20:17-28:31>

제7장 바울서신

제32주 로 마 서

로마서는 신약의 새로운 부분을 시작하는데 --- 그것은 서신서입니다. 서신서란 무엇입니까? - 바울의 목회서신(교회를 향한 선교 및 목회(설교)편지와 개인을 향한 목회편지 등)으로 그것은 수신교회와 수신자명으로 책제목이 이루어져 있다

Ⅰ. 서론 < 1:1-17 >

▶이 부분에서는 복음을 설명하기 위해서 몇 개의 주요한 단어들이 사용되고 있습니다. 성경사전을 사용해서 다음의 말들을 정의해 보십시오.

▷**사도(使徒, Apostolus/아포스톨루스)** '파견된 자', '사자'라는 뜻의 히브리어다. 샬리아(shaliach)에서 유래하고 그리스어의 아포스톨로스(apostolos)의 동의어이다. 사도의 자격은 인간으로 세상에 오신 예수 그리스도를 만났고, 그분의 가르침을 배운 사람이기 때문에, 복음서에서는 예수의 직제자 12명을 사도라고 른다.(막3:16-19) 하지만 가리옷 사람 유다가 자살하여 사도직을 버리자, 사도들은 '예수께서 활동하실때 우리와 같이 있던 사람'중 하나인 마티아에게 사도직을 맡겼다.(행1:21-26) 이후 성령강림주일에 탄생한 교회(행2:1-47)를 탄압하던 바울(사울)이 예수 그리스도를 만났다고 주장하면서 자신의 사도로서의 권위를 주장하였다.(고전15:10) 그래서 기독교에서는 바울을 사도로 인정하고 있다.

▷**복음**(福音) - **예수 그리스도가 가져 온 하나님으로부터의 '기쁜 소식'**을 말한다. 이 말의 유래는 <구약성서>의 전통과 그리스인 사이에서 쓰여졌던 두 가지 의미를 가지고 있다. 왕과 신(神)인 동시에 구세주이며 참사람이신, 따라서 그 탄생·즉위(卽位)가 이 세상을 구하는 복음이라는 생각은 고대 동방 전체에 통하는 것으로 <구약성서>에서의 메시아(구세주) 대망도 같은 흐름 속에 있었다고 할 수 있다. 기독교에 있어서는 예수의 출현, 그의 생과 사, 그의 존재 자체가 기쁨이며 복음으로 되어 있다. 왜냐 하면, 오직 그만이 인류의 근본적 불행인 하나님과의 불화를 제거하고 인간 생존의 궁극적 의미를 명시하였다고 되어 있기 때문이다. 복음은 먼저 유태인에게 전술되었으며, 그 후에 이방인(異邦人)에게, 특히 바울은 이방인의 사도라는 자각을 가지고 율법과 대립시키면서 복음의 파악을 심화시켰다. 복음의 내용은 예수 그리스도의 사실, 특히 그 죽음과 부활에 연결된 구원의 사건을 오늘에 재현하는 것을 핵심으로 한다

▷ **성도(聖徒):** 기독교에서 하나님의 자녀, 예수의 제자로서 그 거룩함을 따르는 신자들을 달리 이르는 말이기도 하다.

▷**믿음:**_믿음은 어떠한 가치관, 종교, 사람, 사실 등에 대해 다른 사람의 동의와 관계 없이 확고한 진리로서 받아들이는 개인적인 심리 상태이다. 국립국어원의 표준국어대사전에는 "어떠한 사실이나 사람을 믿는 마음"으로 설명되어 있다. 철학, 사회, 정치 등의 분야에서는 일반적으로 신념이라 하며, 종교에서는 신앙, 신심, 신앙심 등으로 불리기도 한다.

기독교에서는 하나님의 계시에 대한 인간의 응답 내지는 하나님의 섭리(攝理)에 대한 인간의 순종(신뢰)이라는 인격적 관계를 의미하지만, 성부 성자 성령 삼위일체(三位一體) 하나님에 대한 신뢰와 복종을 말하며, 이를 깨닫기 위한 성경을 삶의 표준으로 믿는 것을 의미한다, 그러나 기독교에서는 개인적 체험이나 신념 등 불확실한 것을 주관적으로 확실하다고 믿는 것은 신앙이 아니다.

Ⅱ. 구원을 얻는 길 < 1:18-11:36 >

▶ 아래의 구절을 완성하십시오.

< 로마서 3:10-11 > 기록한 바 의인은 **없나니** 하나도 **없으며 깨닫는 자**도 없고 **하나님을 찾는 자**도 없고

▶ 이 단원에서 그리스도인은 '의로워진 자'로 묘사됩니다. '의롭다'라는 말은 무엇을 의미합니까?

<롬3:28> 그러므로 사람이 의롭다 하심을 얻는 것은 율법의 행위에 있지 않고 믿음으로 되는 줄 우리가 인정하노라

<롬5:1>러므로 우리가 믿음으로 의롭다 하심을 얻었은즉 우리 주 예수 그리스도로 말미암아 하나님으로 더불어 화평을 누리자

▶ 구원의 계획을 설명하는 가장 간단한 길은 다음의 구절들에서 찾을 수 있는 "로마서의 길"입니다. 다음의 구절들을 기록하시고 그것들을 반드시 외우십시오:

<롬3:23>모든 사람이 죄를 범하였으매 하나님의 영광에 이르지 못하더니

<롬6:23> 죄의 삯은 사망이요 하나님의 은사는 그리스도 예수 우리 주 안에 있는 영생이니라

<롬10:9-10> 네가 만일 네 입으로 예수를 주로 시인하며 또 하나님께서 그를 죽은 자 가운데서 살리신 것을 네 마음에 믿으면 구원을 얻으리니 사람이 마음으로 믿어 의에 이르고 입으로 시인하여 구원에 이르느니라

Ⅲ. 그리스도인의 삶을 사는 길 < 12-16장 >

▶ 우리는 그리스도인의 되는 길을 배웠습니다. 이제 우리는 그리스도인답게 사는 길을 배워야 합니다. 로마서 12:1을 다음의 빈 칸에 기록하십시오:

<롬12:1> 그러므로 형제들아 내가 하나님의 모든 자비하심으로 너희를 권하노니 너희 몸을 하나님이 기뻐하시는 거룩한 산 제사로 드리라 이는 너희의 드릴 영적 예배니라

제33주 고린도전서

▶ 그가 고린도에서 1년 반을 머문 기간 동안 바울은 어떠한 새로운 두명의 동료를 사귀었습니까? 1. 글라우디오 2. 브리스길라

< 행18:2> 아굴라라 하는 본도에서 난 유대인 하나를 만나니 글라우디오가 모든 유대인을 명하여 로마에서 떠나라 한 고로 그가 그 아내 브리스길라와 함께 이달리야로부터 새로 온지라 바울이 그들에게 가매

Ⅰ. 교회 안의 도덕적인 교정 < 1-11장 >

▶ 제각기 다른 지도자들을 따르는 자들이라고 주장하는 네 무리들이 1:12에 언급되었습니다. 이 사람들의 이름을 쓰십시오:

<고전1:12> 이는 다름 아니라 너희가 각각 이르되 **1. 나는 바울에게, 2. 나는 아볼로게, 3. 나는 게바에게, 4. 나는 그리스도에게 속한 자**라 하는 것이니

▶ 하나님은 그의 지혜 안에서 사람이 보기에 어리석어 보이는 것을 모든 인류를 위한 구속의 수단으로써 선택하셨습니다. 그것은 무엇입니까?

<십자가의 도가 멸망하는 자들에게는 미련한 것이요 구원을 얻는 우리에게는 하나님의 능력이라 고전1:18>

▶ 5장 9-10에서 바울은 무엇을 의미하고 있습니까?

<고전5:9-10> 내가 너희에게 쓴 것에 음행하는 자들을 사귀지 말라 하였거니와 이 말은 이 세상의 음행하는 자들이나 탐하는 자들과 토색하는 자들이나 우상숭배하는 자들을 도무지 사귀지 말라 하는 것이 아니니 만일 그리하려면 세상 밖으로 나가야 할 것이라

▶ 6:12에서 바울은 무엇을 의미하고 있습니까?

<모든 것이 내게 가하나 다 유익한 것이 아니요 모든 것이 내게 가하나 내가 아무에게든지 제재를 받지 아니하리라 고전6:12>

▶ 불신자와 결혼한 사람은 어떻게 해야 한다고 바울은 말했습니까?

<고전7:16> 아내된 자여 네가 남편을 구원할는지 어찌 알 수 있으며 남편된 자여 네가 네 아내를 구원할는지 어찌 알 수 있으리요

▶성찬에 관하여 다음 질문들에 대답하십시오. <11:23-30>(아래 해설 참조)

그것은 언제 제정되었습니까?____________________

우리는 왜 그것을 지켜야 합니까?____________________

우리는 얼마나 자주 그것을 지켜야 합니까?____________________

그것은 무엇을 보여줍니까?____________________

<고전11:23-30> 내가 너희에게 전한 것은 주께 받은 것이니 곧 주 예수께서 히시던 밤에 떡을 가지사 축사하시고 떼어 가라사대 이것은 너희를 위하는 내 몸이니 이것을 행하여 나를 기념하라 하시고 식후에 또한 이와 같이 잔을 가지시고 가라사대 이 잔은 내 피로 세운 새 언약이니 이것을 행하여 마실 때마다 나를 기념하라 하셨으니 너희가 이 떡을 먹으며 이 잔을 마실 때마다 주의 죽으심을 오실 때까지 전하는 것이니라 그러므로 누구든지 주의 떡이나 잔을 합당치 않게 먹고 마시는 자는 주의 몸과 피를 범하는 죄가 있느니라 사람이 자기를 살피고 그 후에야 이 떡을 먹고 이 잔을 마실지니 주의 몸을 분변치 못하고 먹고 마시는 자는 자기의 죄를 먹고 마시는 것이니라 이러므로 너희 중에 약한 자와 병든 자가 많고 잠자는 자도 적지 아니하니

▷성찬-(聖餐,그리스어: Eucharist)또는 성만찬(聖晩餐,영어: The Holy Communion)

기독교의 성사(Sacrament,성례전)중 하나이며, 최후의 만찬 때 그리스도가 자신의 죽음을 기념하여 빵과 포도주를 나누라고 하셨다는 복음서말씀을 따르는 것이다. 기독교인들은 성찬 때 예수 그리스도가 영적으로 또는 실제적으로 그들과 함께 한다고 믿는데, 구체적으로 언제, 어디서, 어떻게 함께 하는지에 대해서는 교파나 신학 사조 별로 차이가 있다.

Ⅱ. 교회 안의 영적 은사 < 12-14장 >

▶ 하나님은 특정한 이유들로 하여 그의 교회에 은사를 주십니다. 에베소서 4:12에 의하면 그것들은 무엇입니까?

1.성도를 온전케 하며 2.봉사의 일을 하게하며 3.그리스도의 몸을 세우려 하심

<엡4:12> 이는 성도를 온전케 하며 봉사의 일을 하게 하며 그리스도의 몸을 세우려 하심이라

▶ 고린도전서 13:1-3에 의하면 그 주요 요소는 무엇입니까?
<고전13:1-3>내가 사람의 방언과 천사의 말을 할지라도 사랑이 없으면 소리나는 구리와 울리는 꽹과리가 되고 내가 예언하는 능이 있어 모든 비밀과 모든 지식을 알고 또 산을 옮길 만한 모든 믿음이 있을지라도 사랑이 없으면 내가 아무것도 아니요 내가 내게 있는 모든 것으로 구제하고 또 내 몸을 불사르게 내어 줄지라도 사랑이 없으면 내게 아무 유익이 없느니라

Ⅲ. 교회 안의 교리 < 15-16장 >

부활에 관하여 다음의 질문들을 대답하십시오:
▶ 이 땅위의 그리스도인들에게 어떤 일이 일어날 것입니까?
<고전15:51> 보라 내가 너희에게 비밀을 말하노니 우리가 다 잠잘 것이 아니요 마지막 나팔에 순식간에 홀연히 다 변화하리니

▶ 이미 죽은 신자들에게는 어떤 일이 일어날 것입니까?
<고전15:52> 나팔 소리가 나매 죽은 자들이 썩지 아니할 것으로 다시 살고 우리도 변화하리라

第34주 고린도후서

Ⅰ. 그의 사역에 대한 바울의 설명 < 1-7장 >

바울이 놀라운 기대를 갖고 그의 환난을 인내할 수 있었던 그 세 가지 이유를 찾아보십시오.

1.고린도후서 4:10 우리가 항상 예수 죽인 것을 몸에 짊어짐은 예수의 생명도 우리 몸에 나타나게 하려 함이라

2.고린도후서 4:17 우리의 잠시 받는 환난의 경한 것이 지극히 크고 영원한 영광의 중한 것을 우리에게 이루게 함이니

3.고린도후서 5:1-9 만일 땅에 있는 우리의 장막 집이 무너지면 하나님께서 지으신 집 곧 손으로 지은 것이 아니요 하늘에 있는 영원한 집이 우리에게 있는 줄 아나니 과연 우리가 여기 있어 탄식하며 하늘로부터 오는 처소로 덧입기를 간절히 사모하노니 이렇게 입음은 벗은 자들로 발견되지 않으려 함이라 이 장막에 있는 우리가 짐 진 것같이 탄식하는 것은 벗고자 함이 아니요 오직 덧입고자 함이니 죽을 것이 생명에게 삼킨 바 되게 하려 함이라 곧 이것을 우리에게 이루게 하시고 보증으로 성령을 우리에게 주신 이는 하나님이시니라 이러므로 우리가 항상 담대하여 몸에 거할 때에는 주와 따로 거하는 줄을 아노니 이는 우리가 믿음으로 행하고 보는 것으로 하지 아니함이로라 우리가 담대하여 원하는 바는 차라리 몸을 떠나 주와 함께 거하는 그것이라 그런즉 우리는 거하든지 떠나든지 주를 기쁘시게 하는 자 되기를 힘쓰노라

▶ 그리스도의 심판대 <고전 3:11-15>

이 닦아 둔 것 외에 능히 다른 터를 닦아 둘 자가 없으니 이 터는 곧 예수 그리스도라 만일 누구든지 금이나 은이나 보석이나 나무나 풀이나 짚으로 이 터 위에 세우면 각각 공력이 나타날 터인데 그 날이 공력을 밝히리니 이는 불로 나타내고 그 불이 각 사람의 공력이 어떠한 것을 시험할 것임이니라 만일 누구든지 그 위에 세운 공력이 그대로 있으면 상을 받고 누구든지 공력이 불타면 해를 받으리니 그러나 자기는 구원을 얻되 불 가운데서 얻은 것 같으리라

▶ 크고 흰 보좌 심판 <계 20:11-15>

또 내가 크고 흰 보좌와 그 위에 앉으신 자를 보니 땅과 하늘이 그 앞에서 피하여 간데없더라 또 내가 보니 죽은 자들이 무론 대소하고 그 보좌 앞에 섰는데 책들이 펴 있고 또 다른 책이 펴졌으니 곧 생명책이라 죽은 자들이 자기 행위를 따라 책들에 기록된 대로 심판을 받으니 바다가 그 가운데서 죽은 자들을 내어 주고 또 사망과 음부도 그 가운데서 죽은 자들을 내어 주매 각 사람이 자기의 행위대로 심판을 받고 사망과 음부도 불못에 던지우니 이것은 둘째 사망 곧 불못이라 누구든지 생명책에 기록되지 못한 자는 불못에 던지우더라

Ⅱ. 드리는 것에 대한 바울의 가르침 < 8-9장 >

▶ 다음의 구절들은 우리가 어떻게 드려야 한다고 말씀하고 있습니까?

고후 8:2 환난의 많은 시련 가운데서 저희 넘치는 기쁨과 극한 가난이 저희로 풍성한 연보를 넘치도록 하게 하였느니라

고후8:12-14 할 마음만 있으면 있는 대로 받으실 터이요 없는 것을 받지 아니하시리라 이는 다른 사람들은 평안하게 하고 너희는 곤고하게 하려는 것이 아니요 평균케 하려 함이니 이제 너희의 유여한 것으로 저희 부족한 것을 보충함은 후에 저희 유여한 것으로 너희 부족한 것을 보충하여 평균하게 하려 함이라

고후9:6 이것이 곧 적게 심는 자는 적게 거두고 많이 심는 자는 많이 거둔다 하는 말이로다

고후9:7 각각 그 마음에 정한 대로 할 것이요 인색함으로나 억지로 하지 말지니 하나님은 즐겨 내는 자를 사랑하시느니라

▶ 고린도후서 9:6과 누가복음 6:38에서 관대하게 드리는 자에게 어떠한 약속이 주어졌습니까?

<고후9:6> 이것이 곧 적게 심는 자는 적게 거두고 많이 심는 자는 많이 거둔다 하는 말이로다

<눅6:38> 주라 그리하면 너희에게 줄 것이니 곧 후히 되어 누르고 흔들어 넘치도록 하여 너희에게 안겨 주리라 너희의 헤아리는 그 헤아림으로 너희도 헤아림을 도로 받을 것이니라

▶ 우리는 마태복음 23:23에서 예수님께서 구약의 드리는 방법을 말씀하신 것을 여기에 더할 필요가 있습니다. 그것은 무엇입니까?

<마23:23> 화 있을진저 외식하는 서기관들과 바리새인들이여 너희가 박하와 회향과 근채의 십일조를 드리되 율법의 더 중한 바 의와 인과 신은 버렸도다 그러나 이것도 행하고 저것도 버리지 말아야 할지니라

Ⅲ. 바울의 신임장 < 10-13장 >

▶ 바울이 환난 당한 여섯 가지 내용들을 열거하십시오

<고후11:23-28> 저희가 그리스도의 일꾼이냐 정신 없는 말을 하거니와 나도 더욱 그러하도다 내가 수고를 넘치도록 하고 **1.옥에 갇히기도 더 많이 하고 2.매도 수없이 맞고 여러 번 죽을 뻔하였으니** 유대인들에게 사십에 하나 감한 매를 다섯 번 맞았으며 세 번 태장으로 맞고 한 번 돌로 맞고 **3. 세 번 파선하는데 일 주야를 깊음에서 지냈으며 여러 번 여행에 강의 위험과 강도의 위험과 동족의 위험과 이방인의 위험과 시내의 위험과 광야의 위험과 바다의 위험과 4.거짓 형제 중의 위험을 당하고 또 수고하며 5. 애쓰고 여러 번 자지 못하고 6.주리며 목마르고 여러 번 굶고 춥고 헐벗었노라** 이외의 일은 고사하고 오히려 날마다 내 속에 눌리는 일이 있으니 곧 모든 교회를 위하여 염려하는 것이라

▶ "가시"에 관한 바울의 요청에 대한 하나님의 응답은 12:9에서 발견되어 집니다. 그것이 무엇을 의미하는지 설명하십시오.

<고후12:9> 내게 이르시기를 내 은혜가 네게 족하도다 이는 내 능력이 약한 데서 온전하여짐이라 하신지라 이러므로 도리어 크게 기뻐함으로 나의 여러 약한 것들에 대하여 자랑하리니 이는 그리스도의 능력으로 내게 머물게 하려 함이라

▶ 편지는 13:13에서 성경의 어느 곳에서 찾아 볼 수 있는 것보다도 가장 아름다운 축도 중의 하나로써 끝을 맺습니다. 그것을 아래에 기록하십시오.

<고후13:13> 주 예수 그리스도의 은혜와 하나님의 사랑과 성령의 교통하심이 너희 무리와 함께 있을지어다

第35주 갈라디아서와 에베소서

(1) 갈라디아서

Ⅰ. 바울이 그의 사도직을 변호하다 < 1-2장 >

성경사전을 사용해서 계시가 영감과 어떻게 다른지 찾아 보십시오.

▶계시- 계시란 말은 원래 '자기를 현시하다(apokalypsis)'라는 의미의 그리스어에서 유래하였다. 어떤 종교도 각기 제나름의 형태로 계시가 있다. 그것은 특이한 환상적 영상(映像)에 의하여 나타낼 수도 있고, 또한 지적 ·윤리적으로, 정신적 내면의 소리로 나타낼 수도 있다. 그러나 그리스도교 신학에서 말하는 계시는 역사적인 객관적 사건으로 일어난 것이다. 물론 구약성서의 예언자들이 야훼신의 소리를 들었다든지, 훗날 교회의 성자(聖者)가 하느님(또는 예수)을 보았다고 하는 사실도 넓은 의미의 계시라고 할 수는 있다. 그러나 엄밀한 의미에서 그리스도교의 계시란 천지창조에 의한 계시와, 하느님의 아들로서 육신을 받아 이 지상에 태어난 예수 그리스도의 계시의 둘로 한정된다.

천지창조에 의한 계시는 창조된 자연을 통하여 현재도 일반적으로 볼 수 있다는 점에서 '자연적 계시' 또는 '일반계시'라 하고, 예수 그리스도의 계시는 '초자연적 계시' 또는 '특수계시'라고 한다

▶영감 - 성경을 읽을 때는 그 차이에도 불구하고 이 통일성의 빛에서 읽어야 성경의 바른 뜻을 알 수가 있다. 성경을 통일케 하는 것은 하나님의 역사이다. 즉, 성경의 능력이요 역사이다. 성경이 인간들에 의해서 각 시대, 여러 장소에서 편집, 기록되었으나 그 인간에게 성령의 역사가 있어서 하나님은 그 인간을 통해 뜻을 계시한 것이다. 하나님은 역사의 현실에 현존하기 때문에 그의 계시는 역사로서 나타나신다. 그러므로 정치 ·경제 ·사회 ·역사의 배경이 있다. 그러나 그 역사현실에서 하나님은 당신의 의지, 구원의 계획을 나타내신다. 성경의 각 책은 그 시대에 있어서 하나님의 구원의 경륜 · 섭리를 계시한 것이다. 그러므로 성경의 다양한 역사적 배경에서 하나님의 존재, 하나님의 계시의 양태를 읽게 되면서 하나님과 인간과의 관계를 보게 되는 것이다.

다음의 도표 중 어느 것이 계시를 설명한 것이고 어느 것이 영감을 설명한 것입니까?

하나님	**바 울**
↓	↓
진	**진**
리 ____**영감**____	**리** ____**계시**____
↓	↓
바 울	**갈라디아인들**

바울은 그가 전파하는 것에 대해 누구의 가르침도 받지 않았으며 대신에 3년간 아라비아에 가서 거기에서 하나님의 영의 음성을 들었습니다<1:17-18>.

바울의 권위는 2:11-21에서 보여지는데 그것은 그가 베드로를 꾸짖는 것을 기록하고 있습니다. 바울은 사도 베드로와 같은 강력한 인물에 의해서 조차도 지배를 받고 있지 않았습니다. 여기에서 우리는 어떤 이들이 믿고 있는 것과는 반대로 베드로가 초대 그리스도인들 가운데 최고의 권위가 아님을 볼 수 있습니다.

갈 2:11-21-11 게바가 안디옥에 이르렀을 때에 책망할 일이 있기로 내가 저를 면책
하였노라 12 야고보에게서 온 어떤 이들이 이르기 전에 게바가 이방인과 함께 먹다가
저희가 오매 그가 할례자들을 두려워하여 떠나 물러가매 13 남은 유대인들도 저와 같이
외식하므로 바나바도 저희의 외식에 유혹되었느니라 14 그러므로 나는 저희가 복음의
진리를 따라 바로 행하지 아니함을 보고 모든 자 앞에서 게바에게 이르되 네가 유대인
으로서 이방을 좇고 유대인답게 살지 아니하면서 어찌하여 억지로 이방인을 유대인답게
살게 하려느냐 하였노라 15 우리는 본래 유대인이요 이방 죄인이 아니로되 16 사람이
의롭게 되는 것은 율법의 행위에서 난 것이 아니요 오직 예수 그리스도를 믿음으로 말
미암는 줄 아는 고로 우리도 그리스도 예수를 믿나니 이는 우리가 율법의 행위에서 아
니고 그리스도를 믿음으로서 의롭다 함을 얻으려 함이라 율법의 행위로서는 의롭다 함
을 얻을 육체가 없느니라 17 만일 우리가 그리스도 안에서 의롭게 되려 하다가 죄인으
로 나타나면 그리스도께서 죄를 짓게 하는 자냐 결코 그럴 수 없느니라 18 만일 내가
헐었던 것을 다시 세우면 내가 나를 범법한 자로 만드는 것이라 19 내가 율법으로 말
미암아 율법을 향하여 죽었나니 이는 하나님을 향하여 살려 함이니라 20 내가 그리스
도와 함께 십자가에 못 박혔나니 그런즉 이제는 내가 산 것이 아니요 오직 내 안에 그
리스도께서 사신 것이라 이제 내가 육체 가운데 사는 것은 나를 사랑하사 나를 위하여
자기 몸을 버리신 하나님의 아들을 믿는 믿음 안에서 사는 것이라 21 내가 하나님의 은

혜를 폐하지 아니하노니 만일 의롭게 되는 것이 율법으로 말미암으면 그리스도께서 헛되이 죽으셨느니라

Ⅱ. 바울이 복음을 설명하다 < 3-4장 >

바울은 3:24에서 '율법은 우리를 그리스도께로 인도하는 몽학선생이며 우리는 믿음으로 의로워진다'고 말씀하고 있습니다.

▶ 어떻게 율법이 우리의 몽학선생이 되어집니까?

<갈3:21-25> 그러면 율법이 하나님의 약속들을 거스리느냐 결코 그럴 수 없느니라 만일 능히 살게 하는 율법을 주셨더면 의가 반드시 율법으로 말미암았으리라 22 그러나 성경이 모든 것을 죄 아래 가두었으니 이는 예수 그리스도를 믿음으로 말미암은 약속을 믿는 자들에게 주려 함이니라 23 믿음이 오기 전에 우리가 율법 아래 매인 바 되고 계시될 믿음의 때까지 갇혔느니라 24 이같이 율법이 우리를 그리스도에게로 인도하는 몽학선생이 되어 우리로 하여금 믿음으로 말미암아 의롭다 함을 얻게 하려 함이니라 25 믿음이 온 후로는 우리가 몽학선생 아래 있지 아니하도다

Ⅲ. 바울의 어떻게 복음을 실천해야 하는가를 설명하다 < 5-6장 >

▶ 바울이 기록한 이 자유를 당신은 어떻게 기술하시겠습니까?

<갈5:13-14> 형제들아 너희가 자유를 위하여 부르심을 입었으나 그러나 그 자유로 육체의 기회를 삼지 말고 오직 사랑으로 서로 종 노릇 하라 온 율법은 네 이웃 사랑하기를 네 몸같이 하라 하신 한 말씀에 이루었나니

(2) 에베소서

Ⅰ. 교리적인 내용: 교회의 하늘의 부르심 < 1-3장 >

▶ 1:7에서 바울은 예수의 피를 통하여 우리가 얻은 구속에 관해 말씀합니다. 구속이란 무엇을 의미합니까? (성경사전을 사용하십시오)

▷구속-예수 그리스도를 통해 인류를 죄악으로부터 건져내어 하나님의 은총 속에 있게 하려는 섭리적(攝理的)인 행위.

구약에서는 히브리어로 '용서' '해방''화해'와 같은 뜻이다. 이 두 낱말은 재산·동물·인간의 법적인 자유가 금전 지불로써 본래의 소유주에게로 돌아가는 과정을 의미한다. 신약에서는 종교적·제의적(祭儀的) 용어로서 '보상한다''되신다'는 뜻으로, 곧 '속죄(贖罪)'를 가리킨다. 마10:45에 '많은 사람들을 위하여 목숨을 바쳐 몸값을 치르려 온 것'이라는 구절이 있는데, 사람의 아들[人子]이 모든 사람의 대속물(代贖物)이 된다는 것을 나타낸다. 성경의 역사와 신학의 중심적 주제인 '구속'은 그 정신적인 개념이나 종교적인 개념이 바로 대속물로서의 구체적인 상황과 행위에서 유래했다. 이스라엘 백성을 이방의 노예상태에서 구제하여 본래의 상태로 돌려 놓아 해방시킨 하나님은, 또한 그리스도 안에서 죄인으로서 인류를 자유와 새로운 생명의 자리로 옮기기 위하여 대가를 지불한 것이다. R.K.불트만은 "구속적인 면에서 그리스도의 십자가는 단순한 신화적 사건이 아니다"라고 했고, 라인홀드 니버는 "구속이란 죄의 부패를 제거한다는 보장을 하지는 않는다. 실제

죄의 부패는, 오히려 구속되어 죄에서 해방되었다는 주장으로 말미암아 더욱 증대된다"고 했으며, 틸리히의 실존주의는 종교적 용어를 심리적 용어로 번역하여 죄는 '분리'이고 은혜는 '수용(受容)'이라고 말했다. 여기서 '구속'은 수용된 상태를 말한다. 요컨대, 구속은 기독교 신앙의 중심사상이다. 왜냐하면, 인간과 하나님의 분리, 또는 인간과 하나님의 접근이 성자 예수그리스도를 통해 구속이라는 지점과 연결되기 때문이다.

▶ 죄인은 무엇의 노예입니까? 사망

▶ 각 뜰은 주님과 함께 얼마나 더 높은 위치에 서있는가를 나타내었습니다. 그러므로 바울이 그리스도께서 중간에 막힌 담을 허셨다고 말 한 것은 그가 무엇을 의미하는 것이었습니까?

<엡2:14>그는 우리의 화평이신지라 둘로 하나를 만드사 중간에 막힌 담을 허시고

'비밀'이란 말은 3장에서 세 번 사용되었지만 그것은 어떤 신비스러운 것을 의미하는 것이 아닙니다. 오히려 그것은 하나님께서 그것을 드러내기로 선택하실 때까지 감추어진 어떤 것을 의미하는 것입니다.

▶ 바울이 말하는 이 비밀은 무엇입니까? <3:5-6>

<이제 그의 거룩한 사도들과 선지자들에게 성령으로 나타내신 것같이 다른 세대에서는 사람의 아들들에게 알게 하지 아니하셨으니

이는 이방인들이 복음으로 말미암아 그리스도 예수 안에서 함께 후사가 되고 함께 지체가 되고 함께 약속에 참여하는 자가 됨이라 엡3:5-6>

Ⅱ. 실천적인 내용: 교회의 하늘나라 시민으로서의 생활 < 4-6장 >

▶ 다음의 구절들에서 우리가 벗어 버려야 할 것들과 입어야 할 것들을 찾아 적합한 장소에 써 넣으십시오.

벗어 버려야 할 것: **입어야 할 것:**

<엡4:25> 그런즉 **거짓을** 버리고 각각 그 이웃으로 더불어 **참된 것을 말**하라 이는 우리가 서로 지체가 됨이니라

<엡4:28> 도적질하는 자는 다시 **도적질**하지 말고 돌이켜 빈궁한 자에게 **구제**할 것이 있기 위하여 제 손으로 수고하여 **선한 일**을 하라

<엡4:29> 무릇 **더러운 말**은 너희 입 밖에도 내지 말고 오직 덕을 세우는 데 소용되는 대로 **선한 말**을 하여 듣는 자들에게 은혜를 끼치게 하라

<엡4:31-32> 너희는 모든 **악독과 노함과 분냄과 떠드는 것과 훼방하는 것을 모든 악의와 함께 버리고** 서로 인자하게 하며 불쌍히 여기며 **서로 용서하기**를 하나님이 그리스도 안에서 너희를 용서하심과 같이 하라

第36주 빌 립 보서

Ⅰ. 어려움에도 불구하고 어떻게 기쁨을 얻는가 < 1장 >

▶ 다음의 구절들은 바울의 상황에 관해 우리에게 무엇을 말씀해 주고 있습니까?

<빌1:13>이러므로 나의 매임이 그리스도 안에서 온 시위대 안과 기타 모든 사람에게 나타났으니 / <빌1:15>어떤 이들은 투기와 분쟁으로, 어떤 이들은 착한 뜻으로 그리스도를 전파하나니 / <빌1:16> 이들은 내가 복음을 변명하기 위하여 세우심을 받은 줄 알고 사랑으로 하나

▶ 이러한 모든 심각한 문제들에도 불구하고 바울은 그것들 가운데서 어떤 유익을 발견할 수 있었습니다. 다음의 구절들을 보시고 이 어려움 속에서 바울이 보았던 유익을 찾아 보십시오 : (현대어로 번역된 쉬운한글성경)

1:13 내가 그리스도를 믿었다는 이유로 죄 없이 감옥에 갇혀 있는 것을 모든 경비대와 사람들이 다 알게 되었습니다

1:14 비록 내가 감옥에 있으나, 오히려 사람들은 이것 때문에 자신감을 얻어 더욱 담대하게 그리스도의 복음을 전하고 있습니다

1:18 하지만 그들이 내 마음을 속상하게 한다 해도 개의치 않습니다. 그들이 어떤 마음으로 전하든지 간에 중요한 것은 바로 그리스도가 전파되고 있다는 사실입니다. 나는 이것 때문에 기뻐하며 앞으로도 계속 그러할 것입니다.

Ⅱ. 사람들에도 불구하고 어떻게 기쁨을 얻는가 < 2장 >

▶ 다음의 구절들은 어떻게 사람들을 다루어야 한다고 우리에게 말씀하고 있습니까? (당신 자신의 말로 써 보십시오) - 실제 자기입장에 맞춰서 말하세요

<빌2:3> 무슨 일을 할 때, 이기적이거나 교만한 마음을 갖지 말고, 겸손한 마음으로 나보다 다른 사람을 더 존중하라 자기 생활을 열심히 하면서 다른 사람이 하는 일에도 관심을 가져 내 마음에 기쁨이 넘치게 하라

<빌2:14> 무슨 일을 하든지 불평하거나 다투지 말라

Ⅲ. 가진 것이 없음에도 불구하고 어떻게 기쁨을 얻는가 < 3장 >

▶ 바울이 유익해 보이는 것을 위해 살아왔으나 실제로 그것이 그에게서 영적인 기쁨을 빼앗아 갈 뿐만이 아니라 하늘나라 본향마저 거의 도적질 해 갔던 것은 무엇이었습니까?

<빌3:4-8> 그러나 나도 육체를 신뢰할 만하니 만일 누구든지 다른 이가 육체를 신뢰할 것이 있는 줄로 생각하면 나는 더욱 그러하리니 내가 팔 일 만에 할례를 받고 이스라엘의 족속이요 베냐민의 지파요 히브리인 중의 히브리인이요 율법으로는 바리새인이요 열심으로는 교회를 핍박하고 율법의 의로는 흠이 없는 자로라 그러나 무엇이든지 내게 유익하던 것을 내가 그리스도를 위하여 다 해로 여길뿐더러 또한 모든 것을 해로 여김은 내 주 그리스도 예수를 아는 지식이 가장 고상함을 인함이라 내가 그를 위하여 모든 것을 잃어버리고 배설물로 여김은 그리스도를 얻고

Ⅳ. 그리스도인의 기쁨의 가장 큰 적 < 4장 >

▶ 염려는 무엇입니까? ______________________________

염려는 그리스도인의 기쁨의 가장 큰 적입니다. 그것은 두통과 목의 통증, 위장병과 소화불량의 문제까지 가져옵니다.

바울은 4:6-9에서 염려를 벗어난 자유스러운 삶을 살 수 있는 세 가지 필수 요소를 주고 있습니다.

(1) 긍정적인 기도 - 4:6은 우리가 어떠한 종류의 것들에 관해 기도해야 한다고 말씀합니까? <빌4:6>아무것도 염려하지 말고 오직 모든 일에 기도와 간구로 너희 구할 것을 감사함으로 하나님께 아뢰라

(2) 긍정적인 생각 -<빌4:8> 또한 모든 것을 해로 여김은 내 주 그리스도 예수를 아는 지식이 가장 고상함을 인함이라 내가 그를 위하여 모든 것을 잃어버리고 배설물로 여김은 그리스도를 얻고

생각할 것	**생각하지 말 것**(생각할 것의 반대를 생각해보세요
진리	______________________
정직	______________________
정결	______________________
칭찬할만 한 것	______________________
덕	______________________
칭송받을 가치가 있는 것	______________________

(3) 긍정적인 삶

<빌4:9>그 안에서 발견되려 함이니 내가 가진 의는 율법에서 난 것이 아니요 오직 그리스도를 믿음으로 말미암은 것이니 곧 믿음으로 하나님께로서 난 의라

제37주 골 로 새 서

▶ 골로새서의 요절은 1:18입니다. 그것을 아래에 기록하십시오:

<골1:18> 그는 몸인 교회의 머리라 그가 근본이요 죽은 자들 가운데서 먼저 나신 자니 이는 친히 만물의 으뜸이 되려 하심이요

Ⅰ. 그리스도의 탁월하심 < 1장 >

▶ 15-18절 읽으시고 예수님의 독특하신 특징을 열거하세요

1.<1:15a>보이지 아니하시는 하나님의 형상이요

2.<1:15b>모든 창조물보다 먼저 나신 자니

3.<1:16>만물이 그에게 창조되되 하늘과 땅에서 보이는 것들과 보이지 않는 것들과 혹은 보좌들이나

4.<1:17a>주관들이나 정사들이나 권세들이나 만물이 다 그로 말미암고 그를 위하여 창조되었고

5.<1:17b>또한 그가 만물보다 먼저 계시고 만물이 그 안에 함께 섰느니라

6.<1:18a>그는 몸인 교회의 머리라 그가 근본이요 죽은 자들 가운데서 먼저 나신 자니

7.<1:18b>이는 친히 만물의 으뜸이 되려 하심이요

Ⅱ. 거짓 충만함 < 2장 >

<골2:8>누가 철학과 헛된 속임수로 너희를 노략할까 주의하라 이것이 사람의 유전과 세상의 초등 학문을 좇음이요 그리스도를 좇음이 아니니라

<골2:11> 또 그 안에서 너희가 손으로 하지 아니한 할례를 받았으니 곧 육적 몸을 벗는 것이요 그리스도의 할례니라

<골2:16>그러므로 먹고 마시는 것과 절기나 월삭이나 안식일을 인하여 누구든지 너희를 폄론하지 못하게 하라

<골2:20-23>너희가 세상의 초등 학문에서 그리스도와 함께 죽었거든 어찌하여 세상에 사는 것과 같이 의문에 순종하느냐 곧 붙잡지도 말고 맛보지도 말고 만지지도 말라 하는 것이니 (이 모든 것은 쓰는 대로 부패에 돌아가리라) 사람의 명과 가르침을 좇느냐 이런 것들은 자의적 숭배와 겸손과 몸을 괴롭게 하는데 지혜 있는 모양이나 오직 육체 좇는 것을 금하는 데는 유익이 조금도 없느니라

<골2:18>누구든지 일부러 겸손함과 천사 숭배함을 인하여 너희 상을 빼앗지 못하게 하라 저가 그 본 것을 의지하여 그 육체의 마음을 좇아 헛되이 과장하고

똑같은 일이 오늘날까지도 여전히 일어나고 있습니다. 오늘날 사람들이 구원을 받기 위하여 그리스도의 가르침에다 더하려고 시도하는 몇 가지를 열거하십시오.

1. 세상과 혼합된 신학과 신앙관
2. 이방인이 구하는 것을 구하는 왜곡된 기복신앙
3. 지나친 형식과 허례로 둘러싼 교회와 예배방식

Ⅲ. 참된 충만함 < 3장 >

그리스도인이 되는 것은 우리의 옛 삶의 방법을 단호하게 깨뜨리는 것을 의미합니다. 3:8-9에서 바울은 만일 우리가 그리스도인이라면 더 이상 우리의 삶의 한 부분이 되지 말아야 할 몇 가지 것들을 매우 구체적으로 열거하고 있습니다. 그것들은 무엇입니까?

<골3:8-9>이제는 너희가 이 모든 것을 벗어 버리라 곧 분과 악의와 훼방과 너희 입의 부끄러운 말이라 너희가 서로 거짓말을 말라 옛사람과 그 행위를 벗어 버리고

1.분냄과 4.부끄러운 말
2 악의와 5.거짓말
3.훼방과 6.옛사람과 그 행위

Ⅳ. 골로새 교인들에게 주는 마지막 주의 < 4장 >

▶ 다툼은 무엇이었으며 누가 관여된 것입니까? <사도행전 15:36-40을 참조>

<행15:36-40>수일 후에 바울이 바나바더러 말하되 우리가 주의 말씀을 전한 각 성으로 다시 가서 형제들이 어떠한가 방문하자 하니 바나바는 마가라 하는 요한도 데리고 가고자 하나 바울은 밤빌리아에서 자기들을 떠나 한가지로 일하러 가지 아니한 자를 데리고 가는 것이 옳지 않다 하여 서로 심히 다투어 피차 갈라 서니 바나바는 마가를 데리고 배 타고 구브로로 가고 바울은 실라를 택한 후에 형제들에게 주의 은혜에 부탁함을 받고 떠나

▶ 디모데후서 4:10에서 데마에 관하여 우리는 무엇을 발견합니까?

<딤후4:10>데마는 이 세상을 사랑하여 나를 버리고 데살로니가로 갔고 그레스게는 갈라디아로, 디도는 달마디아로 갔고

제38주 데살로니가 전서

Ⅰ. 교제의 비밀 <제 1 장>

▶ 성경은 잠언 18:24에서 우리에게 친구를 얻는 것의 비밀을 말해 주고 있습니다. 그것은 무엇입니까?

<잠18:24> 많은 친구를 얻는 자는 해를 당하게 되거니와 어떤 친구는 형제보다 친밀하니라

▶ 3-10절에서 바울은 주님께 대한 그들의 충성에 대해 교회를 칭찬하고 있습니다.

<살전1:3-10> 너희의 믿음의 역사와 사랑의 수고와 우리 주 예수 그리스도에 대한 소망의 인내를 우리 하나님 아버지 앞에서 쉬지 않고 기억함이니 4 하나님의 사랑하심을 받은 형제들아 너희를 택하심을 아노라 5 이는 우리 복음이 말로만 너희에게 이른 것이 아니라 오직 능력과 성령과 큰 확신으로 된 것이니 우리가 너희 가운데서 너희를 위

하여 어떠한 사람이 된 것은 너희 아는 바와 같으니라 6 또 너희는 많은 환난 가운데서 성령의 기쁨으로 도를 받아 우리와 주를 본받은 자가 되었으니 7 그러므로 너희가 마게도냐와 아가야 모든 믿는 자의 본이 되었는지라 8 주의 말씀이 너희에게로부터 마게도냐와 아가야에만 들릴 뿐 아니라 하나님을 향하는 너희 믿음의 소문이 각처에 퍼지므로 우리는 아무 말도 할 것이 없노라 9 저희가 우리에 대하여 스스로 고하기를 우리가 어떻게 너희 가운데 들어간 것과 너희가 어떻게 우상을 버리고 하나님께로 돌아와서 사시고 참되신 하나님을 섬기며 10 또 죽은 자들 가운데서 다시 살리신 그의 아들이 하늘로부터 강림하심을 기다린다고 말하니 이는 장래 노하심에서 우리를 건지시는 예수시니라

Ⅱ. 충성된 종을 위한 격려 <제 2-3 장>

▶ 데살로니가인들이 기독교 신앙을 받았을 때 그들은 심한 핍박 가운데 있게 되었습니다. 2장에서 바울은 그들에게 그리스도로 인하여 받는 그들의 핍박은 그들을 그리스도의 군대 안에서 가장 훌륭한 자들로 분류되도록 자격을 부여하는 것이라고 말함으로써 그들을 격려하고 있습니다.

<살2:14-15>14 형제들아 너희가 그리스도 예수 안에서 유대에 있는 하나님의 교회들을 본받은 자 되었으니 저희가 유대인들에게 고난을 받음과 같이 너희도 너희 나라 사람들에게 동일한 것을 받았느니라 15 유대인은 주 예수와 선지자들을 죽이고 우리를 쫓아내고 하나님을 기쁘시게 아니하고 모든 사람에게 대적이 되어

▶ 2:19에서 바울은 데살로니가인들을 향한 그의 깊은 애정을 나타내고 있습니다.

<살2:19> 우리의 소망이나 기쁨이나 자랑의 면류관이 무엇이냐 그의 강림하실 때 우리 주 예수 앞에 너희가 아니냐

▶ 핍박과 환난의 기간을 통과하는 사람들에게 어떤 사람이 그들에 대해 깊은 관심을 갖고 있다는 것을 아는 것보다 더 도움을 줄 수 있는 것은 아무것도 없습니다. 이 절에서 바울은 신약에서 언급된 다섯 개의 면류관 중 하나를 말씀하고 있습니다. 이 면류관들은 단순히 "상급"을 말합니다. 성경은 모든 신자들이 그들 자신의 사역을 따라 상급을 받게 될 것이라고 가르치고 있습니다. 다음의 성경 구절들에서 언급된 면류관, 또는 상급의 종류들을 열거하십시오.

1. 고린도전서 9:2 다른 사람들에게는 내가 사도가 아닐지라도 너희에게는 사도니 나의 사도 됨을 주 안에서 인친 것이 너희라

고린도전서 9:24-27 운동장에서 달음질하는 자들이 다 달아날지라도 오직 상 얻는 자는 하나인 줄을 너희가 알지 못하느냐 너희도 얻도록 이와 같이 달음질하라 이기기를 다투는 자마다 모든 일에 절제하나니 저희는 썩을 면류관을 얻고자 하되 우리는 썩지 아니할 것을 얻고자 하노라 그러므로 내가 달음질하기를 향방 없는 것같이 아니하고 싸우기를 허공을 치는 것같이 아니하여 내가 내 몸을 쳐 복종하게 함은 내가 남에게 전파한 후에 자기가 도리어 버림이 될까 두려워함이로라

2.데살로니가전서 2:19-20 <우리의 소망이나 기쁨이나 자랑의 면류관이 무엇이냐 그의 강림하실 때 우리 주 예수 앞에 너희가 아니냐 너희는 우리의 영광이요 기쁨이니라

3.디모데후서 4:5-8 그러나 너는 모든 일에 근신하여 고난을 받으며 전도인의 일을 하며 네 직무를 다하라 관제와 같이 벌써 내가 부음이 되고 나의 떠날 기약이 가까웠도다 내가 선한 싸움을 싸우고 나의 달려갈 길을 마치고 믿음을 지켰으니 이제 후로는 나를 위하여 의의 면류관이 예비되었으므로 주 곧 의로우신 재판장이 그 날에 내게 주실

것이니 내게만 아니라 주의 나타나심을 사모하는 모든 자에게니라

4.야고보서 1:12 시험을 참는 자는 복이 있도다 이것에 옳다 인정하심을 받은 후에 주께서 자기를 사랑하는 자들에게 약속하신 생명의 면류관을 얻을 것임이니라

5.베드로전서 5:2-4 너희 중에 있는 하나님의 양 무리를 치되 부득이함으로 하지 말고 오직 하나님의 뜻을 좇아 자원함으로 하며 더러운 이를 위하여 하지 말고 오직 즐거운 뜻으로 하며 맡기운 자들에게 주장하는 자세를 하지 말고 오직 양 무리의 본이 되라 그리하면 목자장이 나타나실 때에 시들지 아니하는 영광의 면류관을 얻으리라

▶ 고린도전서 3:11-15절에 의하면 그리스도인의 사역이 하나도 상급의 가치가 없다면 어떤 일이 일어납니까?

<고전3:11-15> 이 닦아 둔 것 외에 능히 다른 터를 닦아 둘 자가 없으니 이 터는 곧 예수 그리스도라 만일 누구든지 금이나 은이나 보석이나 나무나 풀이나 짚으로 이 터 위에 세우면 각각 공력이 나타날 터인데 그 날이 공력을 밝히리니 이는 불로 나타내고 그 불이 각 사람의 공력이 어떠한 것을 시험할 것임이니라 만일 누구든지 그 위에 세운 공력이 그대로 있으면 상을 받고 누구든지 공력이 불타면 해를 받으리니 그러나 자기는 구원을 얻되 불 가운데서 얻은 것 같으리라

▶ 데살로니가전서 3:1-5에서 바울은 디모데를 데살로니가인들에게 보내는 이유를 제시하고 있습니다. 그것들은 무엇입니까?

<살전3:1-5>이러므로 우리가 참다 못하여 우리만 아덴에 머물기를 좋게 여겨 우리 형제 곧 그리스도 복음의 하나님의 일꾼인 디모데를 보내노니 이는 너희를 굳게 하고 너희 믿음에 대하여 위로함으로 누구든지 이 여러 환난 중에 요동치 않게 하려 함이라 우리로 이것을 당하게 세우신 줄을 너희가 친히 알리라 우리가 너희와 함께 있을 때에 장차 받을 환난을 너희에게 미리 말하였더니 과연 그렇게 된 것을 너희가 아느니라 이러므로 나도 참다 못하여 너희 믿음을 알기 위하여 보내었노니 이는 혹 시험하는 자가 너희를 시험하여 우리 수고를 헛되게 할까 함일러니

1.<2절>너희를 굳게 하고 너희 믿음에 대하여 위로함으로

2.<2절>누구든지 이 여러 환난 중에 요동치 않게 하려 함이라

3.<5절>이러므로 나도 참다 못하여 너희 믿음을 알기 위하여 보내었노니 이는 혹 시험하는 자가 너희를 시험하여 우리 수고를 헛되게 할까 함일러니

Ⅲ. 교회의 휴거 <제 4 장>

▶왜 바울은 데살로니가인들에게 주의 강림에 관해 말씀했습니까?

<살전4:13> 형제들아 자는 자들에 관하여는 너희가 알지 못함을 우리가 원치 아니하노니 이는 소망 없는 다른 이와 같이 슬퍼하지 않게 하려 함이라

▶그리스도께서 다시 오실 때 그분은 그분과 함께 누구를 데리고 오실 것입니까?

<살전4:14>우리가 예수의 죽었다가 다시 사심을 믿을진대 이와 같이 예수 안에서 자는 자들도 하나님이 저와 함께 데리고 오시리라

▶ 누가 먼저 주님과 함께 갈 것입니까? 먼저 죽은 자들 입니까? 혹은 이 땅에 살아 있는 자들입니까?

<살전4:16> 주께서 호령과 천사장의 소리와 하나님의 나팔로 친히 하늘로 좇아 강림하시리니 그리스도 안에서 죽은 자들이 먼저 일어나고

Ⅳ. 날짜를 정함의 위험성 <제 5 장>

▶ 바울은 그리스도의 강림의 급박성에 대한 두 가지 예들을 제시하고 있습니다. 그것들은 무엇입니까?

1. 살전 5:2 주의 날이 밤에 도적같이 이를 줄을 너희 자신이 자세히 앎이라

2. 살전 5:3 저희가 평안하다, 안전하다 할 그 때에 잉태된 여자에게 해산 고통이 이름과 같이 멸망이 홀연히 저희에게 이르리니 결단코 피하지 못하리라

▶ 5:16-22에서 바울은 모든 그리스도인들이 주의 강림을 기다리면서 마땅히 해야 할 것들 여덟 가지를 언급하고 있습니다. 그것들을 아래에 열거하십시오.

1. 5:16 항상 기뻐하라
2. 5:17 쉬지 말고 기도하라
3. 5:18 범사에 감사하라 이는 그리스도예수안에서 너희를 향하신 하나님의 뜻이니라
4. 5:19 성령을 소멸치 말며
5. 5:20 예언을 멸시치 말고
6. 5:21a 범사에 헤아려
7. 5:21b 좋은 것을 취하고
8. 5:22 악은 모든 모양이라도 버리라

第39주 데살로니가후서

Ⅰ, 감사와 격려 <제 1 장>

▶ 1:3-4에서 바울은 어떠한 세 가지 것들에 대해 데살로니가인들을 칭찬했습니까?

1. 1:3 형제들아 우리가 너희를 위하여 항상 하나님께 감사할지니

2. 1:3 이것이 당연함은 너희 믿음이 더욱 자라고 너희가 다 각기 서로 사랑함이 풍성함이며

3. 1:4 그리고 너희의 참는 모든 핍박과 환난 중에서 너희 인내와 믿음을 인하여 하나님의 여러 교회에서 우리가 친히 자랑함이라

▶ 우리는 바울을 통해 우리가 항상 전적으로 동의하지 않는 사람을 어떻게 접근해야 하는가에 대해 어떠한 교훈을 배워야 합니까?(학습자 각 자의 의견을 물어봅니다)

____

____

데살로니가의 그리스도인들은 분명히 극심한 시련과 핍박의 환난을 받고 있었습니다. 이 어려운 기간동안 그들을 안위하고 격려하기 위해서 바울은 그들에게 기억해야 할 몇 가지 것들을 말씀합니다.

첫째로 그는 이 환경을 견디는 것이 하나님 나라에 합당한 자로 여기심을 받게 할 것이라고 말합니다 <1:5>.

그리고 하나님께서 불경건한 자를 처리하실 것이라고 그는 말합니다. 하나님은 공의의 하나님이십니다. 그러므로 하나님의 백성들에게 환난을 주는 사람들과 하나님의 진리를 거부하는 사람들은 주님의 강림 때에 영원히 그리고 돌이킬 수 없는 형벌에 처해질 것입니다 <1:6-9>.

▶ 이 구절들<1:6-9>로부터 불신자의 미래를 묘사하기 위해 사용한 단어들을 열거하

십시오.

1. 1:6 너희로 환난받게 하는 자들에게는 환난으로 갚으시고
2. 1:8 하나님을 모르는 자들과 우리 주 예수의 복음을 복종치 않는 자들에게 형벌을 주시리니
3. 1:9 이런 자들이 주의 얼굴과 그의 힘의 영광을 떠나 영원한 멸망의 형벌을 받으리로다

▶ 바로는 이스라엘의 어린 아이들을 물에 던져 죽였는데 그의 군사들에게는 어떤 일이 일어났습니까?

<출1:22>그러므로 바로가 그 모든 신민에게 명하여 가로되 남자가 나거든 너희는 그를 하수에 던지고 여자여든 살리라 하였더라

<출14:27-28> 모세가 곧 손을 바다 위로 내어밀매 새벽에 미쳐 바다의 그 세력이 회복된지라 애굽 사람들이 물을 거스려 도망하나 여호와께서 애굽 사람들을 바다 가운데 엎으시니 물이 다시 흘러 병거들과 기병들을 덮되 그들의 뒤를 쫓아 바다에 들어간 바로의 군대를 다 덮고 하나도 남기지 아니하였더라

▶ 하만은 모르드개를 나무에 달아 죽이기를 시작으로 유대인들을 모조리 처치할 모함을 꾸몄는데 하만의 운명은 어떻게 되었습니까?

<에스더 7:10> 모르드개를 달고자 한 나무에 하만을 다니 왕의 노가 그치니라

▶ 다리오 왕의 모사들은 그에게 다니엘을 체포하도록 강요하여 그를 사자굴 속에 던져 넣었으나 후에 바로 그 모사들에게 어떠한 일이 일어났습니까?<단6:16a / 6:24>

<단6:16> 이에 왕이 명하매 다니엘을 끌어다가 사자굴에 던져 넣는지라 왕이 다니엘에게 일러 가로되 너의 항상 섬기는 네 하나님이 너를 구원하시리라 하니라

<단6:24> 왕이 명을 내려 다니엘을 참소한 사람들을 끌어오게 하고 그들을 그 처자들과 함께 사자굴에 던져 넣게 하였더니 그들이 굴 밑에 닿기 전에 사자가 곧 그들을 움켜서 그 뼈까지도 부숴뜨렸더라

▶ 이것은 모두 잠언 11:8에 있는 약속의 성취입니다. 이 구절을 여러분 자신의 말로 써보십시오.

<잠11:8> 의인은 환난에서 구원을 얻고 악인은 와서 그를 대신하느니라

Ⅱ. 불법의 사람과 그리스도의 재림 <제 2 장>

▶ 2:3에서 바울은 그 날이 오기 전에 어떠한 두 가지 사건이 일어나야 한다고 말합니까?

1. 너희가 미혹하지 말라 먼저 배도하는 일이 있고
2. 저 불법의 사람 곧 멸망의 아들이 나타나기 전에는 이르지 아니하리니

Ⅲ. 훈련된 삶을 위한 권고 <제 3 장>

▶ 데살로니가 교회 안의 한 가지 문제는 어떤 그리스도인들이 주님의 재림에 대해 너무 열망함으로 말미암아 일하기를 그만두고 아직도 일하고 있는 그리스도인들 주위를 맴돌며 건들거리고 있는 것이었습니다. 이 문제에 대해 바울은 무엇이라 말했습니까?

<살후 3:10> 우리가 너희와 함께 있을 때에도 너희에게 명하기를 누구든지 일하기 싫어하거든 먹지도 말게 하라 하였더니

제 40주 디모데전서

Ⅰ. 젊은 디모데에게 주는 명령 <제 1 장>

▶ 1:4에서 바울은 디모데에게 어떠한 실제적인 충고를 주고 있으며 그것을 오늘날 우리들에게 어떻게 적용할 수 있습니까?

<딤전1:4> 신화와 끝없는 족보에 착념치 말게 하려 함이라 이런 것은 믿음 안에 있는 하나님의 경륜을 이룸보다 도리어 변론을 내는 것이라

▶ 1:12-16에서 바울은 그 자신의 변화된 체험 중 어떠한 네 가지 두드러진 면을 강조하고 있습니까?

1.<13절>나를 능하게 하신 그리스도 예수 우리 주께 내가 감사함은 나를 충성되이 여겨 내게 직분을 맡기심이니

2.<14절>내가 전에는 훼방자요 핍박자요 포행자이었으나 도리어 긍휼을 입은 것은 내가 믿지 아니할 때에 알지 못하고 행하였음이라

3.<15절>우리 주의 은혜가 그리스도 예수 안에 있는 믿음과 사랑과 함께 넘치도록 풍성하였도다

4.<16절>그러나 내가 긍휼을 입은 까닭은 예수 그리스도께서 내게 먼저 일체 오래 참으심을 보이사 후에 주를 믿어 영생 얻는 자들에게 본이 되게 하려 하심이니라

Ⅱ. 교회를 위한 지시 <제 2-3 장>

▶ 2장의 시작에서 바울은 우리에게 누구를 위하여 기도하라고 권면합니까?

<딤전2:1-2> 그러므로 내가 첫째로 권하노니 모든 사람을 위하여 간구와 기도와 도고와 감사를 하되 임금들과 높은 지위에 있는 모든 사람을 위하여 하라 **이는 우리가 모든 경건과 단정한 중에 고요하고 평안한 생활을 하려 함이니라**

▶ 2:5에서 바울은 어떠한 중요한 진리를 표현하고 있으며 그것은 오늘날 그리스도인으로서 우리에게 어떻게 영향을 미칩니까?

<딤전2:5> 하나님은 한 분이시요 또 하나님과 사람 사이에 중보도 한 분이시니 곧 사람이신 그리스도 예수라

▶ 딤전 3:1-13에 의하면 아래의 분야에서 집사의 자격요건은 무엇입니까?

1.성품<2절> 미쁘다 이 말이여, 사람이 감독의 직분을 얻으려 하면 선한 일을 사모한다 함이로다

2.가정생활<4-5절> 그러므로 감독은 책망할 것이 없으며 한 아내의 남편이 되며 절제하며 근신하며 아담하며 나그네를 대접하며 가르치기를 잘하며 술을 즐기지 아니하며 구타하지 아니하며 오직 관용하며 다투지 아니하며 돈을 사랑치 아니하며 자기 집을 잘 다스려 자녀들로 모든 단정함으로 복종케 하는 자라야 할지며 (사람이 자기 집을 다스릴 줄 알지 못하면 어찌 하나님의 교회를 돌아보리요)

3. 리스도인의연륜<6절>새로 입교한 자도 말지니 교만하여져서 마귀를 정죄하는 그 정죄에 빠질까 함이요

4.일반적인 평판<7절>또한 외인에게서도 선한 증거를 얻은 자라야 할지니 비방과 마귀의 올무에 빠질까 염려하라

5.능력<12절>이에 이 사람들을 먼저 시험하여 보고 그 후에 책망할 것이 없으면 집사의 직분을 하게 할 것이요 여자들도 이와 같이 단정하고 참소하지 말며 절제하며 모

든 일에 충성된 자라야 할지니라 집사들은 한 아내의 남편이 되어 자녀와 자기 집을 잘 다스리는 자일지니 집사의 직분을 잘한 자들은 아름다운 지위와 그리스도 예수 안에 있는 믿음에 큰 담력을 얻느니라

Ⅲ. 교회 지도자들에게 주는 지시 <제 4-6 장>

▶어떻게 돈을 사랑하는 것이 모든 악의 뿌리가 됩니까?

<딤전6:10> 돈을 사랑함이 일만 악의 뿌리가 되나니 이것을 사모하는 자들이 미혹을 받아 믿음에서 떠나 많은 근심으로써 자기를 찔렀도다

▶ 바울은 디모데에게 부탁한 것들을 지킬 것을 그에게 간청함으로써 이 편지를 마칩니다

<딤전6:20-21> 디모데야 네게 부탁한 것을 지키고 거짓되이 일컫는 지식의 망령되고 허한 말과 변론을 피하라 이것을 좇는 사람들이 있어 믿음에서 벗어났느니라 은혜가 너희와 함께 있을지어다

제41주 디모데후서

Ⅰ. 디모데에게 주는 바울의 권면 <제 1 장>

▶ 두 번째로 바울은 성령님께서 우리에게 주시는 성품에 대해 상기시켜 줍니다. 그것들은 어떠한 것들입니까?

<딤후1:7> 1. 하나님이 우리에게 주신 것은 두려워하는 마음이 아니요
2. 오직 능력과 사랑과 3. 근신하는 마음이니

Ⅱ. 디모데에게 주는 바울의 충고 <제 2 장>

▶ 그리스도인이 되기 위하여는 어떠한 댓가를 치루어야 하며 이것을 바울보다 더 잘 아는 사람은 없었습니다. 아래의 구절들은 그리스도인의 삶을 사는 것에 관하여 우리들에게 무엇을 가르쳐 주고 있습니까?

<딤후2:3-5> 네가 그리스도 예수의 좋은 군사로 나와 함께 고난을 받을지니 군사로 다니는 자는 자기 생활에 얽매이는 자가 하나도 없나니 이는 군사로 모집한 자를 기쁘게 하려 함이라 경기하는 자가 법대로 경기하지 아니하면 면류관을 얻지 못할 것이며

<딤후2:11-13> 미쁘다 이 말이여, 우리가 주와 함께 죽었으면 또한 함께 살 것이요 참으면 또한 함께 왕 노릇 할 것이요 우리가 주를 부인하면 주도 우리를 부인하실 것이라 우리는 미쁨이 없을지라도 주는 일향 미쁘시니 자기를 부인하실 수 없으시리라

▶ 아래의 구절에서 경험 많은 바울은 젊은 디모데가 피해야 할 어떤 두 가지 것들을 경고하고 있습니까?

<딤후2:16> 망령되고 헛된 말을 버리라 저희는 경건치 아니함에 점점 나아가나니

<딤후2:23> 어리석고 무식한 변론을 버리라 이에서 다툼이 나는 줄 앎이라

Ⅲ. 말세에 대한 바울의 예언 <제 3 장>

이 장에서 바울은 그리스도의 재림에 때가 가까워 올수록 악이 극심해 질 것을 경고하고 있습니다. 3:1-5에서 말세에 사람들이 갖게 될 10가지 성격들을 찾아 보십시오:

< 딤후3:1-5> 네가 이것을 알라 말세에 고통하는 때가 이르리니 사람들은

1. 자기를 사랑하며 돈을 사랑하며 2. 자긍하며 교만하며 훼방하며
3. 부모를 거역하며 감사치 아니하며 4. 거룩하지 아니하며 무정하며 원통함을 풀지 아니하며 참소하며 6. 절제하지 못하며 사나우며
7. 선한 것을 좋아 아니하며 8. 배반하여 팔며 조급하며 자고하며
9. 쾌락을 사랑하기를 하나님 사랑하는 것보다 더하며
10. 경건의 모양은 있으나 경건의 능력은 부인하는 자니
이같은 자들에게서 네가 돌아서라

▶ 16절에서 아래에 열거된 말이나 구절과 가장 잘 들어맞는 말이나 구절을 찾아 보십시오.
<딤후3:16> 모든 성경은 하나님의 감동으로 된 것으로 교훈과 책망과 바르게 함과 의로 교육하기에 유익하니
가르침 - 교훈과 **깨닫게 함** - 바르게 함
잘못을 꾸짖음 - 책망과 **인도** - 의로 교육하기에 유익하니

Ⅳ. 바울의 마지막 날 <제 4 장>

▶ 그 중 첫째는 '말씀을 전파하는 것'이었습니다. 다른 여섯 가지를 적으십시오. <딤후4:2-5>
0. 너는 말씀을 전파하라 1. 때를 얻든지 못 얻든지 항상 힘쓰라
2. 범사에 오래 참음과 3. 가르침으로 경책하며 경계하며 권하라
때가 이르리니 사람이 바른 교훈을 받지 아니하며 귀가 가려워서 자기의 사욕을 좇을 스승을 많이 두고 또 그 귀를 진리에서 돌이켜 허탄한 이야기를 좇으리라 그러나 너는
4. 모든 일에 근신하여 고난을 받으며 5.전도인의 일을 하며
6. 네 직무를 다하라

■ 신약여행 심층 점검(교재 신약124-125p) - 바울과 디모데

▶교재의 질문(125p 하단)을 아래와 같이 바꾸어 학습자들에게 묵상토록 요청바랍니다. 단, 자유롭게 대답을 유도하되 전 학습자가 질문 전체에 다 말하기를 강요하지는 마십시오. 그저 충분히 상고토록 권면바랍니다. 그러나 인도자는 나름대로 모범답변을 준비바랍니다.
1. 디모데 성장 과정이 우리 가정에 주는 교훈은 무엇인가?
2. 디모데의 사역 특징과 나의 그리스도 사역은 무엇인가?
3. 교회안에 디모데와 같은 영적 아들과 제자가 왜 필요한가? 나는 어떤 제자인가 나는 담임목사를 영적 아버지로 모시는가

제42주 디도서, 빌레몬서

(1) 디도서

▶ 디도서1:12에서 바울은 그들의 세 가지 잘 알려진 특성들을 언급하고 있습니다. 이것들을 아래에 기록하십시오:
<디도서1:12> 그레데인 중에 어떤 선지자가 말하되 그레데인들은
1. 항상 거짓말쟁이며 2.악한 짐승이며 3. 배만 위하는 게으름쟁이라 하니

Ⅰ. 교회 지도자들을 위한 자격 <제 1 장>

▶ **성경 사전이나 다른 번역을 사용해서 아래 열거된 성격들을 설명하십시오.**
책망할 것이 없음 무흠한 자 성결한 자
구타하지 않음 비폭력 평화주의 인간의 존엄성
더러운 이를 탐하지 않음 음욕 명예욕 탐욕 등
거스려 말하는 자를 책망할 수 있음 진리의 사수, 공의, 정의로운 말

(디도서1:6-7 쉬운한글역) 장로는 다른 사람들에게 책망받을 것이 없어야 하고, 한 명의 아내만 두어야 하며, 자녀들도 믿는 사람이어야 합니다. 자녀들이 거칠거나 불순종해서는 안 됩니다. 감독은 하나님을 섬기는 일을 맡은 사람이기 때문에 흠이 없는 사람이어야 하며, 교만하고 이기적이거나 화를 잘 내서는 안 됩니다. 술을 좋아하고 싸우기를 잘하며, 남을 속여 자신의 이익을 챙기는 사람이어서도 안 됩니다. 손님을 집으로 초대해 그들을 대접하기를 잘하고, 선한 일을 하기 좋아하며, 지혜롭고 바르게 살며, 경건하고 절제할 줄 아는 사람이어야 합니다. 믿음으로 우리가 가르치는 진리의 말씀에 순종하며, 참되고 바른 교훈으로 다른 사람을 도울 줄 아는 사람이어야 합니다. 또한 바른 교훈으로 진리를 거스르는 사람들의 잘못을 바로잡아 줄 줄도 알아야 합니다.

Ⅱ. 올바른 그리스도인의 행동 <제 2 장>

▶ **바울은 건전한 교리는 반드시 매일의 행동에서 나타나야 한다고 믿었습니다. 어떻게 디도는 아래 그룹의 사람들에게 가르쳐야 했습니까?**

딛2:2-3 늙은 남자로는 절제하며 경건하며 근신하며 믿음과 사랑과 인내함에 온전케 하고 늙은 여자로는 이와 같이 행실이 거룩하며 참소치 말며 많은 술의 종이 되지 말며 선한 것을 가르치는 자들이 되고

딛2:7 범사에 네 자신으로 선한 일의 본을 보여 교훈의 부패치 아니함과 경건함과

▶ **2:11-15을 읽으시고 왜 우리가 경건한 삶을 살아야 하는지 설명하십시오.**

<딛2:11-15> 모든 사람에게 구원을 주시는 하나님의 은혜가 나타나 우리를 양육하시되 경건치 않은 것과 이 세상 정욕을 다 버리고 근신함과 의로움과 경건함으로 이 세상에 살고 복스러운 소망과 우리의 크신 하나님 구주 예수 그리스도의 영광이 나타나심을 기다리게 하셨으니 그가 우리를 대신하여 자신을 주심은 모든 불법에서 우리를 구속하시고 우리를 깨끗하게 하사 선한 일에 열심하는 친백성이 되게 하려 하심이니라 너는 이것을 말하고 권면하며 모든 권위로 책망하여 누구에게든지 업신여김을 받지 말라

Ⅲ. 올바른 그리스도인의 윤리 <제 3 장>

▶ **3:9에서 바울은 디도에게 무엇을 피하라고 말합니까?**

<딛3:9>그러나 어리석은 변론과 족보 이야기와 분쟁과 율법에 대한 다툼을 피하라 이것은 무익한 것이요 헛된 것이니라

제43주 히 브 리 서

Ⅰ. 하나님의 더 나은 길 < 1-10장 >

▶ **히브리서 1:4-14에서 예수님을 천사들보다 우월하게 해 주는 네 가지 것들을 찾으십시오**

1. **<4절>** 저가 천사보다 얼마큼 뛰어남은 저희보다 더욱 아름다운 이름을 기업으로 얻으심이니

2. **<5절>**하나님께서 어느 때에 천사 중 누구에게 네가 내 아들이라 오늘날 내가 너

를 낳았다 하셨으며 또 다시 나는 그에게 아버지가 되고 그는 내게 아들이 되리라 하셨느뇨

3. <6절>또 맏아들을 이끌어 세상에 다시 들어오게 하실 때에 하나님의 모든 천사가 저에게 경배할지어다 말씀하시**며**

4. <13절>어느 때에 천사 중 누구에게 내가 네 원수로 네 발등상 되게 하기까지 너는 내 우편에 앉았으라 하셨느뇨

▶ 5-7장에서 그리스도는 어떠한 대 제사장에 비교됩니까? (멜기세덱)

▶ 이 제사장에 관해 어떠한 것이 아주 특이합니까?

히7:15-28 멜기세덱과 같은 별다른 한 제사장이 일어난 것을 보니 더욱 분명하도다
16 그는 육체에 상관된 계명의 법을 좇지 아니하고 오직 무궁한 생명의 능력을 좇아 된
것이니 17 증거하기를 네가 영원히 멜기세덱의 반차를 좇는 제사장이라 하였도다 18
전엣 계명이 연약하며 무익하므로 폐하고 19 (율법은 아무것도 온전케 못할지라) 이에
더 좋은 소망이 생기니 이것으로 우리가 하나님께 가까이 가느니라 20 또 예수께서 제
사장 된 것은 맹세 없이 된 것이 아니니 21 (저희는 맹세 없이 제사장이 되었으되 오직
예수는 자기에게 말씀하신 자로 말미암아 맹세로 되신 것이라 주께서 맹세하시고 뉘우
치지 아니하시리니 네가 영원히 제사장이라 하셨도다) 22 이와 같이 예수는 더 좋은 언
약의 보증이 되셨느니라 23 저희 제사장 된 자의 수효가 많은 것은 죽음을 인하여 항
상 있지 못함이로되 24 예수는 영원히 계시므로 그 제사 직분도 갈리지 아니하나니 25
그러므로 자기를 힘입어 하나님께 나아가는 자들을 온전히 구원하실 수 있으니 이는 그
가 항상 살아서 저희를 위하여 간구하심이니라 26 이러한 대제사장은 우리에게 합당하
니 거룩하고 악이 없고 더러움이 없고 죄인에게서 떠나 계시고 하늘보다 높이 되신 자
라 27 저가 저 대제사장들이 먼저 자기 죄를 위하고 다음에 백성의 죄를 위하여 날마
다 제사드리는 것과 같이 할 필요가 없으니 이는 저가 단번에 자기를 드려 이루셨음이
니라 28 율법은 약점을 가진 사람들을 제사장으로 세웠거니와 율법 후에 하신 맹세의
말씀은 영원히 온전케 되신 아들을 세우셨느니라

▶ 구약에서 결코 죽지 않는 세 명의 사람은 누구입니까? (에녹, 엘리야, 멜기세댁)

1. 창세기 5:24 에녹이 하나님과 동행하더니 하나님이 그를 데려가시므로 세상에 있지 아니하였더라

2. 열왕기하 2:11 두 사람이 행하며 말하더니 홀연히 불수레와 불말들이 두 사람을 격하고 **엘리야가** 회리바람을 타고 승천하더라

3. 히브리서 7:3 아비도 없고 어미도 없고 족보도 없고 시작한 날도 없고 생명의 끝도 없어 **하나님 아들과 방불하여 항상 제사장(멜기세덱)**으로 있느니라

▶ 히브리서 8:1-6에 의하면 어떠한 면에서 이것이 사실이 됩니까?

<히8:1-6> 이제 하는 말의 중요한 것은 이러한 대제사장이 우리에게 있는 것이라 그가 하늘에서 위엄의 보좌 우편에 앉으셨으니 성소와 참 장막에 부리는 자라 이 장막은 주께서 베푸신 것이요 사람이 한 것이 아니니라 대제사장마다 예물과 제사드림을 위하여 세운 자니 이러므로 저도 무슨 드릴 것이 있어야 할지니라 예수께서 만일 땅에 계셨더면 제사장이 되지 아니하셨을 것이니 이는 율법을 좇아 예물을 드리는 제사장이 있음이라 저희가 섬기는 것은 하늘에 있는 것의 모형과 그림자라 모세가 장막을 지으려 할 때에 지시하심을 얻음과 같으니 가라사대 삼가 모든 것을 산에서 네게 보이던 본을 좇아 지으라 하셨느니라 그러나 이제 그가 더 아름다운 직분을 얻으셨으니 이는 더 좋은 약속으로 세우신 더 좋은 언약의 중보시라

▶ 10:1-18에서 왜 그리스도의 제사가 구약의 제사들보다 더 나은지 최소한 세 가지 이유를 찾으십시오.

1. **<1-4절>** 율법은 장차 오는 좋은 일의 그림자요 참 형상이 아니므로 해마다 늘 드리는 바 같은 제사로는 나아오는 자들을 언제든지 온전케 할 수 없느니라 그렇지 아니하면 섬기는 자들이 단번에 정결케 되어 다시 죄를 깨닫는 일이 없으리니 어찌 드리는 일을 그치지 아니하였으리요 **그러나 이 제사들은 해마다 죄를 생각하게 하는 것이 있나니** 이는 황소와 염소의 피가 능히 죄를 없이 하지 못함이라
2. **<5-10절> 그러므로 세상에 임하실 때에 가라사대 하나님이 제사와 예물을 원치 아니하시고 오직 나를 위하여 한 몸을 예비하셨도다** 전체로 번제함과 속죄제는 기뻐하지 아니하시나니 이에 내가 말하기를 하나님이여 보시옵소서 두루마리 책에 나를 가리켜 기록한 것과 같이 하나님의 뜻을 행하러 왔나이다 하시니라 위에 말씀하시기를 제사와 예물과 전체로 번제함과 속죄제는 원치도 아니하고 기뻐하지도 아니하신다 하셨고 (이는 다 율법을 따라 드리는 것이라) 그 후에 말씀하시기를 보시옵소서 **내가 하나님의 뜻을 행하러 왔나이다 하셨으니 그 첫 것을 폐하심은 둘째 것을 세우려 하심이니라 이 뜻을 좇아 예수 그리스도의 몸을 단번에 드리심으로 말미암아 우리가 거룩함을 얻었노라**
3. **<11-18절>** 제사장마다 매일 서서 섬기며 자주 같은 제사를 드리되 이 제사는 언제든지 죄를 없게 하지 못하거니와 **오직 그리스도는 죄를 위하여 한 영원한 제사를 드리시고** 하나님 우편에 앉으사 그 후에 자기 원수들로 자기 발등상이 되게 하실 때까지 기다리시나니 저가 한 제물로 거룩하게 된 자들을 영원히 온전케 하셨느니라 또한 성령이 우리에게 증거하시되 주께서 가라사대 그 날 후로는 저희와 세울 언약이 이것이라 하시고 내 법을 저희 마음에 두고 저희 생각에 기록하리라 하신 후에 또 저희 죄와 **저희 불법을 내가 다시 기억지 아니하리라 하셨으니 이것을 사하셨은즉 다시 죄를 위하여 제사드릴 것이 없느니라**

▶10:19-22에 의하면 그리스도인들은 어떠한 것을 할 수 있는 특권을 갖고 있습니까?

<히10:19-22> 그러므로 형제들아 우리가 예수의 피를 힘입어 성소에 들어갈 담력을 얻었나니 그 길은 우리를 위하여 휘장 가운데로 열어 놓으신 새롭고 산 길이요 휘장은 곧 저의 육체니라 또 하나님의 집 다스리는 큰 제사장이 계시매 우리가 마음에 뿌림을 받아 양심의 악을 깨닫고 몸을 맑은 물로 씻었으니 참 마음과 온전한 믿음으로 하나님께 나아가자

Ⅱ. 믿음의 영예의 전당 < 11-13장 >

▶ 히브리서 11:1에 의하면 성경적인 믿음은 무엇입니까?

믿음은 바라는 것들의 실상이요 보지 못하는 것들의 증거니

▶ 히브리서 11:6에 의하면 왜 믿음은 그리스도인의 삶의 모든 면에서 그렇게 중요합니까?

<믿음이 없이는 기쁘시게 못하나니 하나님께 나아가는 자는 반드시 그가 계신 것과 또한 그가 자기를 찾는 자들에게 상 주시는 이심을 믿어야 할지니라

▶ 11:24-29에 의하면 모세의 믿음은 어떠한 네 가지 중요한 것들을 하도록 그를 인도했습니까?

1. **<24절>**믿음으로 모세는 장성하여 바로의 공주의 아들이라 칭함을 거절하고

2. <25절> 도리어 하나님의 백성과 함께 고난받기를 잠시 죄악의 낙을 누리는 것보다 더 좋아하고

3. <27절> 믿음으로 애굽을 떠나 임금의 노함을 무서워 아니하고 곧 보이지 아니하는 자를 보는 것같이 하여 참았으며

4. <29절>믿음으로 저희가 홍해를 육지같이 건넜으나 애굽 사람들은 이것을 시험하다가 빠져 죽었으며

▶ 믿음은 언제나 그리스도인의 제자훈련에 있어서 가장 큰 장애물을 없애줍니다. 이 장애물은 무엇입니까? <히 11:23, 27 딤후 1:7>

<히11:23> 믿음으로 모세가 났을 때에 그 부모가 아름다운 아이임을 보고 석 달 동안 숨겨 임금의 명령을 무서워 아니하였으며

<히11:27> 믿음으로 애굽을 떠나 임금의 노함을 무서워 아니하고 곧 보이지 아니하는 자를 보는 것같이 하여 참았으며

<딤후1:7> 하나님이 우리에게 주신 것은 두려워하는 마음이 아니요 오직 능력과 사랑과 근신하는 마음이니

▶ 히브리서 12:1-2에 의하면 이 위대한 영웅들의 증거로 인하여 우리는 그리스도인들로서 무엇을 하도록 격려를 받습니까?

<히12:1-2> 이러므로 우리에게 구름같이 둘러싼 허다한 증인들이 있으니 모든 무거운 것과 얽매이기 쉬운 죄를 벗어 버리고 인내로써 우리 앞에 당한 경주를 경주하며 믿음의 주요 또 온전케 하시는 이인 예수를 바라보자 저는 그 앞에 있는 즐거움을 위하여 십자가를 참으사 부끄러움을 개의치 아니하시더니 하나님 보좌 우편에 앉으셨느니라

제8장 일반서신

제44주 야 고 보 서

야고보서는 "일반서신"으로 불리우는 신약의 서신서들 모음의 첫 번째 것입니다. 일반서신이라는 이름은 특별한 교회 대신에 그리스도인들에게 일반적으로 보내는 것이었기 때문에 붙여진 것입니다. 일반서신에는 모든 일곱 개가 있습니다.

▶그것들은 무엇입니까?

1. 야고보서 2. 베드로전서, 3. 베드로후서
4. 요한1서 5. 요한2서 6.요한3서 7. 유다서

▶ 요절은 1:22입니다. 그것을 아래에 기록하십시오.

<약1:22>너희는 도를 행하는 자가 되고 듣기만 하여 자신을 속이는 자가 되지 말라

Ⅰ. 순수한 그리스도인의 행동을 위한 격려 <제 1 장>

▶ 이 편지는 누구에게 씌어졌습니까?

<약1:1-2> 하나님과 주 예수 그리스도의 종 야고보는 **흩어져 있는 열두 지파에게** 문안하노라 내 형제들아 너희가 여러 가지 시험을 만나거든 온전히 기쁘게 여기라

▶ 1:2-4을 읽으시고 왜 그리스도인들이 문제를 갖도록 허락되었는지 그 이유를 설명하십시오.

<약1:2-4> 내 형제들아 너희가 여러 가지 시험을 만나거든 온전히 기쁘게 여기라 이는 너희 믿음의 시련이 인내를 만들어 내는 줄 너희가 앎이라 인내를 온전히 이루라 이는 너희로 온전하고 구비하여 조금도 부족함이 없게 하려 함이라

▶1:5-6을 읽으시고 당신의 문제에 대하여 당신이 무엇을 할 수 있는지 설명하십시오.

<약1:5-6> 너희 중에 누구든지 지혜가 부족하거든 모든 사람에게 후히 주시고 꾸짖지 아니하시는 하나님께 구하라 그리하면 주시리라 오직 믿음으로 구하고 조금도 의심하지 말라 의심하는 자는 마치 바람에 밀려 요동하는 바다 물결 같으니

▶ 다음으로 야고보는 유혹을 다루고 있습니다. 우리가 유혹에 대하여 누구를 탓해야 할지 우리는 조심할 필요가 있습니다. 야고보서는 1:14에 의하면 무엇이 유혹을 초래합니까? < 약1:14> 오직 각 사람이 시험을 받는 것은 자기 욕심에 끌려 미혹됨이니

▶ 예수님께서 말씀하신 두 번째의 위대한 계명을 범하는 것입니다. 그것은 무엇입니까? <마가복음 12:31> 둘째는 이것이니 네 이웃을 네 몸과 같이 사랑하라 하신 것이라 이에서 더 큰 계명이 없느니라

▶ 오늘날 일반적인 교회에서 가장 흔한 것 중의 하나가 이 편견의 분야에 있습니다. 교회의 지도자들은 강단에 서서 해외 선교 헌금을 위하여 눈물까지 흘리며 감정적으로 호소하면서도 그들의 교회에서 다른 피부색을 가진 사람들이 함께 예배드리는 것을 거부합니다. 이러한 자세에 대하여 야고보는 무엇이라고 말합니까?

<2:1-4> 내 형제들아 영광의 주 곧 우리 주 예수 그리스도를 믿는 믿음을 너희가 받았으니 사람을 외모로 취하지 말라 2 만일 너희 회당에 금가락지를 끼고 아름다운 옷을 입은 사람이 들어오고 또 더러운 옷을 입은 가난한 사람이 들어올 때에 3 너희가 아름다운 옷을 입은 자를 돌아보아 가로되 여기 좋은 자리에 앉으소서 하고 또 가난한

자에게 이르되 너는 거기 섰든지 내 발등상 아래 앉으라 하면 4 너희끼리 서로 구별하며 악한 생각으로 판단하는 자가 되는 것이 아니냐

▶ 3장에서 야고보는 절제 없는 혀의 무서운 특성을 지적하고 있습니다. 그는 그것을 크기는 비교적 작으나 배 전체의 방향을 조정하는 배의 키에 비교하고 있습니다

<3:4>또 배를 보라 그렇게 크고 광풍에 밀려가는 것들을 지극히 작은 키로 사공의 뜻대로 운전하나니

▶ 4장은 세상적인 것과 교만에 대한 경고입니다. 야고보서 4:13-15을 누가복음 12:16-21에 나오는 예수님의 비유와 비교하시고 그 각자에서 표현된 경고가 오늘날 우리의 삶에 어떻게 적용되어야 하는지 설명하십시오.

<약4:13-15> 들으라 너희 중에 말하기를 오늘이나 내일이나 우리가 아무 도시에 가서 거기서 일 년을 유하며 장사하여 이를 보리라 하는 자들아 내일 일을 너희가 알지 못하는도다 너희 생명이 무엇이뇨 너희는 잠깐 보이다가 없어지는 안개니라 너희가 도리어 말하기를 주의 뜻이면 우리가 살기도 하고 이것 저것을 하리라 할 것이거늘

<눅12:16-21> 또 비유로 저희에게 일러 가라사대 한 부자가 그 밭에 소출이 풍성하매 심중에 생각하여 가로되 내가 곡식 쌓아 둘 곳이 없으니 어찌할꼬 하고 또 가로되 내가 이렇게 하리라 내 곡간을 헐고 더 크게 짓고 내 모든 곡식과 물건을 거기 쌓아 두리라 또 내가 내 영혼에게 이르되 영혼아 여러 해 쓸 물건을 많이 쌓아 두었으니 평안히 쉬고 먹고 마시고 즐거워하자 하리라 하되 하나님은 이르시되 어리석은 자여 오늘 밤에 네 영혼을 도로 찾으리니 그러면 네 예비한 것이 뉘 것이 되겠느냐 하셨으니 자기를 위하여 재물을 쌓아 두고 하나님께 대하여 부요치 못한 자가 이와 같으니라

제45주 베드로전서, 베드로후서

(1) 베드로전서

Ⅰ. 위로와 재 확신의 말씀 <제 1 장>

▶ 이 편지는 독자들에게 죽지 않고 실망되지 않는 산 소망<1:3>을 갖을 것을 상기시킴으로 시작합니다. 이 산 소망의 기초는 무엇입니까?

<벧전1:3> 찬송하리로다 우리 주 예수 그리스도의 아버지 하나님이 그 많으신 긍휼대로 예수 그리스도의 죽은 자 가운데서 부활하심으로 말미암아 우리를 거듭나게 하사 산 소망이 있게 하시며

▶이 산 소망은 우리로 하여금 거룩한 삶을 살도록 격려해 줄 것입니다. 1:16-21을 읽으시고 왜 우리가 거룩한 삶을 살아야 하는지 세 가지 이유를 기록하십시오.(주: '거룩'은 죄 없는 완전함을 의미하는 것이 아니라 그것은 '분리된' 또는 '하나님께로 헌신된 것'을 의미합니다.)

<벧전1:16-21> 기록하였으되 내가 거룩하니 너희도 거룩할지어다 하셨느니라

1. 외모로 보시지 않고 각 사람의 행위대로 판단하시는 자를 너희가 아버지라 부른즉

너희의 나그네로 있을 때를 두려움으로 지내라
2. 너희가 알거니와 너희 조상의 유전한 망령된 행실에서 구속된 것은 은이나 금같이 없어질 것으로 한 것이 아니요 오직 흠 없고 점 없는 어린 양 같은 그리스도의 보배로운 피로 한 것이니라
3. 그는 창세 전부터 미리 알리신 바 된 자나 이 말세에 너희를 위하여 나타내신 바 되었으니 너희는 저를 죽은 자 가운데서 살리시고 영광을 주신 하나님을 그리스도로 말미암아 믿는 자니 너희 믿음과 소망이 하나님께 있게 하셨느니라

Ⅱ. 올바른 그리스도인의 행동 <제 2-3 장>

▶ 그리스도인들은 영혼이 반드시 먹어야 하는 영적 양식은 무엇입니까?

<벧전2:2> 갓난 아이들같이 순전하고 신령한 젖을 사모하라 이는 이로 말미암아 너희로 구원에 이르도록 자라게 하려 함이라

▶ 왜 베드로는 2:11에서 그리스도인들을 외국인과 나그네로 언급하고 있습니까?

<벧전2:11> 사랑하는 자들아 나그네와 행인 같은 너희를 권하노니 영혼을 거스려 싸우는 육체의 정욕을 제어하라

▶ 3장에서 베드로는 가정 안에서의 행동에 관해 말합니다. 그리스도인인 아내는 그녀의 구원받지 못한 남편을 어떻게 구원할 수 있다고 베드로는 말합니까?

<벧전3:1-2> 아내 된 자들아 이와 같이 자기 남편에게 순복하라 이는 혹 도를 순종치 않는 자라도 말로 말미암지 않고 그 아내의 행위로 말미암아 구원을 얻게 하려 함이니 너희의 두려워하며 정결한 행위를 봄이라

▶ 3:7에 의하면 무엇이 남편의 기도를 방해할 수 있습니까?

<벧전3:7> 남편 된 자들아 이와 같이 지식을 따라 너희 아내와 동거하고 저는 더 연약한 그릇이요 또 생명의 은혜를 유업으로 함께 받을 자로 알아 귀히 여기라 이는 너희 기도가 막히지 아니하게 하려 함이라

Ⅲ. 그리스도의 고난을 함께 나눔 <제 4-5 장>

▶ 베드로가 4:12-14에서 이 그리스도인들을 위로하고 격려하기 위해 말한 것을 당신 자신의 말로 설명하십시오.

<벧전4:12-14> 사랑하는 자들아 너희를 시련하려고 오는 불 시험을 이상한 일 당하는 것같이 이상히 여기지 말고 오직 너희가 그리스도의 고난에 참여하는 것으로 즐거워하라 이는 그의 영광을 나타내실 때에 너희로 즐거워하고 기뻐하게 하려 함이라 너희가 그리스도의 이름으로 욕을 받으면 복 있는 자로다 영광의 영 곧 하나님의 영이 너희 위에 계심이라

(2) 베드로후서

Ⅰ. 영적으로 성장하기 위한 격려 <제 1 장>

▶ 무엇이 은혜 속에 자라는 그리스도인의 특징입니까?

<1:6> 지식에 절제를, 절제에 인내를, 인내에 경건을,

▶ 무엇이 성장하는 그리스도인의 타인을 향한 태도입니까?

<1:7> 경건에 형제 우애를, 형제 우애에 사랑을 공급하라

▶사람들은 이러한 자질을 나타내지 못하는 그리스도인들을 어떻게 생각합니까?

<1:9> 이런 것이 없는 자는 소경이라 원시치 못하고 그의 옛 죄를 깨끗케 하심을 잊었느니라

▶ 베드로후서 1:21은 우리가 어떻게 기록되어진 하나님의 말씀을 갖게 되었는지를 우리에게 말씀해줍니다.

<1:21> 예언은 언제든지 사람의 뜻으로 낸 것이 아니요 오직 성령의 감동하심을 입은 사람들이 하나님께 받아 말한 것임이니라

Ⅱ. 거짓 교사들에 관한 경고 <제 2 장>

▶ 이 부분에서 베드로는 거짓 교사들의 올 것과 그들의 운명을 말하고 있습니다. 그는 과거에 있었던 악한 자들에 대한 하나님의 심판의 세 가지 예를 인용하고 있습니다. 그것들은 무엇입니까?

1. 2:4 하나님이 범죄한 천사들을 용서치 아니하시고 지옥에 던져 어두운 구덩이에 두어 심판 때까지 지키게 하셨으며

2. 2:5 옛 세상을 용서치 아니하시고 오직 의를 전파하는 노아와 그 일곱 식구를 보존하시고 경건치 아니한 자들의 세상에 홍수를 내리셨으며

3. 2:6 소돔과 고모라 성을 멸망하기로 정하여 재가 되게 하사 후세에 경건치 아니할 자들에게 본을 삼으셨으며

Ⅲ. 주의 날 <제 3 장>

▶ 그분의 재림의 시기에 관해 그들의 염려를 덜어주기 위해 베드로는 3:8에서 어떻게 말했습니까?

<벧후3:8> 사랑하는 자들아 주께는 하루가 천 년 같고 천 년이 하루 같은 이 한 가지를 잊지 말라

제46주　요한일서, 요한이서, 요한삼서, 유다서

(1) 요한일서

▶ 1:5-7을 보시고 '빛'의 시험을 설명하십시오.

<요일1:5-7> 우리가 저에게서 듣고 너희에게 전하는 소식이 이것이니 곧 하나님은 빛이시라 그에게는 어두움이 조금도 없으시니라 만일 우리가 하나님과 사귐이 있다 하고 어두운 가운데 행하면 거짓말을 하고 진리를 행치 아니함이거니와 저가 빛 가운데 계신 것같이 우리도 빛 가운데 행하면 우리가 서로 사귐이 있고 그 아들 예수의 피가 우리를 모든 죄에서 깨끗하게 하실 것이요

▶ '순종'의 시험은 2:4에 있습니다. 그것을 설명하십시오:

<요일2:4> 저를 아노라 하고 그의 계명을 지키지 아니하는 자는 거짓말하는 자요 진리가 그 속에 있지 아니하되

▶ 2:9-10을 읽으시고 '사랑'의 시험을 설명하십시오:

<요일2:9-10> 빛 가운데 있다 하며 그 형제를 미워하는 자는 지금까지 어두운 가운데 있는 자요 그의 형제를 사랑하는 자는 빛 가운데 거하여 자기 속에 거리낌이 없으나

▶ 3:17에 나오는 '긍휼'의 시험은 어떠한 것입니까?

<요일3:17> 누가 이 세상 재물을 가지고 형제의 궁핍함을 보고도 도와 줄 마음을 막으면 하나님의 사랑이 어찌 그 속에 거할까 보냐

▶그리스도께서 우리를 사랑하사 우리를 위해 죽으셨기 때문에 우리는 서로 사랑해야 합니다<4:9-11>. 왜 예수님의 십자가에서 죽으심이 우리들로 하여금 서로 사랑하게 해 줍니까?

<요일4:9-11> 하나님의 사랑이 우리에게 이렇게 나타난 바 되었으니 하나님이 자기의 독생자를 세상에 보내심은 저로 말미암아 우리를 살리려 하심이니라 사랑은 여기 있으니 우리가 하나님을 사랑한 것이 아니요 오직 하나님이 우리를 사랑하사 우리 죄를 위하여 화목제로 그 아들을 보내셨음이니라 사랑하는 자들아 하나님이 이같이 우리를 사랑하셨은즉 우리도 서로 사랑하는 것이 마땅하도다

▶ 4:20-21에서 요한은 우리가 서로 사랑해야 하는 마지막 이유를 우리에게 주고 있습니다. 그것은 무엇입니까?

<요일4:20-21> 누구든지 하나님을 사랑하노라 하고 그 형제를 미워하면 이는 거짓말하는 자니 보는 바 그 형제를 사랑치 아니하는 자가 보지 못하는 바 하나님을 사랑할 수가 없느니라 우리가 이 계명을 주께 받았나니 하나님을 사랑하는 자는 또한 그 형제를 사랑할지니라

▶ 5:1-13에서는 예수님의 신성의 확실성이 강조되었습니다. '신성'이란 말은 무엇을 의미합니까? (당신의 성경사전을 사용하십시오)

<요일5:1-13> 예수께서 그리스도이심을 믿는 자마다 하나님께로서 난 자니 또한 내신 이를 사랑하는 자마다 그에게 난 자를 사랑하느니라 우리가 하나님을 사랑하고 그의 계명들을 지킬 때에 이로써 우리가 하나님의 자녀 사랑하는 줄을 아느니라 하나님을 사랑하는 것은 이것이니 우리가 그의 계명들을 지키는 것이라 그의 계명들은 무거운 것이 아니로다 대저 하나님께로서 난 자마다 세상을 이기느니라 세상을 이긴 이김은 이것이니 우리의 믿음이니라 예수께서 하나님의 아들이심을 믿는 자가 아니면 세상을 이기는 자가 누구뇨 이는 물과 피로 임하신 자니 곧 예수 그리스도시라 물로만 아니요 물과 피로 임하셨고 증거하는 이는 성령이시니 성령은 진리니라 증거하는 이가 셋이니 성령과 물과 피라 또한 이 셋이 합하여 하나이니라 만일 우리가 사람들의 증거를 받을진대 하나님의 증거는 더욱 크도다 하나님의 증거는 이것이니 그 아들에 관하여 증거하신 것이니라 하나님의 아들을 믿는 자는 자기 안에 증거가 있고 하나님을 믿지 아니하는 자는 하나님을 거짓말하는 자로 만드나니 이는 하나님께서 그 아들에 관하여 증거하신 증거를 믿지 아니하였음이라 또 증거는 이것이니 하나님이 우리에게 영생을 주신 것과 이 생명이 그의 아들 안에 있는 그것이니라 아들이 있는 자에게는 생명이 있고 하나님의 아들이 없는 자에게는 생명이 없느니라 내가 하나님의 아들의 이름을 믿는 너희에게 이것을 쓴 것은 너희로 하여금 너희에게 영생이 있음을 알게 하려 함이라

※ **신성**- 하나님의 성품, 속성. 또는 마음. 정신 등을 말한다.

(2) 요한이서

이러한 거짓 교사들을 그들의 사역에 참여시킬지도 모르는 그들에게 요한은 어떤 경고를 주었습니까?

<요이 1:10-11> 누구든지 이 교훈을 가지지 않고 너희에게 나아가거든 그를 집에 들이지도 말고 인사도 말라 그에게 인사하는 자는 그 악한 일에 참여하는 자임이니라

(3) 요한삼서

▶디오드레베가 교회 내에서 무엇을 한 것이 나타납니까?

<요삼1:9-10> 내가 두어 자를 교회에게 썼으나 저희 중에 으뜸되기를 좋아하는 디오드레베가 우리를 접대하지 아니하니 이러므로 내가 가면 그 행한 일을 잊지 아니하리라 저가 악한 말로 우리를 망령되이 폄론하고도 유위부족하여 형제들을 접대치도 아니하고 접대하고자 하는 자를 금하여 교회에서 내어쫓는도다

(4) 유다서

▶ 이 편지를 쓴 목적은 4절에 진술되어 있습니다. 그것은 무엇입니까?

<유 1:4> 이는 가만히 들어온 사람 몇이 있음이라 저희는 옛적부터 이 판결을 받기로 미리 기록된 자니 경건치 아니하여 우리 하나님의 은혜를 도리어 색욕거리로 바꾸고 홀로 하나이신 주재 곧 우리 주 예수 그리스도를 부인하는 자니라

▶ 유다는 모든 그리스도인에게 친숙하게 알고 있는 세 이름들을 언급하고 있습니다 이 사람들의 신원을 밝히시오

가인 <창세기 4장>

아담이 그 아내 하와와 동침하매 하와가 잉태하여 가인을 낳고 이르되 내가 여호와로 말미암아 득남하였다 하니라 그가 또 가인의 아우 아벨을 낳았는데 아벨은 양 치는 자이었고 가인은 농사하는 자이었더라 세월이 지난 후에 가인은 땅의 소산으로 제물을 삼아 여호와께 드렸고 아벨은 자기도 양의 첫 새끼와 그 기름으로 드렸더니 여호와께서 아벨과 그 제물은 열납하셨으나 가인과 그 제물은 열납하지 아니하신지라 가인이 심히 분하여 안색이 변하니 여호와께서 가인에게 이르시되 네가 분하여 함은 어찜이며 안색이 변함은 어찜이뇨 네가 선을 행하면 어찌 낯을 들지 못하겠느냐 선을 행치 아니하면 죄가 문에 엎드리느니라 죄의 소원은 네게 있으나 너는 죄를 다스릴지니라 가인이 그 아우 아벨에게 고하니라 그 후 그들이 들에 있을 때에 가인이 그 아우 아벨을 쳐죽이니라 여호와께서 가인에게 이르시되 네 아우 아벨이 어디 있느냐 그가 가로되 내가 알지 못하나이다 내가 내 아우를 지키는 자니이까 가라사대 네가 무엇을 하였느냐 네 아우의 핏소리가 땅에서부터 내게 호소하느니라 땅이 그 입을 벌려 네 손에서부터 네 아우의 피를 받았은즉 네가 땅에서 저주를 받으리니 네가 밭 갈아도 땅이 다시는 그 효력을 네게 주지 아니할 것이요 너는 땅에서 피하며 유리하는 자가 되리라 가인이 여호와께 고하되 내 죄벌이 너무 중하여 견딜 수 없나이다 주께서 오늘 이 지면에서 나를 쫓아내시온즉 내가 주의 낯을 뵈옵지 못하리니 내가 땅에서 피하며 유리하는 자가 될지라 무릇 나를 만나는 자가 나를 죽이겠나이다 여호와께서 그에게 이르시되 그렇지 않다 가인을 죽이는 자는 벌을 칠 배나 받으리라 하시고 가인에게 표를 주사 만나는 누구에게든지 죽임을 면케 하시니라 가인이 여호와의 앞을 떠나 나가 에덴 동편 놋 땅에 거하였더니 아내와 동침하니 그가 잉태하여 에녹을 낳은지라 가인이 성을 쌓고 그 아들의 이름으로 성을 이름하여 에녹이라 하였더라 에녹이 이랏을 낳았고 이랏은 므후야엘을 낳았고 므후야엘은 므드사엘을 낳았고 므드사엘은 라멕을 낳았더라 라멕이 두 아내를 취하였으니 하나의 이름은 아다요 하나의 이름은 씰라며 아다는 야발을 낳았으니 그는 장막에 거하여 육축 치는 자의 조상이 되었고 그 아우의 이름은 유발이니 그는 수금과 퉁소를 잡는 모든 자의 조상이 되었으며 씰라는 두발가인을 낳았으니 그는 동철로 각양 날카로운 기계를 만드는 자요 두발가인의 누이는 나아마이었더라 라멕이 아내들에게 이르되 아다와 씰라여 내 소리를 들으라 라멕의 아내들이여 내 말을 들으라 나의 창상을 인하여 내가 사람을 죽였고 나의 상함을 인하여 소년을 죽였도다 가인을 위하여는 벌이 칠 배일진대 라멕을 위하여는 벌이 칠십칠 배이리로다 하였더라 아담이 다시 아내와 동침하매 그가 아들을 낳아 그 이름을 셋이라 하였으니 이는 하나님이 내게 가인의 죽인 아벨 대신에 다른 씨를 주셨다 함이며 셋도 아들을 낳고 그 이름을 에노스라 하였으며 그 때에 사람들이 비로소 여호와의 이름을 불렀더라

발람 <민수기 25:1-9>

<민25:1-9> 이스라엘이 싯딤에 머물러 있더니 그 백성이 모압 여자들과 음행하기를 시작하니라 그 여자들이 그 신들에게 제사할 때에 백성을 청하매 백성이 먹고 그들의 신들에게 절하므로 이스라엘이 바알브올에게 부속된지라 여호와께서 이스라엘에게 진노하시니라 여호와께서 모세에게 이르시되 백성의 두령들을 잡아 태양을 향하여 여호와 앞에 목매어 달라 그리하면 여호와의 진노가 이스라엘에게서 떠나리라 모세가 이스라엘 사사들에게 이르되 너희는 각기 관할하는 자 중에 바알브올에게 부속한 사람들을 죽이라 하니라 이스라엘 자손의 온 회중이 회막문에서 울 때에 이스라엘 자손 한 사람이 모세와 온 회중의 목전에 미디안의 한 여인을 데리고 그 형제에게로 온지라 제사장 아론의 손자 엘르아살의 아들 비느하스가 보고 회중의 가운데서 일어나 손에 창을 들고 그 이스라엘 남자를 따라 그의 막에 들어가서 이스라엘 남자와 그 여인의 배를 꿰뚫어서 두 사람을 죽이니 염병이 이스라엘 자손에게서 그쳤더라 염병으로 죽은 자가 이만 사천 명이었더라

고라 <민수기 16장>

<민16:1> 레위의 증손 고핫의 손자 이스할의 아들 고라와 르우벤 자손 엘리압의 아들 다단과 아비람과 벨렛의 아들 온이 당을 짓고

<민16:49> 고라의 일로 죽은 자 외에 염병에 죽은 자가 일만 사천칠백 명이었더라

제9장 요한계시록

제47주 요한계시록 서론 및 1장

▶ 다니엘서 12:9에 의하면 미래의 예언들은 언제 드러날 것입니까?

<단12:9> 그가 가로되 다니엘아 갈지어다 대저 이 말은 마지막 때까지 간수하고 봉함할 것임이니라

Ⅰ. "네 본 것" <제 1 장>

▶ 1:7을 보시고 그리스도는 어떠한 방법으로 다시 오시며 얼마나 많은 사람들이 그것을 알게 될 것인가를 기술하십시오.

<계1:7> 볼지어다 구름을 타고 오시리라 각인의 눈이 그를 보겠고 그를 찌른 자들도 볼 터이요 땅에 있는 모든 족속이 그를 인하여 애곡하리니 그러하리라 아멘

▶ 1:20에 의하면 촛대는 무엇을 나타냅니까?

<계1:20> 네 본 것은 내 오른손에 일곱 별의 비밀과 일곱 금촛대라 일곱 별은 일곱 교회의 사자요 **일곱 촛대는 일곱 교회**니라

▶ 1:14에서 그 머리와 털의 희기가 흰 양철과 눈 같다고 우리에게 말씀합니다. 흰머리는 무엇을 나타낸다고 생각하십니까?

<계1:14> 그 머리와 털의 희기가 흰 양털 같고 눈 같으며 그의 눈은 불꽃 같고

▶ 요한계시록 1:16을 히브리서 4:12과 비교해 볼 때 좌우에 날 선 검은 무엇을 나타냅니까?

= 진리의 영(말씀의 영 = 성령 / 로고스-말씀으로 오신 하나님 곧 예수그리스도)

<계1:16> 그 오른손에 일곱 별이 있고 그 입에서 좌우에 날선 검이 나오고 그 얼굴은 해가 힘있게 비취는 것 같더라

<히4:12> 하나님의 말씀은 살았고 운동력이 있어 좌우에 날선 어떤 검보다도 예리하여 혼과 영과 및 관절과 골수를 찔러 쪼개기까지 하며 또 마음의 생각과 뜻을 감찰하나니

▶ 그분의 얼굴은 해가 힘 있게 비추는 것 같습니다<1:16>. 이것은 사도행전 9:3-9에서 다메섹 도상에서 다소의 사울의 체험과 어떻게 비교 됩니까?

<행9:3-9> 사울이 행하여 다메섹에 가까이 가더니 홀연히 하늘로서 빛이 저를 둘러 비추는지라 땅에 엎드러져 들으매 소리 있어 가라사대 사울아 사울아 네가 어찌하여 나를 핍박하느냐 하시거늘 대답하되 주여 뉘시오니이까 가라사대 나는 네가 핍박하는 예수라 네가 일어나 성으로 들어가라 행할 것을 네게 이를 자가 있느니라 하시니 같이 가던 사람들은 소리만 듣고 아무도 보지 못하여 말을 못하고 섰더라 사울이 땅에서 일어나 눈은 떴으나 아무것도 보지 못하고 사람의 손에 끌려 다메섹으로 들어가서 사흘 동안을 보지 못하고 식음을 전폐하니라

제48주 요한계시록 2-3장 이제 있는 일

▶ 이 둘은 어떤 교회입니까?

1.(에베소서 1:1) 에베소교회 **2.(골로새서 2:1) 라오디게아교회**

<엡1:1> 하나님의 뜻으로 말미암아 그리스도 예수의 사도 된 바울은 에베소에 있는 성도들과 그리스도 예수 안의 신실한 자들에게 편지하노니

<골2:1> 내가 너희와 라오디게아에 있는 자들과 무릇 내 육신의 얼굴을 보지 못한 자들을 위하여 어떻게 힘쓰는 것을 너희가 알기를 원하노니

1. 에베소 교회<2:1-7>

요한계시록 2:4에서 우리 주님은 그들에게 무엇을 책망하십니까?

<계2:4> 그러나 너를 책망할 것이 있나니 너의 처음 사랑을 버렸느니라

이것은 오늘날 우리에게 어떤 경고를 주고 있습니까?

____

____

2. 서머나 교회 <2:8-11>

8 서머나 교회의 사자에게 편지하기를 처음이요 나중이요 죽었다가 살아나신 이가 가
라사대 9 **내가 네 환난과 궁핍을 아노니 실상은 네가 부요한 자니라 자칭 유대인이라
하는 자들의 훼방도 아노니 실상은 유대인이 아니요 사단의 회라** 10 네가 장차 받을 고
난을 두려워 말라 볼지어다 마귀가 장차 너희 가운데서 몇 사람을 옥에 던져 시험을 받
게 하리니 너희가 십 일 동안 환난을 받으리라 **네가 죽도록 충성하라 그리하면 내가 생
명의 면류관을 네게 주리라** 11 귀 있는 자는 성령이 교회들에게 하시는 말씀을 들을지
어다 이기는 자는 둘째 사망의 해를 받지 아니하리라

3. 버가모 교회 <2;12-17>

버가모 교회에서는 그분이 미워하시는 두 거짓 교리들이 성행했습니다. 그것들은 무엇입니까? <2:14-15>

<그러나 네게 두어 가지 책망할 것이 있나니 거기 네게 **1. 발람의 교훈**을 지키는 자들이 있도다 발람이 발락을 가르쳐 **1. 이스라엘 앞에 올무를 놓아 우상의 제물을 먹게 하였고 / 2. 또 행음하게 하였느니라** 이와 같이 네게도 **2. 니골라당의 교훈**을 지키는 자들이 있도다 계2:14-15>

4. 두아디라 교회 <2:18-29>

18 두아디라 교회의 사자에게 편지하기를 그 눈이 불꽃 같고 그 발이 빛난 주석과
같은 하나님의 아들이 가라사대 19 내가 네 사업과 사랑과 믿음과 섬김과 인내를 아노
니 네 나중 행위가 처음 것보다 많도다 20 그러나 네게 책망할 일이 있노라 자칭 선지
자라 하는 여자 이세벨을 네가 용납함이니 그가 내 종들을 가르쳐 꾀어 행음하게 하고
우상의 제물을 먹게 하는도다 21 또 내가 그에게 회개할 기회를 주었으되 그 음행을 회
개하고자 아니하는도다 22 볼지어다 내가 그를 침상에 던질 터이요 또 그로 더불어 간

음하는 자들도 만일 그의 행위를 회개치 아니하면 큰 환난 가운데 던지고 23 또 내가 사망으로 그의 자녀를 죽이리니 모든 교회가 나는 사람의 뜻과 마음을 살피는 자인 줄 알지라 내가 너희 각 사람의 행위대로 갚아 주리라 24 두아디라에 남아 있어 이 교훈을 받지 아니하고 소위 사단의 깊은 것을 알지 못하는 너희에게 말하노니 다른 짐으로 너희에게 지울 것이 없노라

5. 사데 교회 <3;1-6>

1 사데 교회의 사자에게 편지하기를 하나님의 일곱 영과 일곱 별을 가진 이가 가라사대 내가 네 행위를 아노니 네가 살았다 하는 이름은 가졌으나 죽은 자로다 2 너는 일깨워 그 남은 바 죽게 된 것을 굳게 하라 내 하나님 앞에 네 행위의 온전한 것을 찾지 못하였노니 3 그러므로 네가 어떻게 받았으며 어떻게 들었는지 생각하고 지키어 회개하라 만일 일깨지 아니하면 내가 도적같이 이르리니 어느 시에 네게 임할는지 네가 알지 못하리라 4 그러나 사데에 그 옷을 더럽히지 아니한 자 몇 명이 네게 있어 흰 옷을 입고 나와 함께 다니리니 그들은 합당한 자인 연고라 5 이기는 자는 이와 같이 흰 옷을 입을 것이요 내가 그 이름을 생명책에서 반드시 흐리지 아니하고 그 이름을 내 아버지 앞과 그 천사들 앞에서 시인하리라 6 귀 있는 자는 성령이 교회들에게 하시는 말씀을 들을지어다

6. 빌라델비아 교회 <3:7-13>

7 빌라델비아 교회의 사자에게 편지하기를 거룩하고 진실하사 다윗의 열쇠를 가지신 이 곧 열면 닫을 사람이 없고 닫으면 열 사람이 없는 그이가 가라사대 8 볼지어다 내가 네 앞에 열린 문을 두었으되 능히 닫을 사람이 없으리라 내가 네 행위를 아노니 네가 적은 능력을 가지고도 내 말을 지키며 내 이름을 배반치 아니하였도다 9 보라 사단의 회 곧 자칭 유대인이라 하나 그렇지 않고 거짓말 하는 자들 중에서 몇을 네게 주어 저희로 와서 네 발 앞에 절하게 하고 내가 너를 사랑하는 줄을 알게 하리라 10 네가 나의 인내의 말씀을 지켰은즉 내가 또한 너를 지키어 시험의 때를 면하게 하리니 이는 장차 온 세상에 임하여 땅에 거하는 자들을 시험할 때라 11 내가 속히 임하리니 네가 가진 것을 굳게 잡아 아무나 네 면류관을 빼앗지 못하게 하라 12 이기는 자는 내 하나님 성전에 기둥이 되게 하리니 그가 결코 다시 나가지 아니하리라 내가 하나님의 이름과 하나님의 성 곧 하늘에서 내 하나님께로부터 내려오는 새 예루살렘의 이름과 나의 새 이름을 그이 위에 기록하리라 13 귀 있는 자는 성령이 교회들에게 하시는 말씀을 들을지어다

▶요한계시록 3:8은 이 사실을 어떻게 언급하고 있습니까?

<계3:8> 볼지어다 내가 네 앞에 열린 문을 두었으되 능히 닫을 사람이 없으리라 내가 네 행위를 아노니 네가 적은 능력을 가지고도 내 말을 지키며 내 이름을 배반치 아니하였도다

7. 라오디게아 교회 <3:14-22>

14 라오디게아 교회의 사자에게 편지하기를 아멘이시요 충성되고 참된 증인이시요 하나님의 창조의 근본이신 이가 가라사대 15 내가 네 행위를 아노니 네가 차지도 아니하고 더웁지도 아니하도다 네가 차든지 더웁든지 하기를 원하노라 16 네가 이같이 미지근하여 더웁지도 아니하고 차지도 아니하니 내 입에서 너를 토하여 내치리라 17 네가 말하기를 나는 부자라 부요하여 부족한 것이 없다 하나 네 곤고한 것과 가련한 것과

가난한 것과 눈먼 것과 벌거벗은 것을 알지 못하도다 18 내가 너를 권하노니 내게서 불로 연단한 금을 사서 부요하게 하고 흰 옷을 사서 입어 벌거벗은 수치를 보이지 않게 하고 안약을 사서 눈에 발라 보게 하라 19 무릇 내가 사랑하는 자를 책망하여 징계하노니 그러므로 네가 열심을 내라 회개하라 20 볼지어다 내가 문 밖에 서서 두드리노니 누구든지 내 음성을 듣고 문을 열면 내가 그에게로 들어가 그로 더불어 먹고 그는 나로 더불어 먹으리라 21 이기는 그에게는 내가 내 보좌에 함께 앉게 하여 주기를 내가 이기고 아버지 보좌에 함께 앉은 것과 같이 하리라 22 귀 있는 자는 성령이 교회들에게 하시는 말씀을 들을지어다

▶ 우리 주님은 이 교회를 위해 어떠한 책망을 하십니까? <3:15-16>
<계3:15-16> 내가 네 행위를 아노니 네가 차지도 아니하고 더웁지도 아니하도다 네가 차든지 더웁든지 하기를 원하노라 네가 이같이 미지근하여 더웁지도 아니하고 차지도 아니하니 내 입에서 너를 토하여 내치리라

▶ 우리는 이제 요한계시록에 언급된 모든 일곱 교회들을 다루었습니다. 당신은 어떤 것이 오늘날 그리스도 교회에 가장 흡사하다고 생각하십니까?

왜 당신은 그렇게 생각하십니까?

제49주 요한계시록4-6장 "장차 될 일"

▶ 요한계시록 4:1, 고린도전서 15:51-52, 데살로니가전서 4:16-17, 그리고 마태복음 24:36-41을 연구하셔서 당신의 설명을 아래에 기록하십시오.

<계4:1> 이 일 후에 내가 보니 하늘에 열린 문이 있는데 내가 들은 바 처음에 내게 말하던 나팔 소리 같은 그 음성이 가로되 이리로 올라오라 이후에 마땅히 될 일을 내가 네게 보이리라 하시더라

<전15:51-52> 보라 내가 너희에게 비밀을 말하노니 우리가 다 잠잘 것이 아니요 마지막 나팔에 순식간에 홀연히 다 변화하리니 나팔 소리가 나매 죽은 자들이 썩지 아니할 것으로 다시 살고 우리도 변화하리라고 주께서 호령과 천사장의 소리와 하나님의 나팔로 친히 하늘로 좇아 강림하시리니

<살전4:16-17> 그리스도 안에서 죽은 자들이 먼저 일어나고 그 후에 우리 살아 남은 자도 저희와 함께 구름 속으로 끌어올려 공중에서 주를 영접하게 하시리니 그리하여 우리가 항상 주와 함께 있으리라

<마24:36-41> 그러나 그 날과 그 때는 아무도 모르나니 하늘의 천사들도, 아들도 모르고 오직 아버지만 아시느니라 노아의 때와 같이 인자의 임함도 그러하리라 홍수 전에 노아가 방주에 들어가던 날까지 사람들이 먹고 마시고 장가들고 시집가고 있으면서 홍수가 나서 저희를 다 멸하기까지 깨닫지 못하였으니 인자의 임함도 이와 같으리라 그 때에 두 사람이 밭에 있으매 하나는 데려감을 당하고 하나는 버려둠을 당할 것이요 두 여자가 매를 갈고 있으매 하나는 데려감을 당하고 하나는 버려둠을 당할 것이니라

▶ 요한계시록 4:2-3절 상반절에 나오는 벽옥과 홍보석의 의미는 무엇입니까?
<출애굽기 28:15-21을 보십시오>

<계4:2-3> 내가 곧 성령에 감동하였더니 보라 하늘에 보좌를 베풀었고 그 보좌 위에 앉으신 이가 있는데 앉으신 이의 모양이 벽옥과 홍보석 같고 또 무지개가 있어 보좌에 둘렸는데 그 모양이 녹보석 같더라

<출28:15-21> 너는 판결 흉패를 에봇 짜는 법으로 금실과 청색 자색 홍색실과 가늘게 꼰 베실로 공교히 짜서 만들되 장광이 한 뼘씩 두 겹으로 네모 반듯하게 하고 그것에 네 줄로 보석을 물리되 첫 줄은 홍보석 황옥 녹주옥이요 둘째 줄은 석류석 남보석 홍마노요 셋째 줄은 호박 백마노 자수정이요 넷째 줄은 녹보석 호마노 벽옥으로 다 금테에 물릴지니 이 보석들은 이스라엘 아들들의 이름대로 열둘이라 매보석에 열두 지파의 한 이름씩 인을 새기는 법으로 새기고

▶ 누가 오늘날 우리를 위하여 중보의 사역을 하십니까? <딤전 2:5>

<딤전2:5> 하나님은 한 분이시요 또 하나님과 사람 사이에 중보도 한 분이시니 곧 사람이신 그리스도 예수라

5장 :

▶ 일곱 인봉된 책을 열기 위하여 합당한 자로 누가 나타났습니까?

<5:5-6:1> 장로 중에 하나가 내게 말하되 울지 말라 유대 지파의 사자 다윗의 뿌리가 이기었으니 이 책과 그 일곱 인을 떼시리라 하더라 내가 또 보니 보좌와 네 생물과 장로들 사이에 **어린 양**이 섰는데 일찍 죽임을 당한 것 같더라 일곱 뿔과 일곱 눈이 있으니 이 눈은 온 땅에 보내심을 입은 **하나님의 일곱 영**이더라 어린 양이 나아와서 보좌에 앉으신 이의 오른손에서 책을 취하시니라 책을 취하시매 네 생물과 이십사 장로들이 어린 양 앞에 엎드려 각각 거문고와 향이 가득한 금대접을 가졌으니 이 향은 성도의 기도들이라 새 노래를 노래하여 가로되 책을 가지시고 그 인봉을 떼기에 합당하시도다 일찍 죽임을 당하사 각 족속과 방언과 백성과 나라 가운데서 사람들을 피로 사서 하나님께 드리시고 저희로 우리 하나님 앞에서 나라와 제사장을 삼으셨으니 저희가 땅에서 왕노릇 하리로다 하더라 내가 또 보고 들으매 보좌와 생물들과 장로들을 둘러선 많은 천사의 음성이 있으니 그 수가 만만이요 천천이라 큰 음성으로 가로되 죽임을 당하신 어린 양이 능력과 부와 지혜와 힘과 존귀와 영광과 찬송을 받으시기에 합당하도다 하더라 내가 또 들으니 하늘 위에와 땅 위에와 땅 아래와 바다 위에와 또 그 가운데 모든 만물이 가로되 보좌에 앉으신 이와 어린 양에게 찬송과 존귀와 영광과 능력을 세세토록 돌릴지어다 하니 네 생물이 가로되 아멘 하고 장로들은 엎드려 경배하더라 내가 보매 어린 양이 일곱 인 중에 하나를 떼시는 그 때에 내가 들으니 네 생물 중에 하나가 우뢰 소리같이 말하되 오라 하기로

6장 :

▶ 4) 넷째 인 --- 청황색 말 <6:7-8>. 청황색 말 위에 탄 자의 이름은 무엇이며 무엇을 할 수 있는 능력이 그에게 주어졌습니까? <6:8>

<계6:8> 내가 보매 **청황색 말이 나오는데 그 탄 자의 이름은 사망이니** 음부가 그 뒤를 따르더라 저희가 **땅 사분 일의 권세**를 얻어 검과 흉년과 사망과 땅의 짐승으로써 죽이더라

▶ 이 끔직한 재난이 발생했을 때 모든 종류의 사람들은 어떻게 합니까?

<계6:15-17> 땅의 임금들과 왕족들과 장군들과 부자들과 강한 자들과 각 종과 자주자가 굴과 산 바위틈에 숨어 산과 바위에게 이르되 우리 위에 떨어져 보좌에 앉으신 이

의 낯에서와 어린 양의 진노에서 우리를 가리우라 그들의 진노의 큰 날이 이르렀으니 누가 능히 서리요 하더라

제50주 요한계시록 7-9장

7장 :

로마서 11:25-26에서 바울은 이스라엘의 영적 회복에 관하여 어떻게 말했습니까?

<롬11:25-26> 형제들아 너희가 스스로 지혜 있다 함을 면키 위하여 이 비밀을 너희가 모르기를 내가 원치 아니하노니 이 비밀은 이방인의 충만한 수가 들어오기까지 이스라엘의 더러는 완악하게 된 것이라 그리하여 온 이스라엘이 구원을 얻으리라 기록된 바 구원자가 시온에서 오사 야곱에게서 경건치 않은 것을 돌이키시겠고

8장 :

첫째 나팔

▶ 첫째 천사가 그의 나팔을 불 때 어떤 일이 생겼습니까?

<계8:7> 첫째 천사가 나팔을 부니 피 섞인 우박과 불이 나서 땅에 쏟아지매 땅의 삼분의 일이 타서 사위고 수목의 삼분의 일도 타서 사위고 각종 푸른 풀도 타서 사위더라

둘째 나팔

셋째 나팔

▶ 셋째 천사가 나팔을 불 때 어떤 일이 일어납니까?

<계8:10-11> 셋째 천사가 나팔을 부니 횃불같이 타는 큰 별이 하늘에서 떨어져 강들의 삼분의 일과 여러 물샘에 떨어지니 이 별 이름은 쑥이라 물들의 삼분의 일이 쑥이 되매 그 물들이 쓰게 됨을 인하여 많은 사람이 죽더라

▶강들에 이 쑥이 떨어질 때 어떤 일이 일어납니까?

<계8:10-11> 셋째 천사가 나팔을 부니 횃불같이 타는 큰 별이 하늘에서 떨어져 강들의 삼분의 일과 여러 물샘에 떨어지니 이 별 이름은 쑥이라 물들의 삼분의 일이 쑥이 되매 그 물들이 쓰게 됨을 인하여 많은 사람이 죽더라

넷째 나팔

▶ 이 땅과 바다와 강들에 영향을 주었던 첫 세 나팔들의 심판과는 대조적으로 넷째 나팔을 하늘에 영향을 줍니다. 넷째 천사가 나팔을 불 때 어떤 일이 벌어집니까?

<계8:12> 넷째천사가 나팔을 부니 해 삼분의 일과 달 삼분의 일과 별들의 삼분의 일이 침을 받아 그 삼분의 일이 어두워지니 낮 삼분의 일은 비췸이 없고 밤도 그러하더라

9장 :

다섯째 나팔

▶ 이 무저갱으로부터 나온 짐승들은 무엇을 할 것입니까?

<계9:3-10> 또 황충이 연기 가운데로부터 땅 위에 나오매 저희가 땅에 있는 전갈의 권세와 같은 권세를 받았더라 저희에게 이르시되 땅의 풀이나 푸른 것이나 각종 수목은 해하지 말고 오직 이마에 하나님의 인 맞지 아니한 사람들만 해하라 하시더라 그러나 그들을 죽이지는 못하게 하시고 다섯 달 동안 괴롭게만 하게 하시는데 그 괴롭게 함은 전갈이 사람을 쏠 때에 괴롭게 함과 같더라 그 날에는 사람들이 죽기를 구하여도 얻지 못하고 죽고 싶으나 죽음이 저희를 피하리로다 황충들의 모양은 전쟁을 위하여 예비한 말들 같고 그 머리에 금 같은 면류관 비슷한 것을 썼으며 그 얼굴은 사람의 얼굴 같고 또 여자의 머리털 같은 머리털이 있고 그 이는 사자의 이 같으며 또 철흉갑 같은 흉갑

이 있고 그 날개들의 소리는 병거와 많은 말들이 전장으로 달려들어가는 소리 같으며 또 전갈과 같은 꼬리와 쏘는 살이 있어 그 꼬리에는 다섯 달 동안 사람들을 해하는 권세가 있더라

여섯째 나팔

▶ 그 년, 월, 일, 시는 무엇을 지시하는 것 같습니까?

<계9:15> 네 천사가 놓였으니 그들은 그 년, 월, 일, 시에 이르러 사람 삼분의 일을 죽이기로 예비한 자들이더라

▶ 이 심판의 결과로써 어떤 일이 일어납니까?

<계9:20-21> 이 재앙에 죽지 않고 남은 사람들은 그 손으로 행하는 일을 회개치 아니하고 오히려 여러 귀신과 또는 보거나 듣거나 다니거나 하지 못하는 금, 은, 동과 목석의 우상에게 절하고 또 그 살인과 복술과 음행과 도적질을 회개치 아니하더라

제51주 요한계시록 10-16장

10장 :

11장 :

▶ 적그리스도는 이 성전에서 어떤 일을 할 것입니까?

<살후2:3-4> 누가 아무렇게 하여도 너희가 미혹하지 말라 먼저 배도하는 일이 있고 저 불법의 사람 곧 멸망의 아들이 나타나기 전에는 이르지 아니하리니 저는 대적하는 자라 범사에 일컫는 하나님이나 숭배함을 받는 자 위에 뛰어나 자존하여 하나님 성전에 앉아 자기를 보여 하나님이라 하느니라

<단9:27> 그가 장차 많은 사람으로 더불어 한 이레 동안의 언약을 굳게 정하겠고 그가 그 이레의 절반에 제사와 예물을 금지할 것이며 또 잔포하여 미운 물건이 날개를 의지하여 설 것이며 또 이미 정한 종말까지 진노가 황폐케 하는 자에게 쏟아지리라 하였느니라

<마24:15> 그러므로 너희가 선지자 다니엘의 말한 바 멸망의 가증한 것이 거룩한 곳에 선 것을 보거든 (읽는 자는 깨달을진저)

▶ 이 거룩한 성은 이방인들의 발아래 얼마나 오랫동안 짓밟힐 것입니까?

<계 11:2> 성전 밖 마당은 척량하지 말고 그냥 두라 이것을 이방인에게 주었은즉 저희가 거룩한 성을 **마흔두 달 동안** 짓밟으리라

▶ 이 두 증인들에게 어떤 일이 일어났습니까?

<계 11:7-10> 현대인 쉬운 성경

두 증인의 예언이 끝나고 나면, 한 짐승이 나타나 그들과 싸우게 될 것입니다. 그 짐승은 끝이 보이지 않는 구덩이에서 올라와 싸움을 한 뒤, 그들을 죽일 것입니다. 두 증인의 시체는 큰 성의 길거리에 버려질 것인데, 이 성은 소돔 혹은 이집트라고 불립니다. 그 곳은 바로 우리 주님이 죽임을 당하신 곳입니다. 모든 나라와 민족들이 그들의 시체를 땅에 묻지 않고, 삼 일하고 반나절 동안, 내버려 둔 채 구경할 것입니다. 이 땅에 살고 있는 사람들은 모두 그들의 죽음을 기뻐할 것입니다. 또 잔치를 하고, 서로 선물도 주고받으며 즐거워할 것입니다. 그것은 이 두 증인이 그들에게 너무나 많은 고통을 가져

다주었기 때문입니다.

일곱째 나팔

▶ 1:19에서 요한은 하나님의 성전 안에 있는 무엇을 보았습니까?

<계11:19>이에 하늘에 있는 하나님의 성전이 열리니 성전 안에 하나님의 언약궤가 보이며 또 번개와 음성들과 뇌성과 지진과 큰 우박이 있더라

2장 :

▶ 용은 누구이며 그는 무엇을 하려고 합니까?

<계12:3-4> 하늘에 또 다른 이적이 보이니 보라 한 큰 붉은 용이 있어 머리가 일곱이요 뿔이 열이라 그 여러 머리에 일곱 면류관이 있는데 그 꼬리가 하늘 별 삼분의 일을 끌어다가 땅에 던지더라 용이 해산하려는 여자 앞에서 그가 해산하면 그 아이를 삼키고자 하더니

<계12:9> 큰 용이 내어쫓기니 옛 뱀 곧 마귀라고도 하고 사단이라고도 하는 온 천하를 꾀는 자라 땅으로 내어쫓기니 그의 사자들도 저와 함께 내어쫓기니라

13장 :

이 둘째 짐승은 13:13-15에서 무엇을 하려고 합니까?

<계13:13-15> 큰 이적을 행하되 심지어 사람들 앞에서 불이 하늘로부터 땅에 내려오게 하고 짐승 앞에서 받은 바 이적을 행함으로 땅에 거하는 자들을 미혹하며 땅에 거하는 자들에게 이르기를 칼에 상하였다가 살아난 짐승을 위하여 우상을 만들라 하더라 저가 권세를 받아 그 짐승의 우상에게 생기를 주어 그 짐승의 우상으로 말하게 하고 또 짐승의 우상에게 경배하지 아니하는 자는 몇이든지 다 죽이게 하더라

▶ 둘째 짐승은 사람들에게 표를 받도록 강요합니다. '표'란 말은 "새기다 또는 인을 찍다"를 의미합니다. 이 표가 없이는 그들은 사거나 팔 수 없게 됩니다. <13:16-17>

13:16-18에 의하면 이 표는 무엇입니까? <u>(인체바코드)</u>

<계13:16-18> 저가 모든 자 곧 작은 자나 큰 자나 부자나 빈궁한 자나 자유한 자나 종들로 그 오른손에나 이마에 표를 받게 하고 누구든지 이 표를 가진 자 외에는 매매를 못하게 하니 이 표는 곧 짐승의 이름이나 그 이름의 수라 지혜가 여기 있으니 총명 있는 자는 그 짐승의 수를 세어 보라 그 수는 사람의 수니 **육백육십육**이니라

14장 :

15장 :

16장 :

4) 넷째 대접 -- 해 <16:8-9>

이 심판에서는 해가 뜨거워져서 사람들은 그 열에 탈 것입니다. 어떤 이들은 핵 무기가 태양의 해로운 광선으로부터 지구를 보존하고 있는 오존층을 파괴할 것이라고 믿고 있습니다.

▶ 이 대접의 결과로써 사람들은 어떻게 행합니까?

<계16:9> 사람들이 크게 태움에 태워진지라 이 재앙들을 행하는 권세를 가지신 하나님의 이름을 훼방하며 또 회개하여 영광을 주께 돌리지 아니하더라

5) 다섯째 대접 -- 흑암>

이 대접은 적그리스도의 보좌를 향합니다. 이 흑암은 사람들에게 중대한 심리적 영향을 갖게 할 것입니다. 그들은 어떻게 할 것입니까?

<계16:10-11> 사람들이 아파서 자기 혀를 깨물고 아픈 것과 종기로 인하여 하늘의 하나님을 훼방하고 저희 행위를 회개치 아니하더라

6) 여섯째 대접 -- 유브라데 강이 마름 <16:12-16>

유브라데강은 이 당시 의심할 여지 없이 이스라엘의 동쪽 경계에 있게 될 것입니다. 약속의 땅에 관한 하나님과 아브라함 사이의 언약에 있어서 하나님은 창세기 15:18에 어떠한 약속을 하셨습니까?

<창15;18> 그 날에 여호와께서 아브람으로 더불어 언약을 세워 가라사대 내가 이 땅을 애굽 강에서부터 그 큰 강 유브라데까지 네 자손에게 주노니

오늘날의 중동지역의 지도를 보시고 아래 질문들에 대답하십시오 :

오늘날 만일 이스라엘이 창세기 15:18에 약속된 기업을 소유하려 한다면 어떤 국가나 또는 국가의 일부를 그들이 정복해야 합니까?

1. 레바논 2.. 요르단 3. 시리아
4. 이라크 5. 사우디아라비아 6. 이집트

▶ 어떠한 현대의 "초 능력자"가 그들을 북동쪽으로 더욱 가깝게 밀어 넣을 것입니까?

(계 16:13) 또 내가 보매 개구리 같은 **세 더러운 영이 용의 입과 짐승의 입과 거짓 선지자의 입에서 나오니 그들은 귀신의 영이라 이적을 행하여 온 천하 왕들에게 가서 하나님 곧 전능하신 이의 큰 날에 있을 전쟁을 위하여 그들을 모으더라** 보라 내가 도둑 같이 오리니 누구든지 깨어 자기 옷을 지켜 벌거벗고 다니지 아니하며 자기의 부끄러움을 보이지 아니하는 자는 복이 있도다 세 영이 히브리어로 **아마겟돈(북동쪽 최후의 전쟁터)이라 하는 곳으로 왕들을 모으더라**

제52주 요한계시록 17장 - 22장

17장 :

▶ 6절에 의하면 이 최후의 악의 조직인 바벨론은 그리스도인들을 어떻게 다룹니까?

<계17:6> 또 내가 보매 이 여자가 성도들의 피와 예수의 증인들의 피에 취한지라 내가 그 여자를 보고 기이히 여기고 크게 기이히 여기니

▶ 이 장은 또한 이 현재와 미래의 악의 조직은 멸망한다는 사실을 분명히 해 줍니다. 14절에 의하면 바벨론의 운명은 무엇입니까?

<계17:14> 저희가 어린 양으로 더불어 싸우려니와 어린 양은 만주의 주시요 만왕의 왕이시므로 저희를 이기실 터이요 또 그와 함께 있는 자들 곧 부르심을 입고 빼내심을 얻고 진실한 자들은 이기리로다

18장 :

19장 :

▶ 이것이 지상에서의 심판 동안<계 19:9> 하늘에서 두 번째 사건인 '어린 양의 혼인

잔치'로 우리를 데려갈 것입니다. 마태복음 26:29에 나오는 마지막 만찬에서 예수님은 무엇이라고 말씀하셨습니까?

<마26:29>그러나 너희에게 이르노니 내가 포도나무에서 난 것을 이제부터 내 아버지의 나라에서 새 것으로 너희와 함께 마시는 날까지 마시지 아니하리라 하시니라

▶짐승(적그리스도), 거짓 선지자, 열왕과 지도자들, 그리고 짐승의 표를 받은 모든 자들은 이 전쟁에서 패합니다. 그리고 나서 짐승과 거짓 선지자와 그들을 따르는 자들에게 어떤 일이 일어납니까?

<계 19:20-21> 짐승이 잡히고 그 앞에서 이적을 행하던 거짓 선지자도 함께 잡혔으니 이는 짐승의 표를 받고 그의 우상에게 경배하던 자들을 이적으로 미혹하던 자라 이 둘이 산 채로 유황불 붙는 못에 던지우고 그 나머지는 말 탄 자의 입으로 나오는 검에 죽으매 모든 새가 그 고기로 배불리우더라

20장 :

20장 4:6은 천년왕국을 간략하게 묘사하고 있습니다. '천년왕국'이란 말은 무엇을 의미하며 계시록 20:4-6을 읽어보면 그것은 무엇과 같을 것입니까? (또한 이사야 2:4, 11:7-9, 29:18 그리고 35:1-2을 참조 하십시오.)

<계20:4-6> 또 내가 보좌들을 보니 거기 앉은 자들이 있어 심판하는 권세를 받았더라 또 내가 보니 예수의 증거와 하나님의 말씀을 인하여 목 베임을 받은 자의 영혼들과 또 짐승과 그의 우상에게 경배하지도 아니하고 이마와 손에 그의 표를 받지도 아니한 자들이 살아서 그리스도로 더불어 천 년 동안 왕 노릇 하니 (그 나머지 죽은 자들은 그 천 년이 차기까지 살지 못하더라) 이는 첫째 부활이라 이 첫째 부활에 참예하는 자들은 복이 있고 거룩하도다 둘째 사망이 그들을 다스리는 권세가 없고 도리어 그들이 하나님과 그리스도의 제사장이 되어 천 년 동안 그리스도로 더불어 왕 노릇 하리라

<사2:4> 그가 열방 사이에 판단하시며 많은 백성을 판결하시리니 무리가 그 칼을 쳐서 보습을 만들고 그 창을 쳐서 낫을 만들 것이며 이 나라와 저 나라가 다시는 칼을 들고 서로 치지 아니하며 다시는 전쟁을 연습지 아니하리라

<사11:7-9> 암소와 곰이 함께 먹으며 그것들의 새끼가 함께 엎드리며 사자가 소처럼 풀을 먹을 것이며 젖 먹는 아이가 독사의 구멍에서 장난하며 젖 뗀 어린아이가 독사의 굴에 손을 넣을 것이라 나의 거룩한 산 모든 곳에서 해됨도 없고 상함도 없을 것이니 이는 물이 바다를 덮음같이 여호와를 아는 지식이 세상에 충만할 것임이니라

<사29:18> 그 날에 귀머거리가 책의 말을 들을 것이며 어둡고 캄캄한 데서 소경의 눈이 볼 것이며

<사35:1-2> 광야와 메마른 땅이 기뻐하며 사막이 백합화같이 피어 즐거워하며 무성하게 피어 기쁜 노래로 즐거워하며 레바논의 영광과 갈멜과 사론의 아름다움을 얻을 것이라 그것들이 여호와의 영광 곧 우리 하나님의 아름다움을 보리로다

▶ 그를 따르는 자들이 멸망한 후 마귀에게 어떤 일이 일어납니까?

<계20:10> 또 저희를 미혹하는 마귀가 불과 유황 못에 던지우니 거기는 그 짐승과 거짓 선지자도 있어 세세토록 밤낮 괴로움을 받으리라

▶ 크고 흰 보좌심판에 나타난 이 사람들은 누구입니까?

<20:5-6> (그 나머지 죽은 자들은 그 천 년이 차기까지 살지 못하더라) 이는 첫째 부활이라 이 첫째 부활에 참예하는 자들은 복이 있고 거룩하도다 둘째 사망이 그들을 다스리는 권세가 없고 도리어 그들이 하나님과 그리스도의 제사장이 되어 천 년 동안 그리스도로 더불어 왕 노릇 하리라

<계20:13> 바다가 그 가운데서 죽은 자들을 내어 주고 또 사망과 음부도 그 가운데서 죽은 자들을 내어 주매 각 사람이 자기의 행위대로 심판을 받고

▶ 마태복음 11:21-24과 누가복음 12:47-48을 읽으시고 이 두 문맥에 기록된 것으로 보아 예수님께서 심판에 관하여 무엇을 의미하신다고 생각하는지 설명하십시오.

<마11:21-24> 화가 있을진저 고라신아 화가 있을진저 벳새다야 너희에게서 행한 모든 권능을 두로와 시돈에서 행하였더면 저희가 벌써 베옷을 입고 재에 앉아 회개하였으리라 내가 너희에게 이르노니 심판 날에 두로와 시돈이 너희보다 견디기 쉬우리라 가버나움아 네가 하늘에까지 높아지겠느냐 음부에까지 낮아지리라 네게서 행한 모든 권능을 소돔에서 행하였더면 그 성이 오늘날까지 있었으리라 내가 너희에게 이르노니 심판 날에 소돔 땅이 너보다 견디기 쉬우리라 하시니라

<눅12:47-48> 주인의 뜻을 알고도 예비치 아니하고 그 뜻대로 행치 아니한 종은 많이 맞을 것이요 알지 못하고 맞을 일을 행한 종은 적게 맞으리라 무릇 많이 받은 자에게는 많이 찾을 것이요 많이 맡은 자에게는 많이 달라 할 것이니라

21장 :

▶ 옛것이 사라짐에 따라 새 하늘과 새 땅(21:1)이 가능하게 되었습니다. 옛 하늘과 옛 땅에는 어떤 일이 생겼습니까?

<벧후3:7> 이제 하늘과 땅은 그 동일한 말씀으로 불사르기 위하여 간수하신 바 되어 경건치 아니한 사람들의 심판과 멸망의 날까지 보존하여 두신 것이니라

<벧후3:10> 그러나 주의 날이 도적같이 오리니 그 날에는 하늘이 큰 소리로 떠나가고 체질이 뜨거운 불에 풀어지고 땅과 그 중에 있는 모든 일이 드러나리로다

22장 :

▶ 22:18-19에서 어떠한 마지막 경고가 주어졌습니까?

<계22:18-19> 내가 이 책의 예언의 말씀을 듣는 각인에게 증거하노니 만일 누구든지 이것들 외에 더하면 하나님이 이 책에 기록된 재앙들을 그에게 더하실 터이요 만일 누구든지 이 책의 예언의 말씀에서 제하여 버리면 하나님이 이 책에 기록된 생명나무와 및 거룩한 성에 참여함을 제하여 버리시리라

제53주 신약의 복습

Ⅰ. 짝 맞추기

▶ 빈칸에 알맞은 글자(a,b,c)를 서 넣음으로 아래의 짝을 맞추십시오.

__m__ 1. 빌립보서	a. 편지
__n__ 2. 사두개인	b. 언약
__c__ 3. 살로메	c. 헤롯의 딸
__o__ 4. 바리새인	d. "사랑의 장"
__j__ 5. 서기관	e. 반(half) 유대인
__e__ 6. 사마리아인	f. 세금을 거두는 자
__f__ 7. 세리	g. 목 베임
__b__ 8. 성서	h. 저자가 알려지지 않음
__l__ 9. 누가복음	I. 가장 짧은 복음서
__I__ 10. 마가복음	j. 율법의 교사
__p__ 11. 요한복음	k. 대 제사장
__a__ 12. 서신서	l. 유일한 이방인 저자
__g__ 13. 오순절	m. 그리스도인의 기쁨
__d__ 14. 고린도전서 13장	n. 부활을 믿지 않음
__r__ 15. 스데반	o. 율법가들
__q__ 16. 세례요한	p. 사랑 받는 제자
__k__ 17. 가야바	q. 성령강림
__h__ 18. 히브리서	r. 첫 번 순교자

Ⅱ. 지리

다음의 장소에 도달하기 위해 당신은 어느 방향으로 여행해야 합니까?
(15면의 지도를 사용하십시오)

1. 예루살렘에서 여리고로 __동__
2. 가나에서 사마리아로 __남__
3. 나사렛에서 베들레헴으로 __남__
4. 가나에서 가버나움으로 __북__
5. 가이사랴에서 베다니로 __남__

Ⅲ. 신약의 인물 알아 맞추기

__야고보__ 1. 요한의 형제
__로이스__ 2. 디모데의 외조모(딤후1:5)
__루디아__ 3. 자주 장사
__벨릭스__ 4. 그리스도인이 되도록 거의 설득 당한 자

헤롯왕 5. 충이 먹어 죽은 자
아데미 6. 에베소의 여인(행19:27)
요한 7. 우뢰의 아들
마귀 8. 거짓의 아비
유다 9. 예수님을 팔아 넘긴 자
바디메오 10. 여리고의 거지 소경
나사로 11. 부자의 대문가에 앉아 있던 거지
바울 12. 예수 그리스도를 위해 갇힌 자
오네시모 13. 도망친 종
야이로 14. 그 딸이 예수님에게 치료받은 회당장
도마 15. 디두모라 불리운 자(요11:16, 20:24)

Ⅳ. 신약의 내용 알아 맞추기

은30냥 1. 유다는 이것을 위해 예수를 팔아 넘김
12광주리 2. 5000명을 먹고 남은 것
베데스다 연못 3. 행각 다섯이 있던 곳
수가성 우물가 4. 예수님께서 사마리아 여인과 얘기하시기 위해 앉아 계셨던 곳
사 망 5. 죄의 삯
율 법 6. 바울에 의하면 그것은 우리의 몽학선생이었음
요한삼서 7. 가이오에게 보낸 서신
갈릴리 바다 8. 디베랴 바다의 흔히 쓰여지는 이름(요6:1)

Ⅴ. 지명 알아 맞추기

아덴 1. 알지 못하는 신을 위해 세워진 제단
밧모섬 2. 요한이 계시록을 기록한 곳
여리고 3. 예수님께서 삭개오를 만난 곳
갈릴리 4. 빌립, 안드레와 베드로의 고장
베다니 5. 마리아가 예수님 발에 기름을 부은 곳
베다니 6. 마리아와 마르다와 나사로의 고장
안디옥 7. 예수님을 따르는 자들이 처음으로 그리스도인이라 불리운 곳
가이사랴 8. 고넬료의 고장(행10:1)
버가 9. 요한 마가가 바울과 바나바를 떠난 곳(행13:13)
루스드라 10. 바울과 바나바가 신으로 간주된 곳(행14:11)
감람산 11. 그리스도께서 하늘로 올리운 곳
예루살렘 12. 종교 재판소(Mars Hill)가 있던 곳
물고기 13. 베드로가 세금을 내기 위한 돈을 발견한 곳
나사렛 14. 예수님께서 자라나신 곳

VI. 기억해야 할 구절들

다음 말씀들이 나오는 성경 구절들을 적어 넣으십시오.

마태복음 5:3 1. 심령이 가난한 자는 복이 있나니
요한복음 1:1 2. 태초에 말씀이 계시니라
빌립보서 4:13 3. 내게 능력주시는 그리스도 안에서 모든 것을 할 수 있느니라
데살로니가전서5:17 4. 쉬지 말고 기도하라
고린도전서13:13 5. 믿음 소망 사랑 이 세 가지는 항상 있을 것인데
에베소서6:13 6. 하나님의 전신갑주를 입으라
빌립보서4:8 7. 무엇에든지 참되며
디모데후서2:15 8. 자신을 하나님 앞에 드리기를 힘쓰라
로마서8:2 9. 우리가 알거니와 하나님을 사랑하는 자에게는 모든 것이 합력하여 선을 이루느니라
디모데후서1:7 10. 하나님이 우리에게 주신 것은 두려워하는 마음이 아니요
마태복음11:28 11. 수고하고 무거운 짐진 자들아 다 내게로 오라
히브리서10:25 12. 모이기를 폐하는 어떤 사람들의 습관과 같이 하지 말고
갈라디아서6:7 13. 스스로 속이지 말라 하나님은 만홀히 여김을 받지 아니하시나니
야고보서4:17 14. 이러므로 사람이 선을 행한 줄 알고도 행치 아니하면 죄니라
야고보서1:22 15. 너희는 도를 행하는 자가 되고 듣기만 하여 자신을 속이는 자가 되지 말라
베드로후서1:22 16. 주의 약속이 어떤 이의 더디다고 생각하는 것 같이 더딘 것이 아니라
히브리서3:9 17. 하나님의 말씀은 살았고 운동력이 있어
히브리서11:6 18. 믿음이 없이는 기쁘시게 못하나니

제54주 성경여행 후기 및 재학습계획

교재질문을 바탕으로 발표회를 준비해 보시기 바랍니다.

사회자/기도자/특별순서 및 발표자/특별찬송 준비

발표 예배 순서 예시

예배로의 인도(사회자)
찬 송(다같이)
대표기도(순서자)
성경봉독
특별찬송(학습공동체 전체 또는 대표자)
발 표 회 -
성경여행소감/성경여행속 만난 인물 /은혜받은 성경이야기/나의 결단 등
평 가 - 목사님이나 강사
찬 송
폐회기도(축도 또는 주기도문)

부록 - **약식 성경용어사전**

성경 주요 용어 사전

가난(Poor) 물질적인 가난, 유약, 불행 혹은 고통받는 상태 등의 의미를 지닌 히브리어와 헬라어의 여러 단어들을 번역한 말. 모세 율법은 가난한 사람들을 돌아보는 문제를 매우 상세하게 다루었으며, 그 문제에 상당한 지면을 할애한다. 이스라엘이 이 일에 무관심할 때는 선지자들이 일어나 이 주제를 가지고 길게 역설했다(출 22 : 25 ; 23 : 3-11 ; 레 19 : 9-15 ; 25 : 25-30, 39-54 ; 신 24 : 10-22 ; 사 10 : 1, 2 ; 암 2 : 6 ; 5 : 7 ; 말 3 : 5). 예수께서는 가난한 자들을 가까이 하셨으며, 비록 그분의 주된 가르침이 영적인 가난함이었음에도 그들에게 큰 관심을 보이셨다. 신약은 교회에 대하여 그들 중에 가난한 교인들을 돌아볼 것에 대해서 분명히 가르치며, 심지어 그들을 돌아보는 일을 전담할 집사라는 특수한 직분까지 제정했다(눅 6 : 20-26 ; 고후 6 : 10 ; 약 2 : 3-6 ; 행 6 : 1-6 ; 갈 2 : 10).

가이사(Caesar) 로마 황제들 곧 옥타비우스(아구스도), 디베료, 갈리굴라, 글라우디오, 네로를 잇달아 배출한 가문 이름. 이들은 어떻든간에 줄리어스 가이사와 관계가 있어 그의 이름을 지녔다. 후에 이 이름은 로마 황제를 표시하는 호칭이 되었다.

가증한 것, 가증한 일(Abomination) 의식적(儀式的)인 면에서나 도덕적인 면에서 하나님이 몹시 싫어하거나 불쾌하게 여기시는 것을 말한다. 그런 것에 해당하는 풍습과 대상으로 다음과 같은 것들이 있다. 시돈 사람의 여신 아스다롯이나 암몬 사람의 신 밀곰을 예배하는 것(왕상 11 : 5)과 같은 우상 숭배, 인간 제사(왕하 16 : 3), 복술과 무당(신 18 : 9-14), 부정한 짐승(레 11 : 10), 성적 타락(레 18 : 22, 23), 거짓말(잠 12 : 22), 비윤리적인 사업 행위(잠 20 : 23), 마음의 악한 동기(잠 1 : 18, 19 ; 눅 1 : 15)등이 있다.

간음[1], 간통(Adultery) 구약에서 간음은 해당 여자가 약혼하였거나 결혼한 사람인 경우에만 성립되었다. 결혼한 남자는 아내가 아닌 여자와 성관계를 가질 수 있었던 것이 분명하며, 물론 그 여자가 결혼한 사람이 아니라면 간음죄가 성립되지 않았다(창 38 : 12-16). 간음은 엄격히 금지되었고, 간음을 행한 자는 돌로 쳐죽이게 되어 있었다(레 18 : 20 ; 20 : 10 ; 신 22 : 22, 24). 고대의 다른 중근동 국가의 지역 풍습과 마찬가지로 남편에게 의심을 받는 여자는 "저주를 가져오는 쓴 물"로 조사를 받게 할 수 있었다(민 5 : 13-31).

신약에서 예수께서는 그 행위 자체뿐만 아니라 음욕을 품는 사람도 정죄하셨다. 아내와 이혼하고 다른 여자와 결혼하는 것도 간음이다. 그리스도인들은 간음과 간통을 범해서는 안된다고 거듭 거듭 경고를 받는다. 신약에서는 남편도 아내와 마찬가지로 엄격한 도덕에 매여 있다(마 5 : 21-27 ; 막 10 : 11, 12 ; 고전 6 : 9).

간음[2], 음행(Fornication) 일반적으로는 정상적인 결혼 관계 외의 성관계를 갖는 것을 가리킨다. 상징적으로 이 말은 우상 숭배의 죄를 범하는 것과, 하나님께 대해서 음란죄를 짓는 것을 가리킨다(마 15 : 19 ; 계 17 : 4 ; 21 : 8). 어떤 이들은 간통은 기혼자들 사이에 범하는 죄이고 간음은 미혼자들 사이에 범하는 성적 범죄라고 말한다. 성경에 죄의 목록 가운데 보면 이 간음죄와 간통죄가 함께 나오지만, 성경이 그 차이점을 밝히고 있지는 않다. 마 5 : 32을 보면, 거기에 '결혼 생활의 정조를 지키지 못한 것'을 가리켜 헬라어로 종종 '간음(fornication)'이라고 기록하고 있다.

감독(Overseer) 신약의 교회 안에서의 한 직분에 대해서 쓰였다(딤전 3 : 1, 2 ; 딛 1 : 7 ; 빌 1 : 1 ; 행 20 : 28). 오늘날 우리가 알고 있는 성직 계급의 구분은 A.D. 1세기 말엽 이후에서야 비로소 생겼다. 벧전 2 : 25은 예수님을 가리켜 '감독'이라고 한다.

감동, 감정(Emotions) 문자적으로 신체의 일부에 해당하는 말들이 성경에서 종종 감정을 나타내는 말로 쓰인다. 물론 특별하게 추상적인 단어들도 있다. 이러한 가장 흔한 신체의 부위들이 감정의 중추로 언급되는데, 그 가운데 배, 위, 귀, 눈, 마음, 간 등이 있다. 히브리어나 헬라어 원문을 참고하지 않고 번역본 몇 가지만 가지고 모든 경우를 구별해 보는 것은 불가능한 일이다.

1. 배, 뱃속 사람의 가장 깊은 속 또는 영혼을 가리키기도 하고, 사람의 인지 능력의 중추 또는 탐욕이나 열정의 중추로 언급된다(욥 20 : 15, 23 ; 잠 20 : 27, 30 ; 욥 32 : 17, 18).

2. 귀 지성과 가깝게 쓰이는 말로, 대개 인식 능력을 표시함(욥 13 : 1, 17).

3. 눈 사물을 보는 것 외에도 슬픔과 기쁨을 표시하며 욕구, 욕망, 이해에 관하여 표시할 수 있다(욥 17 : 7 ; 삼상 14 : 27 ; 전 4 : 8 ; 벧후 2 : 14 ; 렘 5 : 21 ; 7 : 11).

4. 마음 성경은 모든 감정 표현들이 이 마음에서 나온다고 말씀한다(시 64 : 6). 인지력 또는 이해력을 비롯해서, 의지력, 도덕 생활, 행위, 심리적 활동, 동정 등이 여기서 나오는 것으로 말씀한다. 욥 12 : 3에서는 이 말이 '총명(mind)'이라고 번역되었다.

5. 간 성경에서는 대개 제물들과 관련되어 이 말이 나온다. 다른 문학에서는 이 말이 점(예언)과도 관련을 갖는다. 이것이 때로는 슬픔이나 기쁨, 영광이나 영예 등이 생겨나는 곳으로 여겨진다. 이 말이 애 2 : 11이나 시 16 : 9에서는 '마음'이라는 말로도 쓰인다. 또한 욥 19 : 9에서는 이 말이 '영광'이라는 말로 사용된다.

개종자(Proselyte) 개종자라는 개념은 신약에서 이 단어가 쓰이기 전에 이미 있었다(마 23 : 15 ; 행 2 : 10 ; 6 : 5). 앞에 소개한 본문들의 경우는 기독교 이전 시대에 유대교로 입교한 개종자들을 가리킨다. 위 세 본문에 쓰인 헬라어는 70인역이 히브리어 '게르'(문자적 의미로는 "체류자"로서, 어떤 이유로 타국 백성들과 함께 거하게 된 사람을 가리킴)를 번역할 때 쓴 단어이다. 70인역이 그렇게 번역할 수 있었던 이유는 신약 시대가 오기 얼마 전에 그 단어의 의미가 이민 체류자로부터 개종자라는 의미로 바뀌었기 때문이다.

거듭남(New birth) 사람의 회개 시에 하나님께서 성령의 능력으로 새로운 인격을 창조해 주시기 위해 그 사람 속에서 일으키시는 역사(요 3 : 3).

거룩(Holiness) 이 단어가 담고 있는 기본적인 개념은 구별이다. 성경에서 '거룩'이란 죄와 악으로부터의 구별이며, 하나님과 그분의 방식에 대한 성별이다. 거룩은 믿음을 통하여 하나님과 인격적인 관계 안으로 들어온 사람의 생활의 특성을 의미한다. 그것은 또한 예배를 위해 하나님께 구별된 물건에 대해서도 언급될 수 있다. 출 3 : 5에서부터 계 22 : 19까지 거룩이란 단어와 그 파생어가 수없이 언급된다. 하나님은 그 이름과 말씀에서 거룩하며, 성자와 성신도 그러하다(출 15 : 11;레 20 : 3;렘 23 : 9;막 1 : 24;사 63 : 10,11). 하나님은 회막을 성별 또는 거룩하게 하셨으며, 성전과 단과 제물과 예루살렘 성읍과 시온을 또한 그렇게 하셨다(출 40 : 6-9;대하 29 : 5-7;민 18 : 17-19;느 11 : 1,18;욥 17). 신약에는 신자들(하나님의 전)의 거룩의 필요를 상당히 강조하고 있다. 그리고 교회 자체의 거룩에 대해서도 그와 같이 강조하고 있다(고전 3 : 16-17;엡 2 : 19-22). 바울 서신들은 거룩한 삶을 묘사하는 광범위한 면(롬 1-11,12-16장)과 아울러 교리적인 면을 다루고 있다. 교회를 거룩하게 하기 위하여 교회를 위해 그리스도께서 죽으셨다. 그래서 그 개개 지체들도 '성도들'(거룩)로 불린다(엡 5 : 25-27;롬 1 : 7;엡 1 : 1;빌 1 : 1;골 1 : 2).

결례(潔禮, Purification) 모세 율법은 사람이 시체를 만지거나 아이를 낳은 후, 그리고 어떤 질병에 걸렸다가 나은 후 결례를 행하게 했다(민 19 : 11-19;레 12 : 1-8,13,14). 막 7 : 3,4은 이와 관련한 예수님 당시 유대인들의 관습을 잘 보여준다. 신약도 결례의 필요성을 강조하지만, 내적인 정결, 즉 생각과 동기의 정결을 훨씬 더 강조한다(마 5 : 27이하;고전 5 : 9-13;6 : 18-20). 정결케 하는 의식, 다른 말로 하면 세례는 중요한 일로 간주되었다.(→세례, 정결과 부정)

경외(Fear) 이 말이 신구약을 막론하고 성경에서 두 가지 의미를 갖는다. 하나는 무엇을 두려워 한다는 뜻이고, 다른 하나는 어떤 대상을 경외한다는 의미이다. 구약에서 이 말이 사용될 때 주로 신약에서 누구를 경외하며 서약할 때 갖는 믿음에 해당하는 의미로 사용된다(전 12 : 13;말 3 : 16;갈 9 : 10).

계보(Genealogy) 자손들이나 선조들의 이름이 쓰여진 목록으로, 특별한 의미를 갖는다. 이 계보에 드는 모든 사람을 여기에 실지는 않았다. 오히려 사이사이에 많은 이름들이 생략되어 있다. 이 가운데 중요한 계보들을 든다면, 창 4장과 5장, 민 1-3장, 대상 1-9장, 스 2-8장, 느 7장, 그리고 예수님에 관한 계보인 마 1장과 눅 3장을 들 수 있다.

이러한 중요한 이름들이 나오는 계보 중에는 장소명이나 기타 다른 이름들도 나오는데, 다음의 성경 목록의 장들 가운데서 볼 수 있다. 이 순서는 성경에 기록된 순서를 따른 것이다.

- 국가들의 목록(창 10장).
- 아담부터 아브라함까지(대상 1장).
- 에서의 자손들과 에돔의 자손들(창 36장;대상 1장).
- 야곱의 자손들과 그들의 애급행(창 40장).
- 모세와 아론의 가족(출 6장).
- 모세가 실시한 인구조사(민 1,26장).
- 회막 주위에 친 각 지파의 진의 배열(민 2장).
- 이스라엘의 광야 여정(민 33장).
- 여호수아에 의해 패망하는 왕들(수 12장).
- 르우벤 지파, 갓 지파, 므낫세 반 지파가 요단 동편에서 기업을 받음(수 13장).

- 나머지 지파들이 요단 서편에서 기업을 받음(수 14-19장).
- 각 지파들의 자손들(대상 2-5, 7-9장).
- 도피처들, 레위의 성들, 레위 자손들과 다윗의 노래하는 자들, 그리고 국고 맡은 자들(수 20,21장;대상 6, 23-26장).
- 다윗의 용사 삼십인과 그 외 다른 신하들(삼하 23장;대상 11,12,27장).
- 솔로몬의 신하들(왕상 4장).
- 바벨론 포로 귀환 자들(스 2,8장;느 3,11,12장).
- 이방 여인을 취하여 아내를 삼은 죄를 지은 자 중 귀환한 자들(스 10장).
- 느헤미아와 함께 성벽을 다시 건축한 자들(느 3장).
- 느헤미아와 언약에 인친 자들(느 10장).
- 예수님의 계보, 아브라함부터 마리아까지(마 1장).
- 예수님의 계보, 아담부터 요셉까지—이 요셉은 예수님의 부친을 가리키는 것으로 생각됨(눅 3장).
- 바울이 문안하는 로마에 있는 동료들(롬 16장).

계시(啓示, Revelation) 진리를 알리는 것. 하나님은 자신을 아들이신 예수그리스도의 인격과 사역 안에서 인간에게 나타내셨고, 또 성경이 된 역사 문서에 계시한 것을 기록한, 거룩한 옛사람들에게 말씀하신 성신으로 알리셨다(고후 5 : 19;딤전 3 : 16;골 1 : 15;요 14 : 8-9;히 1 : 1,2;시 19 : 1이하;벧후 1 : 20,21;딤후 3 : 16;벧후 3 : 15,16;딤전 5 : 18).

계약, 언약(Covenant) 사람들이나 국가 사이에 맺는 약속, 협정 혹은 조약을 가리키며 성경에서는 하나님과 사람 사이에 맺는 것도 말한다(창 21 : 27;삼상 18 : 3;왕상 20 : 34;창 9 : 9-11;17 : 1-14). 제사로써 언약을 확정하는 것이 관행이었는데, 이것은 언약을 확정하는 여러 방식 중 한 가지였다. 제물의 피를 언약하는 사람들에게 뿌리는 수도 있었다(시 50 : 5;렘 34 : 18;출 24 : 8). 하나님이 사람과 맺으신 중요한 언약 몇 가지가 성경에 기록되어 있다. 첫째, 홍수 후 노아와 맺은 언약(창 9 : 9 이하). 둘째, 할례의 표를 주실 때 아브라함과 맺은 언약(창 17 : 7-10). 셋째, 블레셋 땅과 관련해서 그리고 세상에 내리실 복과 관련해서 아브라함과 맺은 언약(창 17 : 7,8). 넷째, 이스라엘 백성이 애굽 포로생활을 떠나려고 할 때 시내 산에서 이스라엘과 맺은 언약(출 6 : 4-8). 다섯째, 아담과 맺은 언약. 여섯째, 둘째 아담이신 그리스도와 맺은 언약. 하나님과 아담의 경우에는 '언약'이라는 말이 쓰이지 않지만 언약에 따르는 모든 요소가 있다. 즉 언약 당사자들, 계약 혹은 조건, 보상이 있다. 이 경우에 한편에는 하나님이 다른 한편에는 아담과 그의 후손들이 언약 당사자들이었다. 그 보상과 조건은 아담이 언약을 충실히 지키면 생명을 얻는 것이고 지키지 못하면 모든 인류에게 죄와 죽음이 내리는 것이었다. 바울은 첫째 아담과 맺은 언약과 둘째 아담인 그리스도와 맺은 언약(때로 신학자들은 이것을 은혜 언약 혹은 구속 언약이라고 부른다)을 함께 논한다(마 26-28장;롬 5 : 12,18,19).

노아와 맺은 언약은 하나님께서 다시는 온 인류를 홍수로 멸하시지 않겠다는 것을 약속하였다. 하나님은 아브라함에게서 큰 나라를 세우고 그의 하나님이 되겠다고 약속하셨다. 또 아브라함과 그의 후손에게 블레셋 땅을 영원히 주고 아브라함과 그의 후손들을 통해서 땅의 온 족속이 복을 받게 하겠다고 약속하셨다. 자기 백성을 가나안에 이끌어 들이고 그들의 하나님이 되겠다고 약속하셨다. 이것은 이스라엘 민족과 세운 언약이며, 시내 산에서 주신 율법은 언약의 헌장이고 언약이 효력을 발생하는 기초였다. 아담과 맺은 언약이 깨어지자 죄가 세상에 들어왔다. 둘째 혹은 마지막 아담인 그리스도(고전 15 : 45 이하)께서는 죽음으로써 자신을, '자기로 말미암아 하나님께 오는' 모든 자를 구속하는 제사를 드리셨다(히 9 : 11-26). 이 언약의 조건을 받아들이는 자들 곧 그리스도를 믿고 그에게 순종하는 자들은 약속된 복 곧 영원한 생명을 받는다.

다른 언약들도 언급하자면 다음과 같은 것들이 있다. 첫째, 평화의 언약 혹은 영원한 제사장 직분의 언약(민 25 : 12,13). 둘째, 다윗과 맺었고 솔로몬에게 다시 확정한 것으로, 다윗의 보좌가 영원히 견고하리라는 약속(삼 23 : 5,7 ; 7 : 12-16). 셋째, 영원한 세계가 오기 전에 땅에 낙원이 오리라는 또 다른 평화의 언약(겔 34 : 25-31 ; 사 11 : 1-9)이 있다.

구원(Salvation) **1.** 고통이나 악으로부터의 해방. **2.** 하나님께서 피조물들을 구속하시는 과정이며, 그분의 아들 예수 그리스도의 삶과 죽음 그리고 부활을 통해서 완성됨.

구원자(Deliver) 인간 구원자나 하나님이 보내신 구원자를 가리키는 말(삿 3 : 9, 15 ; 삼하 22 : 2 ; 시 70 : 5). 모세를 구원자("속량하는 자")라고 불렀다(행 7 : 35). 바울이 이사야서에서 인용한 "구원자가 시온에서 오시리라"는 예언적인 구절도 눈여겨 보아야 할텐데, 여기서 이 단어는 "구속자"의 뜻으로 쓰였다. 바울에 따르면 이 구절은 메시야 곧 그리스도께서 장차 오실 것에 대해 말하고 있다.

성경의 주요 주제는 사람을, 구속자이며 구원자이신 그리스도를 통해 죄와 사망의 권세에서 구원하는 하나님의 활동이다.

권세(Dominion) 어떤 대상에 대해 주인 노릇을 하며, 다스리며, 제어할 힘을 가지며, 권위를 가지는 것. 궁극적으로 영원한 통치는 하나님께 속한 것이다. 그렇지만 하나님께서는 인류에게 자연과 나라를 통치할 통치권을 부여하신다. 이러한 인류에게 주신 권세가 마지막 날에 지극히 높으신 자의 백성인 성도들에게 주어질 것이다(시 22 : 28 ; 창 1 : 26 ; 단 7 : 27). 신약에는 하나님에게만 있는 이러한 권세가 그리스도에게 돌려졌다는 말씀이 수차례 나오며, 또한 그래서 아버지(성부)와 아들(성자)을 동일한 하나님으로 부른다(계 1 : 5 ; 마 28 : 18).

귀신, 귀신들린 사람(Demon, Demoniac) 구약에서 귀신은 신이 아니라 초자연적인 존재이며 악한 영으로, 주로 파괴적인 힘과 영향력을 쓸 수 있는 자로 간주된다. 귀신들을 신이라고도 부르는데, 이들에게 사람들이 자기 자녀를 제사하였다(신 32 : 17 ; 시 106 : 37). 신약에서 귀신은 하나님과 사람에게 적의를 품고 있는 영적 존재이고, 미치광이는 귀신들린 사람이다. 귀신들은 바알세불의 대리자들이다(막 3 : 22). 사람이 귀신들리면, 벙어리가 되고 무덤 가운데 살며 옷을 입지 않고, 간질병 환자처럼 되며 비정상적인 힘을 가질 수 있으며 혹은 이런 증세가 한데 결합되어 나타날 수가 있다(마 12 : 22-24. 43-45 ; 막 9 : 17-20 ; 눅 8 : 27 ; 11 : 14). 마 4 : 24에는 귀신 들리는 것이 아픈 것과 다른 것으로 적혀 있다. 신약에서 귀신 들린 경우 대부분은 예수님의 사역을 반대하는 것과 관련

이 있다. 악한 영을 쫓아내는 일은 쉽지 않았다.

귀신을 쫓아냄(Exorcism) 주문이나 마술에 의해서 어떤 사람이나 어떤 지역에서 악귀를 쫓아내는 것(행 19 : 13). 이런 말들이 신약에 사용되지는 않지만 귀신을 쫓아내는 일이나 그런 일을 하는 자인 귀신 쫓는 자에 대해서는 언급되고 있다. 예수께서는 하나님의 성령에 의해서나 예수님 자신의 이름으로 귀신을 쫓아 내셨고, 또한 자신의 이름으로 그 일을 하는 제자들에게 그러한 능력을 주셨다(마 12 : 28 ; 막 9 : 25 ; 6 : 7 ; 행 16 : 18).

그룹(Cherub) 날개가 달린 천상의 피조물로서, 하나님의 거룩함이 죄인들에 의하여 침범되지 못하도록 지키는 역할을 한다고 묘사되었다 (창 3 : 24 ; 출 26 : 31 ; 왕상 6 : 23-29).

그리스도인(Christian) 이 용어는 교회 초기에 수리아의 안디옥에서 신약의 제자들을 가리키는 데 맨 처음 사용되었다(행 11 : 26). 베드로가 "그리스도인으로 고난을 받는 것"에 대해 이야기 하였다(벧전 4 : 16. 아그립바 왕이 바울에게 "네가 적은 말로 나를 권하여 그리스도인이 되게 하려 하는도다" 하고 말할 때 이 용어를 사용하였다(행 26 : 28. 바울은 기독교 복음의 기초 즉 그리스도인이 믿는 신앙의 기초를 이렇게 묘사하였다. '성경대로 그리스도께서 우리 죄를 위하여 죽으시고 장사 지낸바 되었다가 성경대로 사흘만에 다시 살아나사(고전 15 : 3,4). 그리스도인이 되게 하는 신앙은 어떤 행위나 활동과 상관없이 개인적으로 예수를 주(主)요 '우리 범죄함을 위하여 내어줌이 되고 우리를 의롭다 하심을 위하여 살아나신' 이로 믿는 것이다(롬 4 : 24,25).

금식(Fast, Fasting) 먹는 일과 마시는 일을 금하는 것이 하나님께 자신을 낮추는 표시가 되었다(시 35 : 13). 속죄일의 금식은 모세의 율법에 규정된 것으로는 유일한 금식이지만, 백성 개개인이 특별한 이유에서 금식을 하기도 하였고, 아니면 이스라엘 백성의 지도자들이 특별한 이유로 때때로 금식을 선포하기도 하였다(삼상 7 : 6 ; 삼하 12 : 16). 이스라엘 백성들은 애굽의 종살이를 하는 70년 동안에 정기적으로 금식을 행하였다. 금식에 관해서 주목할 만한 몇 가지 말씀이 있다. 첫째로, 그들의 슬픔의 날이 결국은 기쁨의 날이 될 것이라는 말씀이다(슥 7 : 3-5 ; 8 : 19). 금식을 행하는 것이 예수님 당시에도 일반적인 일이었던 것이 분명하다. 예수께서 친히 이따금씩 금식을 하셨다(눅 2 : 37 ; 18 : 12 ; 마 4 : 2). 예수께서 금식에 관해 두 차례 말씀하셨는데, 그것은 금식이 자발적으로 우러나서 하는 것이어야 할 것과 마음의 동기가 순수한 금식이 된다는 점에 강조점을 두신 것이었다(마 6 : 16,17 ; 9 : 14,15). 신약에 와서는 금식하는 일을 정죄하지도 않고, 그렇다고 해서 금식을 적극 장려하지도 않는다. 개인적인 이유에서 금식을 하든지 공적인 이유에서 하든지 금식은 자발적인 것이어야 하며 하나님께서 받으실 만한 것이 되어야 한다.

기도(Prayer) 이것은 가장 단순한 형식으로 하나님과 대화하며 간구하는 행위이다. 물론 사람이 다른 사람 혹은 사람들에 대해서 간청과 청원을 하는 것도 기도라 할 수 있으나, 우리에게 관계되는 것은 하나님께 드리는 기도이다. 기도에는 기도문을 암

송하거나 예배의식상의 기도를 낭독하는 방식도 있고, 마음 속에서 우러나는 내용을 소리내어 혹은 소리없이 하나님께 아뢰는 방식도 있다. 기도에는 간구와 중보, 감사와 찬송, 흠모, 그리고 묵상 등이 포함된다. 성경은 기도의 시간이나 장소에 관계된 규례를 제시하지 않으며, 특별한 태도나 자세를 정하지도 않는다. RSV에는 '기도하다'라는 말과 관련된 단어가 400회 이상 쓰인다. 여기에는 '구하다' 혹은 '간청하다'라는 동의어가 포함되지 않았다.

기름부음, 기름부음을 받음(Anoint, Anointed) 병을 고치기 위해서나 거룩한 의식으로 사람이나 물건에 기름을 바르거나 붓는 일(약 5 : 14 ; 막 6 : 13 ; 출 30 : 22-33 ; 시 23 : 5). 왕과 제사장, 때로는 선지자까지도 머리에 기름을 부음으로써 직무에 임명하였다(왕하 9 : 1-3). 신약에서 '뛰어난' 선지자이자 제사장이며 왕은 "기름부으심 받은 자"라고 하는 그리스도였다(행 4 : 24-28). 기름붓다를 뜻하는 히브리어를 헬라어 글자 그대로 번역하여 '메시아스'가 되었고, 후에 이것이 영어로 'Messiah'가 되었다. 기름부음 받음을 뜻하는 것으로 흔히 쓰이는 헬라어가 '크리스토스'였는데, 이것이 영어로 'Christ'가 되었다. 신약에서 이 두 단어가 예수의 호칭으로 쓰인다.

기업(Inheritance) 기업에 관해서는 고대 이스라엘 율법에 아주 상세하게 규정되어 있다. 이것은 가족 소유의 땅과 개인 재산 물품에 다 적용된다. 땅은 가족에게서 떠날 수가 없었다. 재산은 한사람 외에 아들들의 수대로 분배하여 나누었다. 상속자인 장자는 그때 두 배의 몫을 할당받았으며, 나머지 아들들은 그 남은 것으로 똑같이 분배받았다. 만약 아들이 없는 경우에는 딸에게 그 지파 안에서 혼인하는 것을 조건으로 하여 재산을 물려 줄 수 있었다. 땅이 결코 가족에게서 떠나는 것을 허락지 않았다. 만약 딸도 없다면 그때에는 반드시 아비의 형제나 친족에게 돌리게 했으며, 이것 역시 법으로 명문화 해두었다(신 21 : 7 ; 민 27 : 8-11 ; 36 : 6-9). 상속자가 여자들을 돌보았으나, 만일 상속자가 없으면, 그때에는 남편의 근족이 그녀와 결혼하여 사망한 친족을 위해 자식을 낳아 주도록 되어 있었다(룻 3 : 8-13).

기업이란 낱말은 성경에서 상징적인 의미로 쓰였다. 기업은 하나님께서 아브라함과 그 후손에게 기업으로 주시겠다고 약속하신 가나안 땅과 같은 것들로 언급한다. 하나님의 기업으로서의 이스라엘, 하나님의 후사인 그리스도, 그리스도를 믿어 하나님의 양자가 된 자들, 그리스도와 함께 유업을 받을 자들 등등(민 34 : 2 ; 왕상 8 : 36 ; 창 17 : 7, 8 ; 신 32 : 9 ; 렘 10 : 16 ; 히 1 : 2 ; 9 : 14, 15 ; 롬 8 : 17). 신자의 기업은 현세에서 주시는 하나님의 복과 장래에 악과 사악함으로부터 자유롭게 될 영원한 상태의 복이다(마 25 : 34 ; 고전 6 : 9-11 ; 벧전 1 : 3-5).

기적들(Miracles) 구약에서는 '기적'이라는 말이 출 7 : 8 한 곳에서만 쓰이지만, NIV는 그 개념을 '이적' 혹은 '기이한 표적'(혹은 奇事)이라는 말로 표현한다(출 4 : 21 ; 시 78 : 43). 신약에서 이 단어는 주로 예수께서 제자들에게 초자연적인 일들을 행할 능력을 주시겠다고 하신 약속들과 연관되어 쓰인다(고전 12 : 10, 28, 29). 이것은 일상적으로 이루어질 수 없는 비범한 사건들로서, 자연적인 원인들로써는 설명할 수 없고, 초인적인 능력을 필요로 하며, 어떤 교훈의 진실됨을 입증해 주는 표적으로서 임한다. NIV는 이 단어를 일반적으로 상징(sign), 징조, 예표 혹은 초자연적인 상징(miraculous sign)으로 번역한다(사 8 : 18 ; 마 12 : 38-39 ; 16 : 1 ; 신 13 : 1 ; 출 7 : 3 ; 행 2 : 43).

깊음(Deep) 태초의 혼돈(창 1 : 2), 홍수(창 7 : 11), 홍해의 물(출 15 : 5), 대양(욥 41 : 31), 지하수(신 33 : 13)를 가리키는 여러 히브리어와 헬라어를 번역한 말로서 때로는 비유적인 의미를 전달하기도 한다(시 88 : 6). 신약에서는 이 단어가 갈릴리 바다의 깊은 곳을 가리키는 데 쓰였다(눅 5 : 4).

꿈(Dream) 주로 자는 밤 동안에 받는 환상. 구약에서 이러한 꿈을 주시는 자는 하나님이셨고, 종종 그러한 꿈의 뜻을 알아내기 위해서는 특별한 해석자가 필요했다. 이렇게 꿈을 해석하는 능력을 갖고 있는 자들로 요셉과 다니엘이 유명했다. 구약에 꿈과 관련한 기사가 자주 나오는 것은 아니다. 따라서 구약에서 꿈이 그렇게 중요한 비중을 차지한 것은 아니다. 더구나 신약에 와서는 구약에 비해 꿈에 대한 비중이 훨씬 줄어 든다(창 20 : 6 ; 37 : 5 ; 41 : 1 ; 단 2 : 3 ; 4 : 5 ; 왕상 3 : 5 ; 마 1 : 20). 구약은 하나님을 따르는 자를 꾀는 꿈을 꾸는 자들은 죽이도록 명하였다(신 13 : 1-5).

나실인(Nazirite) 이들은 이스라엘 사람들 가운데 포도와 그 소산들 – 포도주를 포함한 – 을 먹지 않고, 삭도를 쓰지 않고, 시체를 만지서는 안되었던 사람들이다. 그들에 관한 율법은 민 6 : 1-23에 나온다(삿 13 : 5을 함께 참조하라). 세례 요한은 아마 태어날 때부터 나실인이었을 것이다(눅 1 : 15). 나실인 서원은 일반적으로 영구적이었으나, 특수한 목적을 위해 서원을 한 뒤 그 목적을 이루기까지의 일시적인 것일 수도 있었다(행 21 : 23-27).

나팔절(The Feast of Trumpets) 나팔절에 관한 내용이 성경에 많이 나오지 않는다. 우리가 조금 알 수 있는 것도 주로 레 23 : 23-25에서 얻어낸 것이다. 이 절기는 일곱 번째 달 첫날(오늘날로 말하자면 9월 1일)에 지켜진다. 이어서 이 달 제 10일에는 대속죄일이 지켜진다(레 23 : 26). 이날이 되면 나팔을 불어 기념하며, 성회로 지킨다. 종교적으로 첫날이 유월절이라고 한다면, 이 날은 상용년(常用年)의 첫날이었다. 오늘날의 유대인들은 이날을 로쉬 히 – 샤나 즉, 신년절(New Year's Day)로 간주한다.

날(Day)

1. 해가 떠서 해가 질 때까지 낮 시간을 가리킨다(창 1 : 5).
2. 해가 떠서 해가 질 때까지 혹은 해가 져서 해가 뜰 때까지의 시간 간격으로 24시간을 가리킨다(창 1 : 5 ; 느 13 : 19).
3. 일반적인 시간을 가리킨다(시 37 : 3).
4. 여호와의 날을 언급할 때처럼 비유적으로 쓰이기도 한다(겔 13 : 5 ; 욜 1 : 15).

내시(Eunuch) 한글 개역 성경에서 내시, 환관, 고자, 불알이 상한 자(왕하 9 : 32), 신낭이 상한 자 등으로 번역되었다. 종종 이 말이 단순히 신하를 가리키기도 한다(창 39 : 1 ; 왕하 23 : 11 ; 에 2 : 3). "관리"나 "왕의 침소 맡은 신하"로도 번역이 되었다(롬 16 : 23 ; 행 12 : 20). 내시들은 여호와의 총회에 들어오지 못하였다(레 21 : 16, 20 ; 신 23 : 1). '사람이 만든 고자'(마

19 : 12)는 하나님의 일에 헌신하기 위해서 스스로 생식을 포기한 사람을 가리킨다.

노예(Slave) 다른 사람의 소유가 된 사람, 이스라엘에서 이들에 대한 처우는 두 가지 이유에서 주변국들보다 훨씬 인간적이었다. 그 이유는 이들에 관한 율법이 주어졌고, 또 많은 경우에 이를 지칭하는 히브리어와 헬라어는 종을 의미하지, 현대적 의미에서 노예는 아니다. 후자는 KJV역본에서도 잘 나타나는 데, 여기에 '노예상태'라고 번역된 곳은 한 곳도 없고, '노예'라는 말도 두 번만 나온다. 노예 혹은 종이 되는 것은 전쟁의 포로, 유괴, 매매, 부채 상환 불능, 출생, 그리고 자발적으로 자신을 파는 것 등이 그 이유이다(삿 5 : 30;왕하 5 : 2,3;신 24 : 7;레 25 : 44-46;창 15 : 3). 히브리 노예들은 자유를 얻을 수도 있고, 영원히 노예살이를 하지 않을 수도 있다(출 21 : 2이하;레 25 : 25이하;신 15 : 12이하). 신약 시대에도 또한 노예가 나타나고 있다. 바울은 빌레몬의 노예를 그에게 돌려 보냈다(몬 1 : 6). 그리스도 안에서는 매인 자도 없고 자유자도 없다(갈 3 : 28;고전 7 : 12). 모든 교인들은 자신을 주, 곧 예수 그리스도 자신의 종 혹은 노예로 생각해야 한다(롬 6 : 16-22). 성경은 가정내에서 이룩해야 할 바른 인간관계를 가르치며, 노예와 주인의 관계에 대해서도 다루고 있다(엡 6 : 5이하;골 3 : 22이하).

대속(Propitiation) 하나님의 진노를 호의로 바꾸시도록 하기 위해 하나님을 향해 취하는 태도(그리스도의 속죄를 설명하는 한 가지 방법임). (→속죄)

대언자(Advocate) 다른 사람들 앞에서 한 사람이나 여러사람의 대변자 노릇을 하는 사람. 그리스도는 아버지 하나님께 사람을 변호하신다(요일 2 : 1). 여기에 쓰이는 '파라클레토스'라는 헬라어가 다른 곳에서는 '보혜사'로 번역되며, 그리스도는 이 말을 성령에 대해 쓴다(요 14 : 16,26).

도피성(逃避城, Refuge, Cities of) 요단강 양편에 각각 세 개씩 정해진 성읍으로서, 부지중의 과실로 사람을 죽인 자가 자기를 죽여 원수를 갚으려는 자들을 피하여, 재판이 열려 자기의 사정을 거기에 고하기까지 도피해 있는 곳. 도피성으로는 요단 동편에 베셀·길르앗라못·골란, 요단 서편에 게데스·세겜·헤브론 등이 정해졌다(수 20 : 7-8).

두루마리들, 사해사본(Scrolls, Dead sea) 1947년 이래로 몇 년동안 사해 서부의 동굴들에서 발견된 문서들에 붙여진 이름. 이것은 성경 사본들(에스더를 제외한 모든 구약이 들어있음) 즉, 70인역, 탈굼(Targum), 그외 외경들과 이 종파의 신행과 망에 대한 귀중한 정보를 담고 있는 일반 문서들로 되어 있다. 쿰란문서는 주로 주전 마지막 몇세기와 주후 일세기의 것이다. 쿰란 남부에서는 주후 132-135년 바르코크바 때 주로 사일에 관계된 문서들이 발견되었다. 일반 문서들은 성문의 자료들이 없는 역사 시기에 많은 빛을 비춰주므로, 대단히 중요한 가치를 지닌다. 성경 사본들은 그 이전에 가졌던 구약 사본들에 비하여 천년 이상 더 원전에 가깝게 끌어올렸다. 그러므로 본문 비평에 이것들은 중요한 도구가 되고 있다.

땅(Earth) 구약에서 쓰인 '땅' 또는 '지면' 이 두 말들은 대부분의 경우 광범위한 의미를 가지며, 어떤 경우는 그 둘이 동일한 의미로 쓰였다. 단순히 흙(창 2 : 7)을 가리키거나, 한 영토 혹은 한 국토(창 28 : 15)를 가리키기도 하고, 하늘에 대한 반대되는 것으로서 사람이 사는 물질 세계 전체를 가리키는 경우도 있다(창 1 : 1;신 31 : 28;시 68 : 8;단 6 : 27).

레위인(Levites) 아론이 금송아지를 만들 때 모세와 하나님 편에 섬으로써 하나님을 섬기도록 구별된 레위의 자손들(창 35 : 23;출 32 : 2-7,25-29). 이들은 제사장들과 그 밖의 하나님의 일을 맡은 자들, 즉 회막(후에는 성전) 관리자들, 보물 관리자들, 음악과 노래를 맡은 사람들이었다(민 3 : 5-13, 38;대상 6 : 31,33이하;대하 17 : 8,9;스 8 : 15이하;느 7 : 43). 신약에서는 가르치기를, 사람의 힘으로는 온전함에 이를 수 없고 심지어 레위 계통의 제사장직에 의해서도 그것에 이를 수 없었던 까닭에, 다른 지파와 반차(班次, order)에서 속죄와 칭의의 일을 하기 위해서 오신 또 다른 제사장이 필요했던 바, 그가 곧 예수님으로서, 그 분은 멜기세덱의 반차를 따라 오신 분이시며, 레위 지파를 근거로 한 제도는 바로 그 분을 바라보고 제정되었다고 한다. 제사장들과 레위 인들은 스물 네 그룹(혹은 반차)으로 나뉘었다. 각 그룹은 각각의 지도자와 직무를 지니고 있었고, 각 그룹이 돌아가면서 봉사를 했다(대상 24,25장;눅 1 : 8).

로고스(Logos) '말씀'이란 뜻의 헬라어로서, 창조와 성육신 안에 나타난 그리스도의 영원하신 사역을 표현하는 데 쓰였다(요 1 : 1-18).

마귀(Devil) 구약에서는 마귀라는 말보다는 귀신 혹은 악신이라는 말이 더 흔하게 사용되며, 이 악신들의 우두머리를 가리켜 '사단'이라고 부른다(대상 21 : 1;욥 1 : 6-9;2 : 1-7;슥 3 : 1,2). 신약은 하나님과 사람을 대적하는 이 자를 가리켜 악한 자, 사단, 옛뱀, 큰용, 바알세불, 유혹하는 자 등으로 부른다(계 12 : 9;마 4 : 1-11;눅 8 : 12;요 8 : 44;13 : 2;막 3 : 22;눅 11 : 18,19;벧전 5 : 8). 이 자는 자신이 친히 혹은 자신의 사자들이나 귀신들을 통하여 사람들을 귀신들리게 할 수 있다. 예수께서 이런 귀신들린 자를 고쳐주신 일이 있다(행 10 : 38). 신약에 이 마귀를 가리키는 여러 가지 묘사들이 나온다. 예를 들면, '이 세상 신'(고후 4 : 4), '공중의 권세 잡은 자'(엡 2 : 2), '우리 형제들을 참소하던 자'(계 12 : 10), '온 세상을 혼미케 하는 자'(계 12 : 9), '사람들을 미혹하는 자'(계 20 : 7, 8). 이 마귀가 하는 주된 일 가운데 하나로, 법정에서 하듯이 대적하며 참소하는 일을 하는 것으로 곧잘 묘사된다(슥 3 : 1;계 12 : 10). 그러나 그는 결국 그의 사자들과 함께 영원한 불못에 던져질 것이다(마 25 : 41;계 20 : 10).

마음[1], 심정(Heart) 이 낱말은 성경에 수백 번 나오는데, 거의 대부분 비유적으로 쓰이고 있다(시 119 : 2;잠 6 : 8;삿 5 : 16;시 4 : 4;막 15 : 19;눅 2 : 19). 마음은 인간의 모든 감정의 중심 자리이다. 슬픔과 기쁨, 두려움과 확신, 애정과 증오, 선한 욕망과 나쁜 욕심 등(느 2 : 2;사 35 : 4;대하 17 : 6;시 105 : 25;행 14 : 7;롬 1 : 24;10 : 1)이다.

마음[2], 정신(Mind) 이 단어는 두뇌의 사유 작용과 마음의 정서 작용을 포괄하여 뜻하는 헬라어와 히브리어의 많은 단어들에 대한 번역어이다. 예를 들면, "마음"이라고 번역된 단어들 가운데 하나는 히브리어 '레브'(heart)이다(사 46 : 8 ; 65 : 17 ; 렘 3 : 16 ; 19 : 5). 마음은 사람의 인격 전체의 중심으로 간주되었다. 마음은 그 사유 작용으로 인해 "정신"이라고도 번역된다. 바울이 육체와 정신과 영혼을 각각 어떻게 가르치고 있는지에 대해서는 바울 서신들 속에 잘 나타나고 있다.

만나(Manna) 이스라엘이 광야에서 방랑하던 시절 하나님께서 내려주신 특별한 음식. 이것은 "떡"이라 불리웠고, 밤에 내렸으며 흰색이었다. 마치 고수(미나리과의 식물)씨처럼 생긴 이것은 모양이 송진같았고, 맛은 꿀과 올리브 기름을 섞어 만든 과자같았다. 이스라엘 백성들은 이것을 맷돌에 갈거나 절구같은 것에 넣어 찧은 다음, 솥에 넣어 요리하거나 전병을 만들어 먹었다. 관련 본문의 설명을 볼 때 이것은 자연 현상이라기 보다는 초자연 현상의 산물이었다. 이것은 이스라엘 백성들이 음식을 구할 수 있어서 더 이상 필요치 않게 됨과 동시에 내리기를 그쳤다(출 16 : 31-35 ; 민 11 : 6-9 ; 수 5 : 12 ; 시 78 : 24 ; 요 6 : 31).

맹세(Oath) 이것은 어떤 말의 진실성이나 혹은 어떤 약속이나 계약의 구속력에 대해서 하나님께 증인이 되어주실 것을 호소하는 행위이다(창 21 : 24 ; 42 : 51-53 ; 대하 15 : 12-14). '주께서 살아계신 것이 확실하듯이'라고 하나님을 두고 맹세하는 것 외에도, 다른 사람의 이름, 자기의 머리, 왕의 생명, 성전, 예루살렘 등을 두고 맹세하는 일이 있었으나, 다른 신의 이름으로 맹세해서는 안되었다(삼상 14 : 39 ; 1 : 26 ; 마 23 : 16 ; 삼상 17 : 55 ; 수 23 : 7). 예수께서는 하늘이나 땅 혹은 예루살렘을 두고 맹세하는 것을 금하셨으며, 그 이유를 설명해 주셨다(마 5 : 34-36).

메시야(Messiah) **1.** 문자적 의미로는, 왕으로 즉위하기 위해 기름부음을 받은 자(삼상 16 : 13) **2.** 선지자들에 의해 약속된, 장차 오실 왕(사 9 : 11장) **3.** 선지자들의 약속을 이루신 예수 그리스도(요 1 : 41 ; 그리스도라는 말은 히브리어 "메시야"에 대한 헬라어 번역이다).

멜기세덱(Melchizedek) 살렘 왕이며, 지극히 높으신 하나님의 제사장. 아브라함은 그에게 십일조를 드리고, 그에게 축복을 받았다. 아론 계열의 제사장직이 수립되기 오래 전에 이미 멜기세덱의 제사장 반차(班次)가 있었다(창 14 : 18-20 ; 시 110 : 4). 그러나 아울러 주목해야 할 사실은, 이 제사장이 아론 계열의 제사장직의 경우와는 달리 왕이기도 했다는 점이다. 이 인물과 그의 제사장직에 대한 그외의 모든 언급은 히브리서에 나온다. 우리는 히브리서에서 그가 대제사장이었다는 사실을 배우며, 그의 조상이 누구인지 모르는 까닭에 신비에 싸인 인물이라고 생각하게 된다. 그는 살렘 왕, 즉 평강의 왕이었으며, 히브리서는 그의 이름을 번역하기를 "의의 왕"이라고 한다(히 7 : 2). 살렘은 보통 예루살렘과 동일시된다(시 76 : 2). 신약 중 유일하게 이 멜기세덱에 대한 언급이 집중되어 있는 히브리서는 첫째, 그리스도께서 모든 피조물과 사람들 위에 뛰어나신 분이신 사실을 가르치며 둘째, 특별히 멜기세덱과 연관지어 가르치기를, 그리스도의 제사장직은 아론 계열보다 앞서며 아론 계열의 제사장직이 폐지된 후에도, 심지어 영원토록 계속된다고 한다(히 7 : 23-10 : 18).

면류관(Crown) 이 단어는 몸의 일부(머리 꾹대기)를 가리키거나 승자나 제사장 혹은 왕의 머리에 쓰는 것을 가리키며(시

28 : 35 ; 잠 4 : 9 ; 삼하 12 : 30), 그 외에도 여러 가지 상징적인 의미로 쓰인다. 영광의 면류관, 의의 면류관, 생명의 면류관에 대한 언급이 있고, 그리스도인 생활의 승리를 상징하는 면류관에 대한 언급도 있다(딤후 4 : 8 ; 약 1 : 12 ; 벧전 5 : 4). 착한 아내는 남편의 면류관이라 하고 백발은 영화의 면류관이라고도 한다(잠 12 : 4 ; 16 : 31). 그리스도께서는 십자가에 못박히기 전에 로마 군인들이 만든 가시 면류관을 쓰고 조롱을 받으셨다(마 27 : 29).

멸망의 가증한 것(Abomination that causes desolation) 다니엘서와 예수님의 가르침에 나오는 표현이다(단 9 : 27 ; 11 : 31 ; 12 : 11 ; 마 24 : 15 ; 막 13 : 14). 예루살렘 성전의 성소를 더럽히는 것을 비롯하여 황폐하게 하거나 섬뜩하게 하는 이 가증한 것은 B.C. 168년에 안티오쿠스 에피파네스가 저지른 신성 모독과 관계가 있거나 장차 말세에 나타날 황폐하게 하는 혹은 소름끼치게 하는 몹시 혐오스러운 것과 관계가 있음이 분명하다. 예수의 이 가르침을 어떤 사람들은 A.D. 70년 로마의 디도가 행한 성전 파괴를 가리키는 말로 해석하였고, 어떤 사람들은 그리스도의 재림을 나타내는 징조인 적그리스도 혹은 '불법의 사람'(살후 2 : 3)이라는 말세에 나타날 인물을 가리키는 것으로 해석해왔다.

모사(Counselor) 부모, 장로, 선지자, 혹은 지혜자, 하나님처럼 충고나 도움말을 해주는 이(잠 1 : 8 ; 겔 7 : 26 ; 렘 18 : 18 ; 시 16 : 7). 하나님의 계시 곧 성경 자체가 모사이며(시 119 : 24), 하나님은 성령을 모사('보혜사')로 주셨다(요 14 : 16). 구약에는 이외의 용법이 한 가지 더 있다. 이

호칭으로 쓰인 것이다(대하 25 : 16 ; 단 3 : 24).

목사(Pastors) 목사는 사람들을 인도하는 영적인 목자 혹은 지도자이다. 이 단어는 NIV에서는 엡 4 : 11에서만 쓰이지만, 히브리어와 헬라어 본문들에서는 자주 나타나며, 그 경우 NIV는 "목자"로 번역한다(한글 개역 성경도 마찬가지이다). 그리스도는 '선한 목자'이시다(요 10 : 11, 14 ; 히 13 : 20 ; 벧전 2 : 25 ; 5 : 4 ; 막 6 : 34). 이 단어는 양무리를 인도하는 사람들에 대해서도 쓰인다(눅 2 : 8). 이스라엘의 지도자들은 이스라엘의 목자들이라고 불리웠다(렘 3 : 15 ; 17 : 16 ; 23 : 1-2 ; 겔 34 : 1-16).

목자(牧者, Shepherd) 물론 문자적으로는 양을 돌보는 사람을 말한다. 상징적으로는 신이건 혹은 인간이건 사람을 돌보는 분이다. 하나님은 이스라엘의 목자로 불림을 받았다(창 49 : 24 ; 시 80 : 1 ; 렘 31 : 10). 모세와 바사 왕 고레스도 하나님의 목자로 불림을 받았다(사 63 : 11 ; 44 : 28). 신약에서는 그리스도를 목자라고 부르고 있다(히 13 : 20 ; 벧전 2 : 25 ; 5 : 4) 목자에 대한 예수님의 강화(講話)는 요 10장에 나온다. 신구약 모두에서 하나님의 백성의 지도자들은 목자라 칭함을 받고 있다.(→목사)

무교절(The Feast of Unleavened Bread) 이 절기의 제정은 출 12 : 15-20에 나오지만, 성회로 지켜야 할 때에 대해서는 레 23 : 6-8에 나온다. 이 절기는 (전날 해가 지면서부터) 15일째 되는 날에 시작하여 21일까지 7일간 계속된다. 이 절기 전날 곧 제14일째 되는 날 저녁 늦게 유

이 실상은 이 무교절 절기의 시작이 된다. 이 절기의 가장 큰 특징은 일주일 동안 무교병을 먹는 것이고, 첫날에 이스라엘 모든 집에서 누룩을 제하는 것이다.

믿음(Faith, Faithfulness) 이 말은 신뢰 혹은 신뢰할 수 있는 것이란 두 가지 의미를 갖는다. 이 말이 하나님의 미쁘심(롬 3 : 3)을 가리키는 경우도 있지만, 대체로는 하나님이나 하나님의 계명들, 그리고 예수께서 메시야이시라는 사실과 예수님 자신을 믿는 사람의 종교적인 신뢰심을 가리킨다. 바울의 교훈 가운데서 믿음은 예수님의 신성을 믿는 것과 그분의 가르침을 진리로 믿는 것, 그리고 그의 죽으심이 죄의 구속을 성취하신 것임을 믿는 것을 말한다. 한마디로 말해서, 믿음이란 그리스도와 그 분의 사역, 그리고 그분의 말씀을 전폭적으로 복종하고 따르는 것을 뜻한다(창 15 : 6 ; 시 119 : 66 ; 요 11 : 27 ; 고전 15 : 1-3). 그리스도인이 되려면, 누구든지 믿어야 하고, 믿음을 가져야 하고, 그분을 신뢰하고 따라야만 한다. 신실하고 활력있는 그리스도인으로 살기 위해서는 반드시 충실함을 나타내 보여야 한다. 이러한 충실함은 '성령의 열매' 가운데 한 요소이니(갈 5 : 22).

바쳐진, 바쳐진 것(Devote, Devoted things) 일상 생활에서 영원히 사용할 수 없도록 금해진 물건들을 가리킨다. 바쳐진 사람이나 물건은 팔지도 속하지도 못하였다(레 27 : 28). "아주 바친 그 사람은 다시 속하지 못하나니 반드시 죽여야 했다"(레 27 : 29 ; 삼상 15 : 3). 이것이 장차 하늘의 예루살렘으로부터 제거될 '저주'이다(계 22 : 3). 여호와께 바쳐진 물건은 제사장의 기업이 되었다(레 27 : 21). 이것들은 제물로 드리기 전에는 언제든지 취소해서 사용할 수 있는 거룩하게 구별된 것과는 다르다. 바쳐진 것은 그 소유자에게 결코 되돌려 질 수 없다.

방언의 은사(Tongues, Gift of) 신약 중 몇 곳에서 언급되는 영적 은사(행 2 : 1-13 ; 10 : 44-46 ; 19 : 6 ; 고전 12, 14 장). 오늘날 어떤 교회들에서 볼 수 있는 혀를 떠는 현상이 신약의 이 은사의 현상에 대한 현대적 연장선(延長線)이다. 신약에서 이 현상은 표적, 하나님의 승인의 증거, 참여한 신자들의 영접 등의 표시로 일어나고 있다. 이것은 특별히 이방인 신자들의 신앙 영접의 중요한 표시였고, 대부분 유대인 출신인 초대 교인들의 깨달음을 위하여 매우 중요한 것이었다. 예루살렘 공회에서 베드로가 언급한 데서 알 수 있듯이 이런 표적은 그들 사고의 전환점이었다(행 15 : 7-11). 그러므로, 이런 방언의 의문점은 신약 시대의 그 현상에 대한 것이 아니라, 신약 시대 이후에 교회들에서 계속되는 현상들에 대한 것이다. 이에 대하여 우리는 바울 시신에서, 특히 고린도서에서 교훈을 얻는다. 그는 이것을 다른 여러 가지 것들과 함께 주어지는 성령의 은사 중 하나로 보고 있다(고전 12 : 8-10, 28-30). 그는 이 은사를 은사들 중 맨 마지막에 두고 있는데, 이것은 마치 고린도 교인들이 그것을 과도히 강조하는 것을 꾸짖기나 하는 것처럼 보인다. 예를 들어, 그 방언을 통역할 사람이 없으면, 누구도 방언을 해서는 안되는 것이다(14 : 27, 28). 이것은 방언이라는 현상이 억제할 수 없는 것이 아님을 보여준다. 그것은 사람의 이성과 의지를 상실한, 마치 이교 의식과 같은 광적인 상태와는 전혀 다른 것이다.

배교(Apostasy) 자기가 믿는 종교의 신조들에서 떠나는 것을 말함. '반역'으로 번역되며, 그리스도 재림 전에 교회에서 일어날 일이다(살후 2 : 12).

변모(變貌, Transfiguration 예수님의 생애에 일어난 사건으로서, 그의 얼굴이 해같이 빛나고 그의 옷이 말할 수 없이 희어지며, 예수님의 모습이 변화한 사건. 이 빛은 내부에서 발휘된 것이지 외부의 빛을 받아서 반사한 것이 아니었다. 잠시 동안 그분의 몸이 그의 부활의 몸의 영화로운 상태처럼 변화하였다. 공관복음 세 군데에서 모두 이 사건을 다루고 있다(마 17 : 2 ; 막 9 : 2 ; 눅 9 : 28이하).

병(病, Sick, Sickness) 성경 본문에서 병의 상태에 대하여 매우 제한적으로 묘사하고 있기 때문에, 성경에 언급된 다양한 병들이 현대의 어떤 병인지 찾아 내기란 쉬운 일이 아니다.

1. 여러 가지 형태의 피부병들이 많이 언급되고 있다. 종기, 피진(皮疹), 문둥병, 버짐, 어루러기, 개창 등이 그것들이다. 어루러기는 레 13 : 39에서 단 한 번 나오는데 무엇인지 잘 알 수 없다. 버짐은 세 번 언급되고 있는데, 아마 백선(白癬)과 거의 비슷한 듯하다(사 3 : 17 ; 레 21 : 20 ; 22 : 22). 개창은 소화관에 생긴 것이 아니라 피부에 생긴 피부병의 일종으로 신 28 : 27에 나온다. 피진은 '문둥병'이었거나, 혹은 머리나 목에 생긴 백선의 일종이다. 이 병은 문둥병에 대해서 자세히 언급되는 장(章)에 나온다(레 13 : 30-37). 종기도 같은 장에 나온다(레 13 : 18-23). 이것은 애굽의 온역 중의 하나였다(겔 9 : 9-11) 무화과 한 뭉치를 종처에 붙이면 낫는다고 나와 있다(사 38 : 21). 문둥병은 오늘날 우리가 한센씨 병이라고 아는 그 문둥병이 아니라 다른 종류의 피부병임에 틀림없다. 다른 구절들에서도 이 병에 대하여 다루고 있다(레 13 : 8-52 ; 14 : 7, 44-57). 미리암, 웃시야, 그리고 시몬이 이 병에 걸렸었다(민 12 : 10 ; 대하 26 : 21 ; 막 14 : 3).

2. 고창병, 간질병, 중풍, 이질 등이 한 번씩 언급되고 있다(눅 14 : 2 ; 막 17 : 15 ; 겔 7 : 27 ; 행 28 : 8).

3. 염병과 악질도 최소한 각각 한 번 이상씩 언급되고 있다. 전자는 군대 야영지와 관련하여 언급되므로 콜레라, 혹은 열병 같은 것으로 추정된다. 반면 후자는 일반적으로 임파선 종의 역병으로 생각된다(레 26 : 25 ; 신 28 : 21, 22 ; 출 11 : 1). 삼상 5 : 6-12와 6 : 4-17의 독종은 선(腺)페스트의 일종으로 여겨지고 있다.

4. 열병에는 여러 가지 종류가 있다. 파상열, 말라리아, 혹은 알 수 없는 병으로 생긴 열 등이다(눅 26 : 16 ; 마 8 : 14, 15 ; 행 28 : 8).

5. 미친병은 광기보다는 일반적으로 울화증이라는 의미에서 쓰여질 때가 많다. 그러나 광기란 의미에서 쓰인 때도 있다(신 28 : 28).

6. 약에 대해서는 세 번 나오고, 의사에 대해서는 일곱 번 나온다. "마음의 즐거움은 양약이다". 또 "많은 의약을 쓸지라도 무효하여 낫지 못하리라"(잠 17 : 22 ; 렘 46 : 11). 애굽의 의사들의 기능중 하나는 시체를 방부 처리하는 것이다(창 50 : 2 ; 골 4 : 14). 또 신약중 2권을 기록한 사람은 의사인 누가이다.

보좌(寶座, Throne) 왕, 통치자, 재판관, 대제사장 등이 앉는 자리로서 그 위엄과 권위의 상징이다(창 41 : 40 ; 시 9 : 7). 하나님도 보좌 위에 앉아 계시는 것으로 묘사되고 있다(사 6 : 1-3 ; 단 7 : 9 ; 계 4

: 2-11). 세상 마지막 날에 메시야와 열두 사도들이 보좌 위에 앉을 것이다(마 25 : 31).

보혜사(Paraclete) 예수께서 장차 오실 성령을 바라보고 약속하신 바 대언자 혹은 위로자라는 의미의 헬라어(요 14 : 16).

복음(Gospel) 신약에 사용된 이 말은 앵글로 색슨 족의 '복된 소식'이란 의미를 가진 낱말에서 유래된 것이다. 기독교의 본질이나 또는 그리스도의 생애와 교훈을 적은 책들에 대한 용어로 통용되고 있다. 복된 소식은 그리스도께서 성경대로 죽으시고 성경대로 삼일만에 다시 살아나셨다는 것과 이렇게 하신 목적은 속죄 곧 죄에서 인간을 구속하셨다는 것이었다(막 1 : 1; 롬 1 : 2; 고전 15 : 1-4).

복음 전하는 자(Evangelist) 복음 전하는 일을 하는 자를 가리키는 말로, 특히 이전까지 복음이 전파되지 않던 곳에 복음을 전파하는 일을 하는 자를 가리킨다. 이들에 의해서 세워진 무리들이 나중에는 목사들에 의해서 돌봐졌다. 이 말이 정경의 저자들이나 의식 문집 저자들에게 사용된 것은 정경 이후 시대의 일이다. 신약에서 이 말이 사용된 것은 세번뿐이다(행 21 : 8; 엡 4 : 11; 딤후 4 : 5). 최근에 이르러서 선교사와 복음 전하는 자와의 차이점은, 전자는 복음이 전해지지 않거나 겨우 조금 전해진 새로운 지역에서 활동하는 자를 가리키며, 후자는 기독교가 보급된 지역이나 단체에서 그리스도와 그의 사역에 좀더 많은 헌신을 하도록 요구하는 그러한 사역을 하는 자를 가리킨다.

부(富, Wealth) 성경시대에 부란 토지, 건물, 노예, 가축, 물자, 금속등 물자가 풍부한 것을 뜻했다(수 22 : 8). 이것들을 주기도 하고, 안 주기도하고, 심지어 빼앗아 가기도 하는, 부를 통제하시는 분은 하나님이셨다(신 8 : 17; 욥 1 : 9-12). 부를 소유하면 특별한 위험이 따르는데, 하나님을 잊거나 남의 것을 탐내거나 하는 죄를 지을 수도 있다(신 8 : 17, 18; 출 20 : 17). 부를 소유한 사람은 남을 잘 대접 하도록 권고를 받는다. 또 그것을 지혜롭게 사용하면 하나님의 복을 받는다(딤전 6 : 9, 10; 고후 8 : 1-5; 9 : 10-15).

부활(復活, Resurrection) 여기서는 죽은 자가 살아나는 것에 대해서만 언급할 것이다. 성경적 개념으로 볼때, 영혼이 떠난 사람의 상태는 불완전한 것이다. 몸을 떠난 영혼은 몸의 회복을 기다린다. 몸의 부활 시, 이 둘은 영원히 결합될 것이다(롬 8 : 23; 고후 5 : 3이하). 구약에서 부활에 대하여 명확히 언급하고 있는 구절은 단 12 : 2뿐이다. "땅의 티끌 가운데서 자는 자 중에 많이 깨어 영생을 얻는 자도 있겠고 수욕을 받아서 영원히 부끄러움을 입을 자도 있을것이다". 이와 같은 취지로 언급하는 곳이 몇 군데 있지만, 대체로 구약은 이 주제에 대하여 침묵하고 있다.(시 16 : 10이하; 예. 행 2 : 25이하; 시 49 : 14이하; 욥 19 : 25-27). 그리스도의 부활은 그의 모든 사역과 가르침의 절정이다. 그가 능력으로 하나님의 아들임을 나타낸 것은 바로 이 사실에 의해서이다(롬 1 : 4). 그의 부활은 그의 대속의 죽음을 완전케 하는 필수 요건이었다(롬 4 : 24, 25; 그리스도의 생애, 그리스도의 사역, 바울의 생애와 교훈을 보라).

신약에서 부활을 언급하는 가장 간단한 진술 중 하나는 "의인과 악인의 부활이 있으리라"는 구절이다(행 24 : 15). 사실 이

두 부활은 시간상 천년의 차이를 두고 일어나는 것으로 묘사되고 있다(계 20 : 4-15; 살전 4 : 16; 고전 15 : 23, 24). 부활의 확실성과 본질에 대해서는 바울이 고전 15 : 12-54에 길게 설명하고 있다. 우리의 부활의 몸은 부활한 주님의 몸과 같을 것이다(요일 3 : 2; 빌 3 : 20, 21).

분봉왕(分封王, Tetrarch) 이런 통치자를 때로 왕이라고 부르기는 하지만, 로마 제국내의 대단치 않은 통치자의 호칭(마 14 : 1; 눅 3 : 1; 행 13 : 1; 막 6 : 14, 26). 세 가지 호칭, 즉 왕, 방백, 분봉왕 등이 서로 구별없이 불리워지는 것 같다. 이들의 역할을 정확히 정의하기란 불가능하다.

불멸(Immortality) 불멸에 대한 신약의 개념은 영과 몸으로 된 온전한 사람의 영생을 뜻한다. 사람이 죽으면 비물질적인 부분은 낙원이나 '불 가운데 고민하는' 음부로 간다(눅 23 : 43; 16 : 24). 그리고 물질적인 부분인 몸은 무덤에 묻힌다(시 88 : 5). 성경에서는 부활을 말하고 있는데 그때에 몸들이 자연의 순리대로, 회복되어 무덤에서 나와 그 영과 재결합하여 생명으로 혹은 정죄로 이르는 영원한 존재로서 시작하게 된다(단 12 : 2; 사 26 : 19; 시 16 : 9-11; 욥 19 : 25-27; 살전 4 : 16; 요 5 : 28, 29; 고전 15 : 12-54). 신약은 모든 부활한 사람들이 하나님 앞에 모여 나뉘게 되는 장면을 그리고 있다. 그들은 세상에서 살 때에 행한 행위를 따라 판단을 받을 것이며, '생명책'에 기록되지 않은 자는 '불못에 던지울' 것이다. 영벌과 영생으로 나뉘는 것은 그리스도께서 그 심판대 앞에 선 자들에 대해 '내 양'에 속한 사람과 아닌 사람에 의해, 또 그리스도께서 자기 생명을 내주어서 속죄한 자인가 아닌가에 의해 판가름된다(요 10 : 7-11, 27-30). 신자들이 받는 영생은 아무런 활동이 없는 끝없는 상태가 아니라 이 현세상에서의 모든 악에서 자유롭게 되어 예수 그리스도와의 사귐 가운데서 하나님을 적극적으로 섬기는 것이다.

불쌍히 여김(Compassion) 성경에서 자비, 동정과 같은 뜻으로 쓰이는 말로 사랑을 많이 나타내고 충실하며 은혜로운 것을 말한다(시 85 : 15). 이것이 하나님의 속성이므로 하나님은 자기 백성들이 이것을 형제들에게 그리고 그들가운데 있는 타국인들에게까지 보이기를 바라셨다(슥 7 : 9, 10; 사 1 : 17; 마 18 : 33). 불쌍히 여김은 예수님의 생활과 사역, 가르침에서 매우 중요한 특징이었다(마 9 : 36; 15 : 32).

비밀(Mystery) 헬라어 '무스테리온'을 번역한 말로서, 바울에 의해서 자주 쓰였고, 그 외에는 계시록에서 네 번 발견된다(1 : 20; 10 : 7; 17 : 5, 7). 복음서에서는 이 단어를 "비밀"(secret)로 번역한다(역자주 – 영어로는 이 두 단어의 차이가 분명히 드러나지만, 한글 개역 성경은 그런 차이를 무시하고 모두 "비밀"이란 말로 번역했다). 그러나 바울의 글들에서 그 단어는 매우 특수한 의미를 지녔다. '무스테리온'이라는 단어가 성경에 쓰일 때는 이미 헬라의 이교주의의 색채를 띠고 있었기 때문에, 우리는 바울의 글에서, 그리고 신약의 문맥에서 그 의미를 찾아내야 한다. 그것은 그것을 계시받은 사람에게만 전달되는 비밀로서, 계시되기 전에는 알 수가 없다. 이 단어가 가지고 있던 이런 기존의 개념을 독특하게 수용한 바울 신학에서 그것은 복음 메시지와 동의어이다. "나의 복음과 예수 그리스도를 전파함은 영세 전부터 감취었다가 이제는 나타내신바 되었으며 영원하신 하나님의 명

을 좇아 선지자들의 글로 말미암아 모든 민족으로 믿어 순종케 하시려고 알게 하신바 그 비밀의 계시를 좇아 된 것이니"(롬 16 : 25, 26 ; 딤전 3 : 16). 그것은 충분히 드러난 복음 메시지로서, 그 내용은 다음과 같다. 죄가 세상을 지배함으로써 구원이 반드시 임해야 할 필요성(살후 2 : 7), 친히 구원자가 되시는 그리스도(골 2 : 2, 3 ; 4 : 3 ; 1 : 26-28), 이방인들도 이제는 하나님의 후사가 된 사실(엡 3 : 3-6, 7-12)과, 비록 이것이 하나님께서 태초부터 가지신 영원한 목적이었지만, 이제 교회를 통해서 전파해야 한다는 사실, 그리고 결국 만물이 그리스도 안에서 연합된다는 사실(엡 1 : 9, 10), '무스테리온'이라는 헬라어가 원래 지니고 있던 의미, 즉 비밀을 깨달으려면 그 그룹 안으로 들어와야 한다는 사상처럼, 복음도 역시 그러하다. 사람이 그리스도 안에 있는 구원을 이해하기 위해서는 먼저 거듭나야만 한다(요 3 : 3, 7, 16, 17).

비유(Parable) 구약에서는 이 말이 자주 쓰이지 않는다(시 78 : 2 ; 잠 26 : 7, 9 ; 겔 17 : 2 ; 24 : 3 ; 호 12 : 10). 이것은 한 가지 사상을 설명하기 위한 목적을 지닌 간단한 이야기이다. 비유는 자연적인 것과 상징적인 것을 섞지 않는다는 점에서 우화나 신화와 다르며, 풍유(allegory)와 잠언과도 다르다. 비유는 한 개의 초점을 가진 이야기이다. 성경에 나오는 비유들은 몇 가지를 제외한다면 대부분 예수께서 가르치는 사역을 하시는 동안에 쓰신 것들이다. 예수께서는 성령으로 조명을 받은 사람들에게 계시를 나타내지만, 반면에 그렇지 못한 사람들에게는 그것을 막는 효과적인 방법이라고 말씀하셨다(마 13 : 10-16). 비교적 잘 알려진 비유들을 들자면 다음과 같다. 씨뿌리는 자와 씨의 비유, 포도원 품꾼들의 비유, 열 처녀 비유, 달란트 비유, 선한 사마리아인 비유, 탕자의 비유, 바리새인과 세리의 비유(마 13 : 1-23 ; 20 : 1-16 ; 25 : 1-13 ; 25 : 14-30 ; 눅 10 : 30-37 ; 15 : 11-32 ; 18 : 9-14).

빚, 빚진 자(Debt, Debtor) 모세 율법에는 같은 유대인에게 빚진 유대인을 보호하기 위해 특별한 규정들이 마련되어 있었다. 후에 유대인들이 이 법을 무시하고 빚진 자들을 혹독하게 다루는 경우가 흔히 있었다(왕하 4 : 1이하). 신약 시대에 와서도 이 법들이 지켜지지 않아 빚진 자들이 감옥에 갇혔다(마 18 : 25-30, 34).

사도(Apostles) 신약에서 그리스도께서 자기에게 배우고 세상에 가서 자기를 증거하도록 하기 위해 택한 열두 사람에게 일반적으로 붙인 용어이나 꼭 이들에게만 붙인 것은 아니다. 이 열두 사람은 베드로라고도 하는 시몬, 그의 형제 안드레, 세베대의 아들들인 야고보와 요한, 빌립, 나다나엘이라고도 하는 바돌로매, 레위라고도 하는 마태, 도마, 알패오의 아들 야고보, 다대오라고도 하는 야고보의 아들 유다, 열심당원 시몬, 가룟 유다 등이었다(마 10 : 2-4 ; 막 3 : 16-19 ; 눅 6 : 14-16 ; 행 1 : 13). 이들 대부분이 갈릴리 사람이었다. 이들 중 세 사람 곧 베드로, 야고보, 요한이 특별히 예수님과 가까왔는데, 이들은 변화산에서와 겟세마네 동산에 같이 있었던 것을 포함하여 매우 중요한 여러 때 예수와 함께 있었다(마 17 : 1 ; 막 14 : 33). 후에 예수를 배반하고 자결한 가룟 유다의 자리를 맛디아가 대신하였다(행 1 : 26).

사랑(Love) 우정, 성실, 친절 심지어 자비와 공유 등 사람들의 관계, 혹은 사람들

과 하나님의 관계를 시작케 하고 유지시켜 주는 내적인 감정 혹은 동력이다. 구약은 인간 사회 안에서의 사랑, 가족 안에서의 사랑, 성적인 사랑, 사람의 하나님께 대한 사랑, 하나님께서 자기 백성을 위해서 선택하고 언약하시는 사랑 등을 말한다(삼하 1 : 26 ; 룻 4 : 15 ; 삼하 13 : 1, 15 ; 신 6 : 5 ; 7 : 6-9). 신약에서도 비록 위의 의미들이 발견되기는 하나, 주요 주제는 사뭇 다르다. 하나님께서는 본질상 사랑이시며, 사람의 주된 목표는 하나님을 가장 사랑하고 그분의 계명을 지킴으로써 그분을 사랑하는 것이다. 아울러 이웃을 사랑해야 할 필요성도 강조된다(요일 4 : 7-12, 16, 19-21). 하나님의 계명들을 지키는 것은 이런 사랑에 포함된다(요일 5 : 2, 3 ; 마 22 : 36-40). 사람들에 대한 하나님의 사랑에는 그들을 구속하시고, 그들의 필요를 다 공급해 주시고, 그들이 당신과 함께 영원히 거할 처소를 마련하시는 일들이 포함된다(롬 5 : 8 ; 빌 4 : 19 ; 롬 8 : 28-39 ; 엡 2 : 4-8).

사죄(Forgiveness) 주로 어떤 사람이 잘못을 뉘우칠 때 베푸는 관용 혹은 용서를 말하며, 또는 즐거운 마음으로 배상 혹은 보상을 하는 것을 말함. 당사자들의 이전 관계로 되돌아 가는 것을 포함한다. 인간이 타락한 후 하나님의 호의를 얻기 위해서는 무엇보다도 그분의 사죄의 용서를 받아야 한다. 한편 이러한 사죄의 용서를 얻기 위해서는 그리스도의 대속의 죽음으로 말미암은 대속이 요구된다(고전 1 : 14 ; 2 : 13, 14). 인간편에서는 죄를 회개하고, 죄에서 돌이켜 새 생활을 함으로써 그 은혜에 보답하려고 해야 한다. 무엇보다도 강조점을 두는 것은, 하나님께서 자신을 용서하신 것과 같이 자신도 남을 용서해야 한다는 점이다(마 6 : 14, 15 ; 눅 6 : 37). 사람이 용서 받을 수 없는 죄가 단 하나 있는데, 그것은 성령을 훼방하는 죄이다(막 3 : 28, 29). 어떤 죄가 성령을 훼방하는 죄가 되는 지에 대해서 학자들마다 견해가 꼭 일치하지는 않는다.

산당(High places) 이교 신들을 섬기던 것과 관련된 높은 지대로, 성경에서는 특히 가나안 인들의 우상 숭배와 관련되었다. 이스라엘 백성들은 하나님에게서 요단강 서편 땅에 들어가면 모든 산당들을 훼파하라는 명령을 모세를 통해 받았다(민 33 : 52). 그리고 그들이 이 명령을 준행하지 않음으로써 그들 자신이 우상 숭배에 빠지게 되고 마침내 하나님의 진노를 받게 되고 외국으로 포로로 끌려가게 되었다. 어떤 사사나 왕들의 개혁을 추진하는 동안에는 간헐적으로 그들이 개혁의 일환으로 산당들을 훼파하였다(왕상 12 : 32, 33 ; 대하 31 : 1 ; 33 : 3 ; 왕하 23장). 예루살렘 성전을 건축하기 전에는 이스라엘 사람들도 이따금씩 이 산당에서 그들의 하나님 여호와께 제사를 드렸다(왕상 3 : 2-5).

삼위일체(Trinity) 스스로를 성부와 성자와 성령으로 나타내신 하나님의 계시로서, 삼위 하나님은 신성에 있어서는 한 분이시나 인격과 기능에 있어서는 나뉘어 계신다.

새벽(Dawn) 히브리어로 '샤하르'이며, 날의 시작을 말하고 해가 뜨는 곳에 대한 시적 표현이기도 하다(욥 38 : 12 ; 3 : 9 ; 41 : 18). 사 14 : 12에 나오는 '아침의 아들 계명성이여'라는 표현은 바벨론 왕을 가리키는 것으로 보인다. KJV에서는 "샛별"이 "루시퍼"(문자적으로는 "빛을 나르는 자" 즉 샛별을 뜻한다)로 번역되었다. 그리고 누

10：18과 계 9：1이 비슷한 점을 보고서 어떤 사람들은 그 표현을 바벨론 왕이 아니라 사단에게 적용한다.

생명(Life) '불멸'(immortality) 항목을 함께 참조하라. 이 생명이라는 용어는 사람이나 동물에 생기를 주는 부분 곧 물리적 혹은 자연적 생명을 가리킬 수도 있고, 사람의 죽음 이후의 "생명", 즉 영적 생명 혹은 영원한 생명을 가리킬 수도 있다. 다시 말해서 이것은 사람 존재의 두 부분, 즉 사람의 이 땅에서의 존재, 그의 생애를 가리킬 수도 있고, 아니면 죽음을 통해서 들어가는 영원한 존재를 가리킬 수도 있다. 두 가지 다 하나님께서 당신의 피조물들에게 내리신 선물들이다. 사람의 육체는 흙으로 지어졌고, 하나님께서 그의 코에 생기를 불어넣으셨을 때 생명을 지니게 되었다. 바로 이 순간부터 사람은 생명을 지닌 존재가 되었다. 다른 모든 피조물들은 사람보다 앞서 '생명을 지닌 피조물들'이었다(창 1：20-25；2：7). 창 2：24의 "생물"이란 말은 2：7의 "생령"과 같은 말이다. 신약에 따르면 영생은 하나님의 선물로서, 그리스도께서 죽으심과 부활로써 이루신 속죄를 믿음으로써 얻는다(요 3：36；5：24；롬 5：10；엡 2：1-8).

서기관(書記官, Scribe) 원래 서기관은 문서를 담당하는 일종의 사서였다. 그러나 후에는 직업적으로 율법을 가르치거나 배우는 사람을 일컫는 특별한 의미를 갖게 되었다(스 4：8；7：6,12；왕하 22：3-8；마 2：4). 율법에 덧붙여진 유전들이 해석적 조작이거나 혹은 확대라고 보신 예수님의 견해가 서기관들의 견해와 다른 것이었기 때문에, 신약에서 이 계층에 대한 언급이 많이 나온다(마 15：1-12；28-38).

서원(들)(誓願, Vow(s)) 어떤 일을 하겠다고 하나님께 자발적으로 약속하는 것, 무슨 바라는 은혜를 얻기 위하여 하는 것이 결코 아니다. 두 가지 예가 성경에 분명히 제시되어 있다(창 28：20-22；시 132：1-5). 모세의 법전 속에는, 때로 헌상이라 불리는, 서원을 하는 법에 대한 항목이 나와 있다(레 27장；22：17-25；민 15：1-10). 민 6장은 특별히 나실인의 서원을 규정하고 있다.

선교(Mission) 하나님께서 복음 전도와 교육과 목회를 통해 당신의 사랑과 기독교 복음을 만민에게 전하도록 교회와 신자 각 사람에게 주신 사명. 이 용어는 특별히 자기 문화권을 떠난 그리스도인들에 의해 이루어지는 사역을 가리키는 데에 쓰인다.

선지자(Prophet) 선지자라는 말에는 앞일을 예고하는 자(foreteller)와 하나님 나라의 도덕으로 책망하고 가르치는 자(forthteller)라는 기본적인 뜻이 담겨있다. 이 단어는 어떤 사람이 다른 사람을 위한 '대변인'이 된다는 것을 의미한다. 히브리어로는 '나비'이다. 아론은 동생인 모세를 대신해서 이 역할을 수행했다(출 7：1). 사무엘 시대 이전까지의 선지자는 '선견자'(先見者. 히브리어, '로에')라고 불리웠다(삼상 9：9). 후에는 선지자들의 학교가 있었고, 그것에 속한 사람들을 일컬어 '선지자의 생도들'이라고 했다(왕하 4：38；2：3-15). 그보다 훨씬 전에는 개인적으로 계시를 받아 말한 많은 선지자들이 있었다. 갓, 나단, 아히야, 예후, 엘리야, 엘리사가 그 대표적인 인물들인데, 그 외에도 여러 선지자들이 있었다(삼상 22：5；왕상 1：23；14：2；16：7；18：36；왕하 9：1). 우리는 여호수아, 사사기, 열왕기, 사무엘상·하 등의 지

은 저자가 누군지 모른다. 다만 그들이 공통적으로 초기의 선지자들이라는 사실만을 알고 있을 뿐이다. 그들의 메시지는 주로 하나님 나라의 도덕으로 백성을 책망하고 가르치는 내용이다. 한편, 그들의 메시지에 덧붙여 예고 혹은 예언의 말씀을 하나님께 받아 글로 남긴 기록 선지자들이 있는데, 이사야, 예레미야, 에스겔, 그리고 호세아에서 말라기에 이르는 소선지서의 저자들이 그들에 해당한다. 구약의 그 나머지 부분은, 그리고 사실상 그것을 제외한 성경 전체 내용은 하나님 나라의 도덕을 가르치는 내용이며, 예언이라는 말에는 그런 의미도 담겨있다. 비록 이런 내용의 말씀 곳곳에는 미래의 일들에 대한 예언(혹은 예고)의 말씀들도 함께 발견된다. 우리가 주의할 것은, 히브리어 성경 중 세 번째 책에 선지서라는 이름이 붙어 있다고 해서 그것만 예언적인 내용을 다룬다고 생각해서는 안된다는 점이다. 성경 모든 책들은 하나님 나라의 도덕을 가르치며, 그 중 많은 부분은 예언적인 내용을 함께 담고 있다. 더 나아가 신구약 중 각 한 권은 묵시의 범주에 속하는데, 그것은 다니엘서와 요한계시록으로서, 이상(異像)들과 상징들을 통해서 예언의 말씀을 기록한다.

선지자들의 메시지는 기록된 것이든 기록되지 않은 것이든 일반적으로 매우 동일하다. 첫 번째 부분에서는 죄와 하나님의 길에서 떠난 것에 대한 하나님의 책망이 나온다. 두 번째 부분에서는, 이러한 죄 때문에 하나님의 심판이 그 죄에 해당하는 개인이나 집단에 임할 것이라는 내용이 나온다. 세 번째 부분에서는 — 이 경우는 백성의 차원에서 징벌을 당한 경우에만 해당된다 — 하나님께서 그 백성을 사랑하시므로 그들이 징벌을 통해서 교훈을 얻고 하나님께로 돌아온 후에 큰 복을 베푸실 것이라는 내용이

나온다. 이러한 순서의 전형을 신 28-30장에서 볼 수 있다.

여선지자는 단순히 선지자의 아내인 경우도 있고, 아니면 실제로 여자로서 선지자의 임무를 수행한 경우도 있다(사 8：3；출 15：20；왕하 22：14；눅 2：36).

선택(Election) 첫 사람 아담이 타락한 이래로 보통 생육법에 의해 태어나는 아담의 모든 후대 자손들은 죄 아래에서 태어나며, 창조주를 거역하며 자란다. 이처럼 죄에 갇힌 자를 구해내기 위해서 결함을 보충해 주는 하나님의 은혜가 요구된다. 선택이란, 하나님께서 자신의 기쁘시고 영원하신 뜻을 따라 어떤 사람을 영생의 길로 택하시고, 은혜 언약 안에 들어오게 하시며, 그를 죄와 형벌에서 구원하시며 그에게 구세주로 말미암은 구원을 상속받게 하심이다(웨스트민스터 소요리 문답). 선택이라는 말이 헬라어로는 에클로지(ekloge)라는 말로 제한해서 사용되나, 영어로는 elect, choose, select 등의 몇 가지 말로 옮겨졌다(딤후 2：10；벧전 1：1,2；엡 1：3-5,11). 죄 가운데 있고 하나님을 거역하고 있는 자를 하나님께서 자기 앞으로 데려올 의무가 있는 것도 결코 아니며, 또한 그렇다고 해서 하나님과 무슨 특별한 관계가 있는 자만을 택하시는 것도 결코 아니다. 그렇지만 하나님께서는 자신의 은혜로 택하심으로 말미암아 어떤 많은 수의 무리가 자기에게로 올 것이라는 사실을 알고 계신다. 신약에서는 이 선택의 개념이 대개 개인의 구원에 대하여 사용된다. 그러나 구약에서는 이 말이 주로 이스라엘이라고 하는 한 백성을 상대로 사용된다. 그것은 하나님께서 이스라엘을 사랑하셨고, 또한 그가 그 백성을 애굽에서 구원하실 때 그 조상들에게 하신 맹세를 지

설교(Preach) 이것은 누가 메시지를 주어 선포하도록 다른 사람에게 위임한 행위이다. 선지자는 일종의 설교자였다. 그는 하나님께서 자기에게 주신 메시지를 전했다. RSV에서 이 단어는 구약에서는 오직 열네 번, 그리고 구약의 선지자들이 더 이상 존재하지 않은 신약에서는 무수히 사용된다. 오늘날의 설교는 여러 가지 방법으로 성경 곧 하나님의 말씀의 메시지를 전파하는 것으로 이루어진다.

섭리(Providence) 웨스트민스터 공의회(Westminster Assembly)는 하나님의 섭리의 역사를 가리켜, '그분(하나님)의 모든 피조물들과 그들의 모든 행위에 대한 가장 거룩하고 지혜로우며 강력한 보존과 다스림'이라고 표현했다. 후기 구약 시대에는 '신적 섭리'(the divine providence)라는 용어가 하나님을 가리키는 일반적인 용어였다(단 4 : 34, 35 ; 시 37 : 23, 24 ; 히 1 : 3).

성경(Scripture) 하나님이 어떤 분이시며 무엇을 하시는 지에 대해 성령의 감동으로 기록된 책으로서, 그리스도인들의 사상과 삶을 위한 권위있는 준거(準據)가 됨(딤후 3 : 16-17).

성도(들)(Saint(s)) 신성한 사람들을 더럽히는 것으로부터, '거룩한, 정결한, 구별된' 등의 의미를 가진 단어들을 전용한 것. 구약에서 이 단어는 하나님의 일에 헌신한 사람들, 혹은 하나님의 백성으로서의 이스라엘을 지칭하는 데 쓰여졌다(시 89 : 5 ; 132 : 9 ; 신 7 : 6 ; 시 50 : 5). 신약에서는, 지금 언급한 구약의 용례를 따라 쓰이기도 하지만, '그리스도 안에'있는 사람들, 즉 그리스도인들에게 보다 빈번하게 쓰이고 있다(빌 1 : 1 ; 엡 1 : 1 ; 3 : 8, 18 ; 딤전 5 : 10).

성도의 견인(Perseverance of the saints) 하나님의 구원을 강조하는 교리로서, 그리스도를 주와 구주로 믿는 사람을 하나님께서 안전히 구원하시며, 그리스도께 대한 믿음을 끝까지 잘 발휘케 하실 것이라는 내용이다(요 10 : 27-29).

성화(Sanctification) 하나님께서 성령을 통하여 신자들의 생명과 인격을 예수 그리스도의 생명과 인격으로 닮아가게 하시는 구원의 과정(행 26 : 18 ; 롬 15 : 16 ; 고전 6 : 11 ; 벧전 1 : 2).

세대(Generation) 구약에서 세대라는 말은 어느 일정한 기간이나 또는 주어진 기간 동안에 살던 사람들, 그리고 어쩌면 한 지역에 대해서도 쓰인다(시 102 : 24 ; 창 7 : 1 ; 사 58 : 12). 또한 구약의 경우 이 말은 복수로 계보를 뜻하기도 한다. 신약에 와서는 이 말이 구약에서 쓰인 용례 외에도 '족속'이나 '나라'라는 뜻으로도 쓰인다(마 1 : 17 ; 11 : 16 ; 행 13 : 36 ; 마 24 : 34 ; 벧전 2 : 9).

세례(Baptism) 헬라어 '밥티스마'를 음사 그대로 번역해 놓은 것이다. 시대와 집단에 따라 그 의미가 달랐다. 즉 구약에서 사용하는 세례, 요한의 세례, 예수님이 받으신 세례, 교회가 사용한 세례의 의미가 달랐다. 이 단어 그대로가 신약에 나타나나 구약에는 나오지 않는다. 구약을 헬라어로 번역한 사람들이 이 단어를 세 번 사용한다. 명백히 이 단어가 사용된 문맥은 문둥병자 나아만이 요단강에서 몸을 '잠그고' 깨끗케 되었다는 이야기가 나오는 왕하 5 : 14이다. 이 단어가 헬라어이기 때문에 구약에서 사용되지 않지만 깨끗케 하기 위해 물로 씻었다는 개념은 명백히 나온다(레 15 : 8 ; 17 : 15, 16). 물을 뿌리거나 물로 씻는 일이 행해졌고, 어쩌면 두 가지를 함께 하였을 수도 있다(민 19 : 17-19). 구약에서 개종자들은 공동체에 들어오는 입문의 한 부분으로 세례를 받았다. 즉 물로 씻음을 받았다. 이 관행이 사해촉서 공동체에서도 행해졌다.

요한의 세례에 새로운 점이 덧붙여졌는데, 그것은 죄에 대한 개인적인 회개를 강조한 점이다. 이것 또한 공동체에 들어가기 위한 입문 의식이었을 수도 있다. 그러나 이제 여기에는 회개라는 개인적인 행동과 새 생활에 대한 헌신이 따른다(눅 3 : 3, 10-13).

예수께서 요한에게 세례를 받았는데, 이 세례에는 다른 점이 있었다. 그것은 죄를 회개한 것을 표시하기 위한 세례가 아니었다. 그것은 '모든 의를 이루기' 위한 세례였다(마 3 : 13-15). 이때 예수께서는 30 세쯤 되었고 막 사역을 시작하려고 하셨다(눅 3 : 21, 23). 예수님의 사역 초기에 대제사장과 그의 아들들이 물로 씻음을 받았다. 후에 제사장들은 30세에 이런 식으로 직무를 시작하였다(출 29 : 4 ; 민 4 : 3). 그리스도께서 대제사장으로 오셨기 때문에 전통적인 방식대로 물로 씻고서 사역을 시작하셨다.

교회의 세례는 회개와 관련이 있고, 교회 공동체에 들어오도록 허락하는 것과 관련이 있었다. 자기가 죄인이라는 것을 깨닫고 예수 그리스도를 구주요 주로 믿으며 이 사실을 사람들 앞에서 고백하는 성인은 영적으로 깨끗케 되었고, 교회에 들어올 수 있게 되었음을 보이는 표로서 세례 의식을 받았다. 구약 시대에는 신자의 아들들이 할례를 받았고, 신약 시대 초기부터 신자의 모든 유아는 세례를 받았다. 이 후자의 입장을 주장하는 사람들은 어느 정도 골 2 : 11, 12의 말씀에 기초를 두고 이야기한다. 많은 사람이 성인만 세례를 받을 수 있다고 주장한다. 세례는 세례받는 사람을 거듭나게 하는 의식이 아니라, 그 사람이 그리스도께 대한 신앙과 복종을 고백하였고 따라서 그리스도에게 접붙임을 받아 그리스도의 모든 유익을 함께 나누어 받는 자가 되었음을 나타내는 외적인 표시에 지나지 않는다. 유아 세례의 경우에는 부모 편에서 보이는 신앙과 복종의 행위를 나타내는 것이다(고전 12 : 12, 13 ; 롬 6 : 1-5).

많은 문맥에서 '세례하다'는 단어는 몸을 담그는 것을 명백히 암시하지만, 눅 11 : 38과 막 7 : 4에서 뚜렷이 볼 수 있듯이 항시 그런 의미로 쓰이는 것은 아니다. 눅 11 : 38에서는 "씻다"로 번역되었고, 막 7 : 4에서는 씻는 것이 주방용품과 심지어는 식사용 소파를 씻는 것이기도 하다.

세상(World) 많은 의미를 가진 단어이다. 사람이 거주하는 공간(눅 21 : 26), 전 우주(행 4 : 24), 혹성 지구(행 17 : 24), 사람들의 세계(요 16 : 20), 하나님의 백성과는 다른 사상을 가졌기 때문에 하나님을 적대시하는 세상(약 1 : 27 ; 4 : 4), 하나님의 계시가 주어지고 그의 구원이 이루어진 곳(요 3 : 16 ; 고후 5 : 19)등. 이 세상의 기원에 관해서는 성경에서 보여주는 바 말 그대로 전적 무(ex nihilo)의 상태가 있었다. 그러나 "만물이 그(말씀, 그리스도)로 말미암아 지은 바 되었으니 지은 것이 하나도 그가 없이 된 것이 없느니라"(요 1 : 1-3)는 말씀과 같은 개념이 분명히 있고, 또 그런 개념을 신학적으로 갖는 것이 필요하다. 세상의 기원을 기록해 놓은 것처럼, 세상의 종말에 대해서도 묘사해 놓고 있다. 첫째, 사람의 죄로 인하여 이 세상에 들어온 저주가 세상에서 제거될 것이다. 이와 동시에 부활한 몸을 입은 하나님의 아들들이 나타날 것이다(롬 8 : 18-23). 이 일 뒤에 현재 존재하는 하늘이 불속에 떠내려 간 후에 새 하늘과 새땅이 건설될 것이라고 성경은 말한다(벧후 3 : 10-13). 이것이 무엇을 의미하는지를 밝힐 만한 증거는 충분치 못하다.

소금(Salt) 이스라엘 사람들은 북부의 베니게, 아니면 암염산(岩鹽山)이 있는 남서부의 사해 지역에서 소금을 얻는다(습 2 : 9). 이 사해산 소금은 질이 매우 낮아서, 소금 덩어리의 외부가 짠맛을 쉽게 상실한다. 예수께서 제자들에게 그들이 세상의 '소금'임을 가르칠 때 바로 이 소금을 염두에 두셨다(마 5 : 13; 막 9 : 50). 구약에서는 신생아를 소금으로 문질렀고, 어떤 제사에는 소금이 필요했다(겔 16 : 4; 레 2 : 13; 출 30 : 35). '소금의 언약'이라는 말은(민 18 : 19) 소금의 보존의 특성에서 생긴 영원한 언약이라는 의미이다. 세겜을 정벌한 후 아비멜렉이 거기에 소금을 뿌린 것과 같이 소금은 또한 황폐의 상징이다(삿 9 : 45).

소망(Hope) 성경에서 이 낱말은 어떤 특별한 신학적인 의미 없이 기대와 신뢰의 의미로 보통 쓰인다(룻 1 : 12). 아주 독특한 신학적인 뜻을 담게 되는 경우에는 믿음과 아주 밀접하게 결합하여 쓰인다. 구약에서는 하나님이 이스라엘의 소망이었다(렘 14 : 7, 8; 시 62 : 5; 65 : 5). 신약에서 사용된 헬라어는 '엘피스'(elpis)로 히 10 : 23과 엡 1 : 12의 문맥에서 볼 수 있는대로 소망, 신뢰, 믿음의 뜻을 담고 있다. 그밖에도 이런 뜻으로 쓰인 것이 밝히 나타난다(롬 5 : 2; 갈 5 : 5; 엡 1 : 11-14). 신약에서 나타나는 소망은 또한 영생에 대한 소망이다(고전 15 : 19-26이하). 바울 사도는 인간의 최종적인 구속과 연관된 이 물질 세계의 회복에 관한 생각도 피력하였다(롬 8 : 19-25). 이 사도는 흥미롭게도 그리스도인의 소망과 이스라엘의 소망을 함께 묶고 있다(행 26 : 6-8; 28 : 20).

속전(贖錢, Ransom) 노예를 다시 사오기 위하여, 혹은 손해 끼친 것을 배상하기 위하여 지불하는 돈(출 21 : 30; 레 19 : 20; 삼상 14 : 45). 신약에서는 그리스도께서 자기 백성을 구속(救贖)하고 그들을 구원하려, 그의 생애와 죽음 가운데서 행하신 사역과 관련하여 사용하고 있다(마 20 : 28; 딤전 2 : 6; 계 5 : 9).

속죄(Expiate) 하나님의 계명을 부족하게 행하거나 그것을 범하는 것을 죄라고 한다. 이러한 죄를 용서받기 위해서는 두 가지 일이 요구되는데, 하나는 보상이고 다른 하나는 위로이다. 첫 번째로 이 보상을 위해서는 희생 제사로 죄를 가리거나 죄를 지우는 대가가 요구된다. 두 번째로 위로라는 것은 죄로 인하여 화가 나신 하나님을 달래는 것을 뜻한다. 인생의 죄는 십자가에 달리신 예수 그리스도의 그 희생으로 인하여 그 대가가 치러지고, 하나님의 노도 그것으로 만족하게 풀린다. 어떤 사람들은 이와 같은 배상, 희생 제사, 보상, 노를 달램 등의 개념이 원시적이고 사랑이신 하나님과 조화되지 않는 것으로 간주한다. 사랑의 하나님이시라면 죄인을 위하여 무죄한 자의 희생을 요구하실 리가 결코 없으시다는 것이다. 그렇지만 이렇게 생각하고 있는 사람들은, 죄있는 인간을 위하여 고통을 당하시는 분이 하나님이신 성자 곧 하나님 자신이시라는 점을 모르고 있는 것이다(롬 3 : 25; 히 2 : 17, 18; 요일 2 : 2; 4 : 10). 마찬가지로 그리스도께서 희생이 되시는 것은 다름 아닌 하나님께서 스스로 자신의 노를 달래

고 계신 것이다.

속죄일(The Day of Atonement) 구약에서 이 절기의 제정에 관해서는 레 16장에 상세히 설명되어 있지만, 그것이 지켜지는 월력에 대해서는 레 23 : 26-32에 소개된다. 이 의식의 상징하는 바가 신약의 그리스도의 속죄론에 많은 기초가 되지만, 그것이 너무 복잡해서 여기서는 상세하게 다루기가 힘들다. 대제사장이 초막(혹은 성막)의 지성소에 들어가 언약궤의 '속죄소'와 그 앞에 희생의 피를 뿌리는 일을 하는 것이 바로 이 날(일곱 번째 달의 제 십일)이었다(레 16 : 14). 이 절기의 의식중에 아사셀에 바친 '속죄 염소'와 관련된 의식이 있었다. 이 절기는 그날이 되면 백성들이 스스로를 '괴롭게' 해야만 한다는 점(레 23 : 27)에서 축제일의 면모를 갖는 다른 절기들과는 달랐다.

수난(Passion) 그리스도께서 재판을 받으시고 십자가상에서 죽으시기까지 당하신 고난.

수전절(Dedication, Feast of) 3년 전 안티오쿠스 에피파네스가 더럽힌 후 B.C. 165년 12월에 성전을 다시 봉헌한 것을 기념하여 해마다 키슬레브 25일에 시작하여 8일간 지키는 절기. 빛의 절기로 알려졌고 최근에는 하누카라고도 알려졌다(요 10 : 22, 23).

순교자(Martyr) 그리스도를 부인하기보다는 증거함으로써 고난과 죽음을 당하는 사람(행 7장).

순종(Obedience) 신·구약 모두 이 말은 듣는다는 개념을 함께 지닌다. 이 두 개념은 서로 분리할 수 없다. 히브리어 '샤마'는 경청하고 순종한다는 뜻을 동시에 지니며, 헬라어 '후파코우오'도 마찬가지이다. 그러므로 성경이 말하는 순종은 일단 잘 경청하고 그에 따라 행한다는 의미를 지닌다. 어린이들은 부모를, 학생은 교사를, 피고용인은 고용인을 듣고 순종하듯이, 하나님께서는 모든 인류가 당신의 말씀을 듣고 순종하기를 바라신다(골 3 : 20, 22; 출 19 : 5, 이 두 경우 헬라어와 히브리어는 모두 "듣는다"는 뜻을 지닌 단어들이다). 하나님의 율법과 계명을 순종하는 것이 이스라엘 백성들에게 요구되었던 삶의 방식이다(레 18 : 4, 5). 불순종을 하면 종국에는 심한 형벌, 심지어 디아스포라(나라를 잃고 여러 나라에 흩어진 유대인들)가 되는 형벌이 임할 것이었다(신 28 : 58, 59, 64). 순종은 믿음을 시험하는 가장 좋은 척도이다. 혹은 신약의 표현을 빌자면 '행함이 없는 믿음은 죽은 것'이다(삼상 15 : 22-24; 약 2 : 14-26). 그러므로 순종과 믿음은 성경에서 항상 긴밀히 연관된다. 그 가장 현저한 예를 신약에서 아브라함이 그 생애 동안 겪은 사건들을 다루는 본문들에서 볼 수 있다(롬 4 : 1-3; 약 2 : 21-26).

위에 소개한 히브리어 외에 다른 히브리어에 대해서도 NIV는 "순종하다"라고 번역한다. 그 근본 의미는 원래 "지키다"이다. 이렇게 구약이 말하는 순종은 두 가지 의미를 동시에 지닌다. 즉 순종은 '들음', '지킴'과 동일하다(시 -119 : 8, 17, 34; 출 34 : 11).

승천(Ascension) 이 단어가 성경에 그대로 쓰이지는 않지만 그리스도께서 승천하셨다는 개념은 그가 아버지께 '올라갔다'고 적고 있는 여러 구절에서 명백히 나타난다(요 20 : 17; 엡 4 : 8).

시간(Time) 기간들을 시간으로 구분하는 것에 대해서는 달력(calendar)을 보라. 물론 어떤 왕의 재위 기간은 몇 년이고, 출애굽해서 성전을 짓기까지는 480년이 걸렸다는 의미에서 시간이, 고대 이스라엘에서 쓰이지 않은 것은 아니다. 그러나 시간은 다소 추상적인 것이다. 추상적인 시간의 인속성이라는 개념은 성경적 개념과는 거리가 멀다. 성경에서의 시간은 역사상 특별한 순간으로서의 개념을 가진다. 이스라엘인들은 출애굽, 바벨론 포로, 지진(암 1 : 1) 등 사건들을 언급할 뿐, 오늘날 우리가 시간을 말할 때 뜻하는 것처럼 연속체로서의 시간을 생각하지 않는다. 성경은 하나님께서 몸소 지상과 우주 안에서 일하신 때를 지적하는 '시간들'을 강조한다. '내 시대(시간)가 주의 손에 있사오니'라는 구절은(시 31 : 5) 내가 살 몇 년을 말하는 것이 아니라, 나에게 일어날 사건들을 뜻하는 것이다. '영원' 혹은 '영원히'라는 것도 시간의 연속성의 개념이 아니라, 어떤 특정 기간 동안의 사건들을 뜻하는 것이다. 히브리어에서는 영원을 뜻하는 분명한 말이 없다. 아드와 올람이 '영원'이라고 번역되는데, 이것은 끝을 모르거나, 정해지지 않은 기간을 뜻할 뿐이다. 예를 들어, 사무엘을 성밖에 "영영히" 있도록 놓아두었다(KJV). 그런데 이것은 그의 생애의 전 기간을 뜻한다(삼상 1 : 22).

시험[1], 유혹(Temptation) 악행을 하도록 유혹하는 것. 잘 극복하면 영적인 능력과 선을 가져다 주는 시험(testing)과 정반대의 것이다. 전자는 사단이 꾀는 것이고, 후자는 하나님이 주시는 것이다(엡 6 : 11 ; 욥 23 : 10 ; 벧전 1 : 7 ; 신 8 : 16). 마 4 : 1-11에 그리스도를 시험하려는 사단의 시도가 기록되어 있다. 첫 번째 아담이 사단의 시험을 이겨내지 못했던 데 반해서, 두 번째 아담인 그리스도는 그 시험에서 승리하셨다(창 3 : 1-7).

시험[2] (Trial) 성경 구절에서 이 단어는 오늘날 우리가 사용하는 시험(test)과 법정의 신문(court trial)과 동일한 두 가지 의미로 쓰인다(약 1 : 12 ; 행 26 : 6). 후자의 의미에서 가장 유명한 것은 예수님의 신문받으심이다. 그리스도의 생애를 보라. 그러나 예수님의 사건을 조사한 경우와 같은 법정사건을 가리켜 '시험'이라는 말을 쓰지는 않는다.

식사(Meals) 성경에는 조반, 중식, 석식에 대한 단어들이 모두 나온다. 조반은 예수께서 부활하신 후 해변에서 나타나신 일과 관련되어서만 나타난다(요 21 : 12). 석식에 대한 언급은 한 경우(눅 17 : 8)를 제외하고는 주의 만찬이나 종말론적 만찬과 연관되어 나타난다(눅 22 : 20 ; 고전 11 : 20, 25 ; 계 19 : 9, 17). 중식에 대한 언급도 여러 번 나타난다(마 22 : 4 ; 요 12 : 2). 성경에 나오는 이 세 가지 단어들은 시간과 양에 있어서 오늘날과 일치시켜 생각하기에 어려운 점들이 있다. 동양의 원시적인 지역에서는 오늘날도 여전히 관습으로 내려오는 것이 있다. 그것을 조금 설명하자면, 처음 식사는 아침에 한다. 남자들은 일어나서 아무것도 먹지 않고, 심지어 빵이나 치즈 한 조각도 먹는 일 없이 일터로 나가서, 열 시에서 열두 시 사이에 점심이라 부르는 식사를 한다. 이 식사는 종종 일터에서 하게 되는데, 따라서 남자들이 일터로 들고 나갈 수 있는 음식으로 구성되거나, 아니면 부인이나 아이들이 시간 맞춰 일터로 가지고 나온다. 낮일을 마치면 오늘날 시간으로 오후 두 시에서 네 시 사이에 저녁 식사가 있게 된다. 혹시 잔치가 있어서 그 순서에 따라 식사를 하게 되는 일을 제외하고는 대개 그 시간에 식사를 한다.

주식은 오늘날의 작은 파이나 팬케이크 모양의 빵으로서, 고기국, 신포도주, 혹은 곡식을 갈아 기름에 부친 음식과 함께 든다. 과일과 곡식은 소산이 매우 풍성했고 종류도 다양했다. 고기는 양, 염소, 새끼양, 새끼 염소, 살진 송아지, 사냥한 들짐승 등에서 얻었다. 물고기도 어디서나 구할 수 있었다. 우유, 그리고 특별히 우유를 응고시켜 가죽 부대에 보관하여 만든 치즈는 빼놓을 수 없는 중요한 음식이었다.

식사를 하는 자세를 보자면, 고대에는 바닥에 앉은 채로 먹었다. 바벨론 유수 이후로는 식탁 둘레에 놓인 침대 의자에 기댄 자세로 저녁 식사를 하는 – 그 당시의 연회 형식이 그러했다 – 것이 팔레스틴에 알려졌다(요 21 : 20). 식사를 할 때는 칼, 포크, 숟가락 등을 쓰지 않고 손을 사용했다. 대접과 접시의 종류는 수없이 많았다는 것을 현대 고고학의 발달로 알게 된다.

그 외에도 시누헤(Sinuhe)의 팔레스타인 여행기라는 이집트인의 기록에 나오는 이야기들을 보면 그 시대 이 지역의 음식과 가정 상황에 대해서 좀더 많은 지식을 얻을 수 있다.

심판(Judgment) 사람들에 의해 대대로 전해진 의견 또는 판례, 형벌을 위해 하나님이 내리신 선고 또는 실제적인 재앙을 말한다. 후자의 경우는 타락, 홍수, 바벨탑의 언어 혼잡, 바벨론 유수와 그에 따른 민족의 흩어짐(diaspora), 그리스도에게 임한 심판에 의한 신자의 구원, 그리스도가 이루신 구원을 받아들이지 않는 자들에 대한 최후의 심판 등(창 3 : 1이하 ; 11 : 1-8 ; 신 28 : 15, 25 ; 28 : 58-68 ; 마 25 : 31이하 ; 요 3 : 16-19 ; 살후 1 : 5-10 ; 벧후 3 : 8-13)에서 현저하게 나타난다.

십계명(Decalogue) 하나님이 시내 산에서 모세에게 주신 기본 율법으로 보통 십계명이라고 한다. 이 법은 이스라엘의 도덕 행위에 대한 청사진이 되도록 하기 위해 주신 것이었다. 십계명은 구약의 다른 법들과 함께 하나님이 이스라엘에게 주신 것인데, 이는 이스라엘이 하나님께서 약속하신 그 땅에 들어갈 때 하나님이 그들을 구출해내신 애굽 사람들이 사는 방식과, 하나님이 빼앗아 그들에게 주실 지역을 차지하고 있는 가나안 사람들이 사는 방식과 반대로 살도록 하려는 것이었다(레 18 : 4-5). 십계명의 목표는 생명의 길이 되며, 여호와께 거룩하도록 하고, 의로운 생활을 하게 하는 것이었다. 사람은 의를 이루기 위해서 십계명을 완전히 지켜야 했다. 십계명의 내용과 신약의 가르침은 십계명이 영구한 구속력이 있음을 나타낸다(마 19 : 17-19).

신약은 사람이 율법을 완전히 지키지 못하고 따라서 의를 얻을 수 없으므로, 그 외에 다른 어떤 일이 행해져야 한다고 가르친다. 그 일은 세상에 계실 때 율법을 완전히 지키신 예수 그리스도를 통해서 이루어질 것이었다. 율법은 '우리를 그리스도에게로 인도하여 우리로 하여금 믿음으로 말미암아 의롭다함을 얻게 하는'일을 맡았다(갈 3 : 24). 그러므로 그리스도는 '율법의 마침'(롬 10 : 4)이 아니라 의를 이루는 율법의 목표이다. 율법은 사람이 무능력하다는 것을 깨닫게 하여 도움과 의를 얻기 위해 하나님을 바라보도록 하였다.

십일조(Tithe) 10% 세금 원리는 비단 성경에만 국한된 것이 아니라 고대 중동에는 일반적인 것이었다. 아브라함은 벌써

B.C. 2,000년 초기에 이를 시행하였다(히 7 : 5-9). 야곱도 이것을 하나님께 약속하였다(창 28 : 22). 이스라엘에서 모든 것의 십일조는 하나님의 것이며(창 14 : 18-20) 하나님께서 그것을 레위 지파에게 그들의 분깃으로 주셨다(레 27 : 30-32 ; 민 18 : 21-26). 십일조의 법에 대해서는 신명기 12 : 6-17과 14 : 22-28에 분명히 명시해 놓았다. 로마치하의 경제 상태에서는 십일조 준수가 여간 어려운 일이 아니었다. 그러나 그때도 신실한 사람들은 그것을 지켰다(마 23 : 23 ; 눅 18 : 12). 신약에서는 이런 십일조를 요구하지는 않지만, 적절한 연보를 해야 한다(고전 16 : 2). 사람들이 하는 적절한 연보가 십일조였다.

십자가(Cross) 역사의 기록에 따르면, 일찌기 앗수르 시대부터 처형 방법으로 사람들을 똑바로 세운 기둥에 박아놓았다고 한다. 로마인들이 그리스도를 십자가에 못박을 때에 이르러서는 사람들을 엇갈리게 해놓은 나무 기둥에 못으로 박거나 묶어놓았고 아니면 못을 박고 묶어놓았다. 이 십자가틀에는 네 가지 형태가 있었다. 그리스도께서 못박히신 일과 관련이 있는 형태로, 곧추 세운 기둥이 가로 지른 기둥 위로 뻗어 나온 것이 있었다. T자 모양이 있었고, 기둥의 네 방향의 길이가 똑같고 곧추 선 기둥이 가로 지른 기둥과 완전히 직각을 이루는 형태가 있었다. 이와 비슷한 것으로 X자 모양의 틀이 있었다. 십자가에 못박는 것은 고통스런 처형이었다. 이 형벌을 받으면 심장마비가 일어나 질식해 죽었다. 이 단어가 성경에서는 세 가지 의미로 사용된다. 글자 그대로의 의미 즉 나무 기둥의 형태, 십자가에 못박힘, 그리고 구속의 상징으로 쓰인다(눅 23 : 26 ; 히 12 : 2 ; 빌 3 : 18).

십자가는 기독교 신학에서 없어서는 안될 부분이다. 죄인인 인간을 위한 속죄를 하나님께 드려서 화목을 이룬 특별한 죽음이 십자가 위에서 이루어졌기 때문이다. 기독교 신학에서 구주가 피흘려 죽는 일이 없이 하나님이 죄를 용서하는 일이란 없다. 구속은 그리스도의 십자가를 통해서 이루어졌다. 때때로 사람들은 이것을 다른 사람을 위하여 죽는 무고한 희생으로 잘못 생각하였다. 이 생각은 제대로 생각한 것일 수도 있고, 또한 십자가의 신학 즉 십자가에 못박힘의 신학을 이해한다면 잘못 생각한 것일 수도 있다. 그리스도는 죄 없는 희생이었고 다른 사람을 대신하여 죽었다. 그러나 그리스도는 또한 인간의 모습을 취하신 성자 하나님이셨다(빌 2 : 5-8). 그러므로 그리스도의 죽음은 하나님이 이 속죄 제사를 드리기 위해 제 삼자를 뽑으신 것이 아니고 하나님 자신이 죽으신 것이다(엡 2 : 13-17 ; 골 1 : 19, 20 ; 2 : 13, 14). 유대인이자 로마 시민인 사도 바울은 사람들이 저주요 조롱거리라고 생각하는 십자가의 죽음을, 십자가에서 죽은 이가 하나님의 아들이셨고 사람을 구속하기 위해 죽으셨다는 것을 확신함으로 인해 '부끄러워하지 않을'수 있었다(롬 1 : 16 ; 갈 2 : 20).

아들, 아들됨(Son, Sonship) 구약에서 '아들'이란 말은 우리 말로 아들, 혹은 모든 직계 비속을 뜻한다. 예수님도 다윗의 아들, 아브라함의 아들로 불리웠다(마 1 : 1). NIV가 "자녀"라고 번역한 것은 위의 아들이란 말이 양성(兩性) 모두를 내포하기 때문이다(창 3 : 16). 아들됨(sonship)은 왕하 2 : 3-5에서 분명히 보여 주는 것처럼 한 그룹내의 성원이 됨을 뜻한다. 그러므로 이 말은 성부와 성령과 함께 하는 분으로서 그리스도가 하나님의 아들됨을 나타내고, 하나님의 가족의 구성원이 되었다는

것으로서 모든 신자들의 아들됨을 나타낸다(롬 8 : 15 ; 9 : 4).

아바(Abba) "아버지"를 뜻하는 아람어로, 예수께서 겟세마네 동산에서 사용하셨고(막 14 : 36) 바울이 하나님의 자녀 혹은 아들에 관한 유명한 두 구절에서 사용하였다(롬 8 : 15 ; 갈 4 : 6). 이 단어가 신약 성경에 세 번 나오는데, 모두 하나님께 드리는 기도에 나온다.

안수(Laying on of hands) 어떤 사람을 하나님을 섬기는 일에 구별하여 세우거나 봉헌할 때 그 사람의 머리에 손을 얹는 의식(행 8 : 18 ; 딤전 5 : 22 ; 딤후 1 : 6).

안식(安息, Rest) 성경에 많이 언급되고 있는 단어이다. 하나님은 창조 사역을 마치고 안식하셨다. 제7일은 안식일이다. 토지는 매7년마다 경작을 멈추고 안식시켜야 한다. 이스라엘은 가나안 땅에 가서 안식하도록 약속 받았다. 그리스도는 자기를 믿는 사람들에게 영혼의 안식을 약속하셨다. 또 그리스도는 하나님의 백성을 위한 안식이다. 그러나 미래에 속했다(창 2 : 2 ; 출 16 : 23 ; 레 25 : 4 ; 신 12 : 9 ; 마 11 : 28 ; 히 4 : 1-11).

안식일(安息日, Sabbath) 한 주일의 7일 중 맨 마지막날. 안식일의 제정은 하나님께서 6일 동안에 창조의 일을 모두 마치시고, 제7일에 안식하신 일을 기록한 창조 기사에서 볼 수 있다. 유대인들에게 있어서 제7일은 쉬고, 기도하고, 예배드리는 날이 되었다(창 2 : 1-3 ; 출 16 : 23-29 ; 20 : 8-11). 선지자들은 사람들에게 안식일을 지켜야 할 의무와 그것을 어기면 죽음의 징계를 받는다는 사실을 때때로 다짐하여 일렀다(민 15 : 32-36 ; 사 56 : 2-5 ; 렘 17 : 21-27). 안식일에 금해야 할 일에 대한 법제화가 신약 계시의 종결 시점과 중간기 시작 사이에 이루어졌다. 예수님은 안식일에 관습적으로 회당에 나가셨지만, 이 엄격한 규정에는 반대하는 태도를 분명히 보이셨다. 예수님은 이들의 안식일 준수는 하나님께서 뜻하신 것보다 더욱 엄격하다는 사실을 가르쳤다. 하나님은 사람의 유익을 위하여 안식일을 제정하신 것이지 그 반대는 아니었다(막 2 : 27). 안식일에 선을 행하거나 치료하거나, 필요하다면 배고픈 사람이 곡식 이삭을 따서 손으로 그 껍질을 벗겨 먹는 일 등은 잘못이 아니었다(요 15 : 1-18 ; 막 2 : 23-28). 대부분 유대인이었던 초대교회 교인들은 안식일을 계속해서, 쉬고 공부하고 기도하는 날로 지켰다. 그러나 동시에 그들은 예수의 부활을 기념하는 날인 주(週)의 첫날에 하나님께 예배드리기 시작했다(행 2 : 1 ; 고전 16 : 1, 2).

애찬(Love Feast) 이 용어는 비록 성경에 한 번 밖에 나오지 않으나(유 12), 그 개념은 초대 교회에서 주의 만찬을 집행하는 것과 분명히 연관지어 먹은 사귐의 음식에서부터 발전했다. 이것을 남용한 일들이 곧 생기자 사도 바울은 교회에 그것을 경고했다. 그 관행은 그런 남용으로 말미암아 폐지되었다(고전 11 : 20-29, 33, 34).

양자삼음(Adoption) 다른 사람의 아이를 자기 식구로 데려오는 것인데, 명백히 양자삼는 것으로 볼 수 있는 두 경우가 구약 성경에 기록되어 있다. 바로의 딸이 모세를 양자로 삼았고, 모르드개가 에스더를 양딸로 삼았다(출 2 : 10 ; 스 2 : 7). 이스라

한 증거는 없다. 신약에서 양자삼음은 이스라엘 백성이 하나님과 맺고 있는 관계나 어떤 유형의 믿음을 지닌 개인들이 하나님과 갖는 관계를 나타내는 비유적 표현이다. 어느 경우든 양자 삼음으로 생기는 관계는 영적으로 아들이 되는 관계이지 육체적 관계나 피조물들간의 관계가 아니다. 하나님이 이스라엘을 아들로 삼으셨다(출 4 : 22 ; 신 14 : 1 ; 롬 9 : 4). 하나님은 또 예수 그리스도를 믿는 믿음으로 자기에게 오는 모든 자를 아들로 삼으신다(엡 1 : 4-12 ; 롬 3 : 14-21 ; 갈 4 : 5). 이렇게 해서 아들이 된 자들은 하나님의 통제를 받으며 그 안에 하나님의 영이 거하고, 이 세상에서 잘못을 바로잡으시는 하나님의 징계를 받으며 오는 세상에서 하나님의 유업을 받는다(갈 4 : 6 ; 히 12 : 5-11 ; 롬 8 : 23). 하나님께서 이스라엘을 애굽의 속박에서 구하시고 아들로 삼으셨다. 그와 같이 하나님은 그리스도를 구주요 주로 믿는 모든 사람을 죄의 속박에서 구하시고, 결국에는 부활로 말미암아 그들을 죽음으로부터도 구하신다.

어리석음(Fool) 이 말이 NIV에서 '바보같은(fools)', '방종하는(lawless)', '속기 쉬운(simple)', '비웃는 사람(mockers)', '우맹이요 소경(bind fools)' 등으로(시 14 : 1 ; 잠 1 : 22 ; 19 : 29 ; 삼하 13 : 13 ; 마 23 : 17) 번역되었다. 히브리어에서는 많은 경우에 이 말이 비웃는 자, 조소하는 자, 신앙이 없는 자 등을 가리키는데, NIV에서는 이 말 가운데 일부가 '어리석은 자'로 번역되었다.

언약, 약속(Promise) 비록 히브리어에는 구체적으로 "약속하다"라는 뜻을 지닌 단어가 없음에도 NIV의 구약에는 이 단어 및 그것에 연관된 단어들이 거의 100회나 나온다. 말하다, 연설하다, 맹세하다 라는 뜻의 동사가 하나님을 주어로 할 때, 그리고 백성들이 그 말씀을 받는 대상들일 때, 번역자들은 이 세 단어를 "언약하다"라는 말로 번역했다. "내가 언약하였거니와(한글 개역 성경, "말하였거니와") 내가 너희를 애굽의 고난 중에서 인도하여 내어"(출 3 : 17, RSV). 그리고 "이는 나 여호와가 아브라함에게 대하여 언약한(한글 개역 성경, "말한")일을 이루려 함이니라"(창 18 : 19, RSV). 하나님은 변함이 없으시므로 그 말씀은 곧 언약이 된다. 구약의 큰 언약들은 다음과 같은 사람들에게 임했다 — 에덴 동산에 있던 첫사람들에게 원시 복음, 즉 죄를 구속해 주시겠다는 최초의 언약이 임함(창 3 : 14-19), 하나님께서 아브라함과 그의 자손들을 큰 민족으로 삼으사 그들을 통해서 땅의 모든 족속들이 복을 받게 하시겠다는 언약을 먼저 아브라함에게 하시고, 그의 아들과 손자들, 그리고 신정(神政)이 수립될 당시 모세에게 재확인시키셨는데, 이 안에는 장차 메시야가 오사 영적인 축복과 구속을 베푸실 것이라는 약속과, '가나안'을 이스라엘의 항구적인 영토로 허락하시겠다는 약속이 포함된다(창 18 : 19 ; 26 : 1-5 ; 17 : 6-8 ; 15 : 18 ; 요 8 : 56 ; 갈 3 : 16). 다윗 왕에게 하신 언약으로서, 그의 위(位)가 끊이지 않고 계속될 것이라는 내용인데, 그리스도인들은 이 언약이 메시야이신 예수님 안에서 이루어진 것을 본다(삼하 7 : 16 ; 시 89 : 20, 29-37 ; 눅 1 : 31-33 ; 행 2 : 29-32) ; 그리고 모든 이스라엘 백성들에게 임한 계시로서, 그들이 본국에서 쫓겨나 흩어져 있는 세계 어느 지역에서든지 그들을 다시 모으사 조상의 나라로 돌아오게 하시고, 거기서 마지막 날들에 있을 여호와의 위대한 날에 앞서 다시 큰 민족을 이루게 하시겠다는 내용이다(렘 23 : 5-8 ; 겔 11 : 17 ; 28 : 25, 26 ; 36 : 24-28 ; 37 : 24-28). 신약 시대 이후의 유대 그리스도인들은 이스라엘에게 하신 이 언약이 아직 성취되지 않았다고 생각했다. 그들의 견해에 따르면, 그것은 하나님께서 '이방인 중에서 자기 이름을 위할 백성을 취하시려고 저희를 권고'하시는 일이 있게 된 후에야 성취될 것이었다(행 15 : 14).

신약에서는 세 단어가 언약의 개념과 관련된다. 신약에서도 역시 하나님께서 자기 백성들과 맺으신 관계가 그 중심이다. 그중에서 가장 두드러지는 언약은 하나님께서 자기 아들의 인격 안에서 자기 백성들의 죄를 구속하시기 위해 그들을 찾으실 뜻을 보이신다는 내용이다. 바울은 가르치기를, 하나님의 모든 언약들은 이 독특한 언약에 초점을 맞추고 있다고 하며(고후 1 : 19, 20 ; 엡 3 : 4-6), 하나님께서 아브라함에게 하신 언약은 할례(혈통에 따른 이스라엘)와 아브라함의 믿음을 지닌 사람들(그리스도를 통해서 하나님과 관계를 갖게 된 사람들)을 모두 포함한다고 한다(롬 4 : 11, 13, 16 ; 갈 3 : 6-9, 13, 14). 신약의 중요한 언약들에는 그리스도께서 다시 오실 일과 신자들이 영원한 생명을 얻을 일이 포함된다(벧후 3 : 9 ; 히 6 : 15 ; 약 1 : 12).

얼굴(Face) 문자 그대로 사람이나 동물의 얼굴을 가리키는데 쓰이며, 그 외 몇 가지 은유적인 의미로도 사용된다. 예를 들면, '얼굴을 감추다'는 불쾌감을 표시하는 관용적인 표현이며, '얼굴을 반대로 하다'는 반대하다는 뜻이며, '얼굴을 비추이다'는 말은 복을 빈다는 의미로, 우리들이 잘 알고 있는 아론에 대한 축복의 말씀에서 볼 수 있다.

에봇(Ephod) **1.** 요셉 자손 중 므낫세 자손 지파의 족장(민 34 : 23). **2.** 주로 제사장들이 입는 옷이었지만, 후에는 사무엘 다윗 등도 입었다(출 28 : 4 ; 삼하 6 : 14). 이것을 만드는 방법이 출애굽기에 나온다(28 : 4 ; 39 : 2). 이것이 뜻하는 충분한 의미를 다 알 수는 없지만, 그에 관한 부분적인 예를 볼 때 아무튼 적어도 거룩한 계명을 좇아 사용할 필요가 있었음을 알 수 있다(삼상 23 : 12). 기드온과 미가는 이 에봇을 잘못 사용하였다(삿 8 : 27 ; 18 : 18-20).

여호와의 날, 주의 날(Day of the Lord) 하나님이 죄를 처벌하기 위해 개입하시는 모든 때(암 5 : 16-20 ; 사 13 : 6, 9). 이날의 절정은 하나님이 적들에게 분노를 보이고 자기 백성을 구원하기 위해 친히 나타나실 때 이른다(습 1 : 7 이하 ; 14 이하 ; 2 : 2, 3). 신약에서는 이날이 그리스도의 재림의 때이며(고전 1 : 8 ; 살후 2 : 2), 이때는 땅에서 물질의 대변혁(눅 21 : 7-33 ; 벧후 3 : 12)과 큰 사회적 변화가 따른다. 이때는 천년 왕국에 앞서 심판이 있고, 이어서 천년 왕국이 등장한다(계 4-19장 ; 20장 ; 사 11 : 1-9 ; 65 : 17-25). 이날은 새 하늘과 새 땅에서 절정에 이를 것이다(계 21 : 1 이하).

여호와의 영광(Glory of the Lord) 하나님은 다양한 방식으로 지상의 자기 백성 가운데 오셨다. 하나님은, 이스라엘 백성이 출애굽하여 광야를 지나는 동안 구름과 불 기둥으로 인도하셨는데, 그 가운데 계셨다. '거한다'는 히브리어에서 파생된 '세키나'는 성경에 나오지 않는다. 그러나 이 말은 초기 랍비 저술가들이 구름과 불 기둥에서처럼 자기 백성에게 나타나신 하나님의 출현을 언급할 때 사용되었다. 예컨대, 하나님은 떨기나무 불꽃 가운데서 '세키나'를 통하여 모세에게 말씀하셨다. 이에 대한 언급이 신약에서 요한복음 1：4과 로마서 9：4과 같은 구절들에서 나타난다. 영광은 신약에서 문자적이고 영적이며, 물리적으로도 영적으로 나타난다(눅 2：9;요 17：22). 높은 산에서 예수님이 변형되셨을 때 빛나는 구름이 예수님과 세 제자들에게 덮쳤다. 예수님의 얼굴이 해와 같이 빛나고 그 옷이 빛과 같이 희어졌는데, 이것은 동일한 사건에서 발생한 또 다른 면이었다(마 17：1-8).

여호와의 종(Servant of the Lord) 모세에게 여러 번 적용된 용어이다(수 13：8;22：2-5;대상 6：49;대하 24：6;느 1：7,8;말 4：4). 모세가 탁월한(ar excellence) 종이지만, 다른 많은 사람들, 즉 아브라함, 갈렙, 다윗, 이스라엘 등도 하나님의 종으로 불리웠다(창 26：24;민 14：24;삼하 3：18;눅 1：54). 신약에서 그리스도를 섬긴 여러 제자들 즉 바울, 야고보, 베드로, 요한 등도 하나님의 종이란 칭함을 받았다(딛 1：1;약 1：1;유 1;계 1：1). 모세는 이후 하나님께서 자기와 같은 선지자를 세우시리라고 예언했다(신 18：15). 베드로는 바로 그 선지자가 그리스도라고 판단했다(행 3：22,23). 이사야서에는 두 종이 언급되고 있다. 하나는 여호와를 증거하는 종이고(사 43：10-13,22;44：1,2;41：8-10) 또 다른 하나는 이방에 빛을 전하는 종이다(사 42：1-4;마 -12：15-21;49：5,6;눅 2：26-32;행 26：22,23). 후자의 종의 사역에 대해서는 이사야 52：13-53：12에 자세히 묘사되어 있다.

연회(Feast) 고대에 있던 맛있는 음식을 먹으면서 즐기던 잔치(전 7：2;렘 16：8;욥 1：5;에 9：17). 이 축제 행사가 있게 되면, 손님들에게 예복을 입히고, 발을 씻기며, 머리에 기름을 붓는 일을 행하였다. 종종 즐거운 연회도 있었다. 손님들은 그냥 앉거나, 나이나 지위의 서열에 따라 배당된 잔치 의자에 앉았다. 이 연회의 음식을 이 잔치에 참석할 수 없는 사람들에게 보내는 것은 흔히 있는 일이었다(창 43：34;눅 14：10;느 8：10).

열쇠, 천국 열쇠(Key, Key of the Kingdom) 문자 그대로 열쇠는 문 또는 대문을 열거나 잠그는 도구이다. 고대에는 보통 그 크기가 매우 컸으며, 금속이나 금속을 입혔거나 나무 못을 단 나무로 만들었다(삿 3：25). 그러나 성경에서 상징적으로 쓰인 것이 보다 중요하다. 그것은 보통 하나님을 대리하는 권위와 능력과 지배를 나타낸다. 선지자가 말한 다윗 집의 열쇠는 계시록에서 다시 나타나는데, 거기서 다윗의 후손 메시야의 권능 곧 사람들을 자기 왕국으로 들일 수도 있고 쫓아낼 수도 있는 권능을 이야기하면서 이 다윗의 열쇠를 언급하고 있다(사 22：22;계 3：7). 베드로를 통해 교회에 준 열쇠도 그와 동일한 의미를 갖고 있다. 베드로가 말한 바 "주는 그리스도시요 하나님의 아들이니이다"라는 고백적인 신앙은 교회에 들어올 수 있는 열쇠이며, 부분적으로 영생에도 들어갈 수 있는 열쇠이다. 베드로에게 선포하라고 주신 이 말씀을 믿는 것이 곧 구원의 열쇠이다. 그것이 열쇠인 것을 안 베드로는 다른 사람에게 이것이 반드시 전달되어야 한다는 것을 깨달았다(16：15-19). 음부의 열쇠와 무저갱의 열쇠가 있다(계 1：18;20：1).

영원(Eternity) 창세 전이나 현세상의 종말 이후의 끊임없이 긴 시간을 가리킴.

'영원하다'는 말이 하나님을 묘사하는 말에 직접 쓰인다(사 57：15). 히브리어로 영원이란 뜻에 해당하는 몇 가지 말이 있는데, 그 뜻은 "변함없이"(ever), "영속적인"(everlasting), "영원히"(forever)이란 의미이다. 영생이란 말이 신약에서 인간의 내세를 가리키는 말로 여러 번 사용된다. 이외에도 다음과 같은 말과 함께 이 말이 사용된다. 예를 들면, 하나님(신 33：27;롬 16：26), 하나님의 뜻(엡 3：11), 하나님의 능력(딤전 6：16), 복음(계 14：6), 하나님의 언약, 구원, 구속, 심판(히 13：20;5：9;9：12;6：2), 신자가 받게 될 하나님의 유업(히 9：15), 영원한 불과 영원한 형벌(마 25：41,46;유 6,7) 등이다.

영적 은사들(Spiritual gifts) 신약에서 이 말이 사용될 때는, 말씀을 전하거나 다른 사람을 섬기는 일을 위하여 성신께서 그리스도인에게 주신 어떤 특별한 은사들을 뜻한다. 이런 은사들은 여러 가지가 있다(롬 12：6-8;고전 12：1-11,28-30;엡 4：7-12). 받기를 소원해야 하는 최고의 은사는 예언하는 것, 즉 살아계신 하나님의 말씀을 능력있게 전하는 것이나 혹은 미리 말하는 은사였다(고전 14：1).

영혼(Soul, Spirit) 이 단어 각각은 그 나름대로 독특한 강조점이 있지만, 신구약은 이 단어들을 상호 교환적으로 사용하며, 또 동의어로 취급하고 있다. 이 단어를 나타내는 데 두 개의 히브리어(네페쉬와 루아흐)와 두개의 헬라어(프쉬케와 프뉴마)가 사용되고 있다. 영혼은 일반적으로 사람의 육체적인 것과 상반되는 비물질적인 부분을 지칭하는 데 쓰인다. 이런 특징은 죽은 자에 대하여 언급하고 있는 두 구절, 즉 계 6：9와 히 12：23을 비교해 보면 잘 알 수 있다. 계시록의 언급은 그들의 지상의 몸과 관련된 개념으로 쓰이고 있으며, 반면에 히브리서의 언급은 그것이 없는 상태이다. 사람과 동물 모두 다 '영혼'을 가졌다. 다만 사람의 영혼은 하나님의 형상대로 창조되었고, 동물은 그렇지 않다는 차이가 있을 뿐이다(전 3：21;창 1：20). 비신학적 맥락에서 이 단어들은 "바람" 혹은 "숨결"을 뜻하기도 한다.

예배(禮拜, Worship) 구약에서 가장 자주 사용되는 두 단어는 문자적으로 '일/의식'과, '자신을 부복함'으로 볼 수 있을 것이다. 이것은 예배에 두가지 개념, 즉 의식과 경배를 제공한다. 이것은 사람이나 하나님 모두에게 적용될 수 있으나, 우리는 여기서 하나님께 드리는 예배에 대하여 생각한다. 성경 초기에 아브라함의 예배는 개인적 혹은 가정적인 일이었다. 하나님이 현현(現顯)하는 곳에, 제단을 쌓고 제사를 드리고, 예물을 바쳤다(창 22：5;24：26,48). 출애굽 후, 이스라엘이 광야를 방황할 때, 하나님은 성막의 형태와 개인적 집단적 제사를 통한 예배의 총체적 제도를 그들에게 내리셨다. 팔레스타인 정복후, 성막이 실로에 설치되고, 제도적인 예배가 시작되었다. 나중에 성막은 장엄한 성전으로 대치되었고, 관현악대와 성가대가 참례하는 의식이 생겼다. 그리스도교의 발흥으로 예배는 새로운 전기를 맞게 되었다. 개인적인 예배가 새로운 중요성을 갖게 되었고, 교회는 그리스도의 생애에서 일어난 위대한 사건들, 특히 대속의 죽음과 부활을 기념하는 예배를 개발하였다. 성만찬은 이 예배들 중 가장 중요한 것이 되었다(고전 11：23-26).

예언(Predict) 미래의 일들을 예고하는

행위. "월삭에 예고하는 자들로 일어나 네게 임할 그 일에서 너를 구원케 하여 보라"(사 47 : 13). 구약의 선지자들은 자주 미래의 사건에 관해서 말했다. 그들은 하나님께서 자기들에게 장차 일어나리라고 계시하신 내용을 예언 혹은 예고했다(롬 9 : 29 ; 벧전 1 : 11). 신약의 사도들도 미래의 사건들을 미리 말했으나(유 17), 그 수는 구약의 선지자들의 예언에 비해 훨씬 적다.(→선지자)

예정(Predestination) 이 단어는 행 4 : 28에서 하나님께서 당신의 계획 안에 미리 정하신 것이라는 말로 정의된다. 롬 8 : 28, 29에서 바울은 가르치기를, 하나님께서는 당신을 사랑하는 사람들의 선을 위해 역사하시며, 당신의 아들의 형상을 닮게 하시려고 미리 정하신 사람들을 친히 세우신 목적에 따라 부르신다고 한다. 하나님께서는 사건들과 사람들(개인과 집단 모두)을 동시에 예정하신다. 이것을 달리 말해서 하나님의 선택이라고도 하며, 이런 사랑을 받은 사람들을 가리켜 선택된 자들이라고 한다. (→선택)

온유(Meekness) 이 단어는 헬라어 히브리어를 다음과 같이 각 경우에 맞게 번역함으로써 가장 잘 정의할 수 있을 것이다 – 친절, 겸손, 짓밟힘, 억눌림 – 온유는 하나님께 대한 정당한 태도, 즉 겸손히 의지하는 태도와, 다른 사람들에 대한 정당한 태도를 지님으로써 나타난다. 따라서 온유는 하나님께 대한 부유, 거만, 반항 등의 태도나, 자기의 능력, 힘, 권력을 절대시하는 것과 정반대되는 태도이다(시 10 : 17 ; 37 : 11 ; 사 29 : 19 ; 마 5 : 5 ; 엡 4 : 2 ; 골 3 : 12 ; 약 3 : 13). 성경은 모세를 가리켜 모든 사람 중에 가장 온유한 사람이라고 말한다(민 12 : 3). 이것은 성령의 열매로 열거된 품성 가운데 하나이다(갈 5 : 22, 23).

온전(Perfect) 이 단어는 "완료하다", "끝내다", "완성하다"라는 의미를 지닌 두 개의 히브리어와 한 개의 헬라어에 대한 번역어이다. 이 단어들은 최종적인 혹은 궁극적인 완성이나 완전을 뜻하지 않고, 주어진 기간에 있어서의 완전한 상태를 뜻한다. 욥은 두 번씩이나 하나님께로부터 완전하다는 평을 들었지만(RSV는 그것을 "책망할 것이 없는"이란 말로 번역한다), 그에게는 아직도 배워야 할 많은 것이 있었고, 마침내 그는 이전보다 좀더 "완전"해졌다(욥 1 : 8 ; 2 : 3). 하나님께 속한 사람은 이생에서 점차 완전해 가지만, 최후의 완전한 상태는 부활 때에야 비로소 얻게 된다(약 3 : 2 ; 빌 3 : 12). 이 용어는 시간과 절대적인 완전 혹은 온전의 상태간의 관계를 보여주는 상대적인 것이다.

왕, 왕권(King, Kingship) 일반 고대 세계에서는 왕이 신적인 존재로 간주되었다. 초기 시대에는 성읍마다 왕이 있었다. 그 후에 제국의 개념으로 발전하였다. 성경에서는 왕이란 단지 하나님의 대리자일 뿐이며, 스스로 갖는 신적 권위는 없다. 아브라함이 살던 그 이른 시대와 이스라엘 왕국이 세워지기 전의 가나안 땅에는 성읍 왕들과 지역 왕들이 있었다(창 14 : 1, 2 ; 20 : 2 ; 36장 이하 ; 수 12 : 7-24). 일찌기 하나님은 이스라엘 역시 왕을 요구할 것을 암시하셨다(창 17 : 6 ; 신 17 : 14-20). 유다와 이스라엘의 열왕기는 사울에서 시작하여 바벨론 유수로 막을 내린다. 신약에서 예수 그리스도가 하나님의 왕과 통치자로 묘사되었다(계 1 : 5 ; 15 : 3 ; 17 : 14 ; 고전 15 : 2).

외식, 위선(Hypocrisy) 구약에서는 "경건치 아니한" 또는 "하나님을 잊어버린" 등으로 번역되었다(사 33 : 14 ; 욥 8 : 13). 이 말은 아닌 것을 맞는 것인 양하는 부정적인 의미를 함축하고 있다. 어떤 학자들은 신약에서 의미하는 바가 이 뜻이라고 말하는가 하면, 다른 학자들은 신약에서 의미하는 것은 그보다는 구약적인 의미 곧 '하나님을 대적하는 것'과 '하나님을 대적하는 자의 악함'이라는 의미에 더 가깝다고 본다.

우상(Idol) 이것은 형상이란 수단을 통해 거짓 신들을 섬기는 것을 말한다. 이스라엘은 어떤 형상이든지 자기들의 땅에서 '훼파하여 없애라'는 명령을 받았다. 그들이 이것을 준행하지 않았을 때 결국 자신들이 그 우상 숭배에 빠지게 되었고 외국으로 포로로 잡혀가는 진노를 당했다(출 23 : 23, 24 ; 신 7 : 5 ; 왕상 14 : 22-24 ; 16 : 30-33). 신약에서는 구약의 개념과 함께, 그 개념이 더욱 엄격해져서 하나님보다 더 사랑하는 것은 우상 숭배로 간주되었다(엡 5 : 5).

우발적 살인자(Manslayer) 고의적으로 다른 사람을 죽인 사람(故殺者, 고살자)은 사형을 당해야 했다. 그러나 우발적으로 개인을 죽인 사람은 "그릇 살인한 자"라고 해서 고살자와 달리 취급됐다. 총회는 이렇게 우발적 살인자와 고살자를 판별할 의무가 있었다. 그 동안 우발적 살인자는 도피성에서 보호처를 찾아야 했으며, 대제사장이 죽을 때까지 그 곳에 머물 수 있었다. 그 이후에는 자기 성읍으로 돌아올 자유가 있었다(민 35 : 6-28 ; 출 21 : 14).

원죄(Original sin) 인류를 죄 가운데로 던져 넣고 역사 대대로 모든 사람(예수 그리스도를 제외한)으로 하여금 죄를 선택하도록 만든 계기가 된 아담과 하와의 불순종.

유언장(Testament) 사람이 자기가 죽은 후에 자기 재산의 처분에 대한 뜻을 밝힌 성문서(成文書). "언약"이란 뜻을 가진 '디아데케'라는 헬라어를 사용한 곳도 NIV는 유언이라고 번역하고 있지 않다(고전 11 : 25 ; 히 9 : 15-20).

유월절(The Passover) 이스라엘 백성이 출애굽하던 그날 저녁에 제정된 유월절 제도가 출 12장에 나온다. 이스라엘 백성 남자들이 매년에 세 차례 '여호와께 보여야'하는 성회중 하나로 무교절이라는 절기가 있었는데(출 23 : 14-17 ; 레 23 : 4, 5), 유월절은 이 무교절의 전부(前部)가 되는 절기였다. 유월절은 첫달 14일 저녁에 지켜졌다. 이날은 애굽의 비난과 종살이에서 구출함을 받아 새로운 생활을 시작한 것을 기념하는 절기였다.

육체(Flesh) 사람이나 동물의 살덩이 부분을 가리키며, 혹은 환유적으로 인간(히브리어 '육체'를 번역한 것임 ; 민 16 : 22) 혹은 '모든 생물'(히브리어 '모든 생물 곧 모든 육체'를 번역한 것임 ; 창 6 : 19)을 가리킨다. 이 말은 또한 인간에게 있어서 영혼에 대한 상대되는 인간성을 가리키는데 사용되기도 한다 : "마음에는 원이로되 육신(문자 그대로 하면 '육체'가 됨)이 약하도다"(마 26 : 41). 여기서 육신이라고 표기된 이 말은 하나님의 성령의 다스림을 받지 않고 죄의 다스림을 받는 인간성을 가리키는데, NIV는 이 말을 "세속적인"이라고 번역하였고, 그 외 번역본들은 '육욕적인(carnal)'이라고 번역하였다(고전 3 : 1-3).

한 가지 예를 더 들면, '성령의 열매'(갈 5 : 16-21)와 대조가 되는 것을 말하는데 나오는 '육체'라는 말을 NIV는 "죄성"(sinful nature)이라는 말로 번역하였다.

율법(Law) 하나님께서 그 백성들에게 어떻게 당신과 다른 이들을 사랑할 지에 관해서 내리신 교훈. 이 단어로 구약 전체를 일컫는 경우도 있으나 보통은 모세 오경(창세기－신명기)을 일컫는다. 신약에서 바울 및 다른 이들은 이 단어를 유대 랍비들이 제도로 발전시킨 '율법에 대한 구전 해석'을 가리키는 말로도 사용했다. 랍비들은 그것을 구원에 필수적인 제도로 보았는데, 신약은 그것을 정죄한다(롬 3 : 20 ; 갈 2 : 16). (→ 율법주의)

율법주의(Legalism) 사람이 구원을 얻기 위해서는 그리스도를 믿을 뿐만 아니라 반드시 하나님의 율법(전문 교사들에 의해 해석된)도 지켜야 한다는 사상. (→ 율법)

은혜(Grace) '은혜, 은혜(자비)로운, 은혜(자비)롭게'란 낱말들은 성경에 많이 나오지 않는다. '은혜'란 말은 거의 대부분 신약에서 언급되며 구약에서는 가끔 나올 뿐이고, 그것도 거의 대부분 하나님의 은혜에 대한 언급이다. 이것은 '자비로운, 자비롭게'란 말들이 보편적이고 일반적인 용례이고, 신약의 '은혜'란 말은 특수하거나 기술적인 의미가 있다는 것을 시사한다. 신약의 은혜는 기독교 신학적인 의미가 있다. 죄인에 대한 하나님의 값없이 공로없이 베푸시는 사랑과 은총이, 하나님께서 '죄인들을 죄와 비참한 신분에서 구원하여 구속자에 의해 구원의 신분으로 이끄시기 위하여 은

그 구속자는 '영원한 하나님의 아들로서 인간이 되셨고, 그리하여 과거에도 그리고 계속해서 영원히 두 본성과 한 위를 가지신 신인(神人)으로 계실 주 예수 그리스도'이다. 그 구속은 그리스도의 '거룩한 공의에 자신을 제물로 단번에 드리심과 우리를 하나님과 화목케 하심과 우리를 위한 끊임없는 중보로써' 이루셨다. 이것이 신약의 은혜이다. 신약에서 성자이신 하나님이 친히 자신을 십자가에 희생 제물로 드려 죄인을 하나님과 화목하게 하고, 자신은 그 죄인에게 은혜가 되게 하셨다. 이것은 사람의 공로에 의한 것이 아닌 값없이 주시는 은혜이다. 신약에서 이런 고전적인 언급이 엡 2 : 1-22과 3 : 1-7에 나오는데, 이 구절들은 당연히 하나님이 이스라엘과 상대하셨던 그 이전 시대의 하나님의 경륜 밖에 있었던 이방인들의 마음을 즐겁게 했을 것이다.

음식(Food) 노아 홍수 시대 이전에 어떤 음식을 소비했는가에 대해서는 거의 알려지지 않지만, 노아 홍수 시대 즈음에는 인간이 나무의 열매와 야생한 채소 외에도 육식을 하고 있었음을 알 수 있다. 방주로 들여 보낼 동물들을 말할 때 정한 동물과 부정한 동물들이 언급되었는데, 이는 다시 말해서 당시에 어떤 동물들은 먹도록 허용되었고 어떤 동물들은 먹는 것을 금하였음을 말해주기 때문이다(창 7 : 2, 3). 피는 먹지 말도록 금해졌는데, 이는 피가 곧 생명(어떤 번역본에서는 '생명은 피안에 있음이라'고 되어 있음)을 뜻한다는 사상때문이었다. 요리는 가시덤불이나 땔감 나무로 작은 불을 지핀 후 흙으로 만든 도가니에 넣어 하는 지극히 원시적인 것이었다. 빵을 구워 먹은 것을 볼 때 밀과 보리를 빻아 먹었음을 알 수 있다. 밀크나 응고된 밀크가 풍부

취해서 먹었지만, 나중에는 식량을 위해 경작을 하였다.

의(義, Righteousness) 이 말의 기본적인 개념은 무게나 용적이든지 혹은 재판관, 통치자, 왕, 또는 그들의 법률과 행정에 대한 일이든지, 혹은 발언이나 도덕 문제든지, 어떤 특별한 상황 속에서 해당되는 규범에 대하여 적정한가 공평한가 하는 것이다(신 25 : 15 ; 레 19 : 15 ; 신 1 : 16 ; 사 58 : 2 ; 잠 8 : 8 ; 1 : 3 ; 2 : 9). 사람의 본성 그 자체와 그의 행위를 통하여, 사람은 하나님 보시기에 의를 얻기에 불가능하다. 또 바로 이런 이유때문에 신약은 그리스도의 속죄의 사역을 통하여 신자들에게 이식(移植)되는 의에 대한 개념을 제시한다. 그리스도의 사역, 바울의 서신을 참조하라(롬 3 : 19, 20, 21-26).

이방(Gentiles) 히브리어 '고이'와 복수형 '고임'을 번역한 말. 이 말의 본뜻은 '나라'이다. 그래서 NIV는 이 말을 그대로 나라로 번역하였다. 이 말은 거의 대부분의 경우 이스라엘 백성이 아닌 다른 나라의 백성들을 지칭할 때 사용되었지만, 이따금 이스라엘을 가리킬 때도 이 말이 사용된 적이 있다(창 12 : 2 ; 수 3 : 17 ; 4 : 1 ; 습 2 : 9). 이 말이 많은 경우에 이방 나라들을 가리키는 데 사용되었기 때문에 종종 어떤 번역본에서는 이 말을 "이방인"이란 말로 번역하고 있다. 예수께서는 이방 나라 백성들과 함께 일하시지 않고 거의 대부분을 유대인들을 위하여 사역하셨다. 그러나 그의 생애와 대속의 죽으심은 모든 백성들을 위한 것이었다. 바울은 예수께서 유대인과 이방인의 장벽을 허셨다고 가르쳤다(갈 3 : 28). 신학적면에서 이 점은 사실이었다. 그렇지

따라서 적대감마저 여전하였다. 그래도 바울은 이방인들의 사도가 되었다(행 9 : 15).

이상들(異像, Visions) 달리는 적절한 방법이 없으므로 이 방법을 통하여 어떤 정보를 하나님께서 사람에게 알리는 수단임. 때때로 이상이 기록되고, 그 다음에 그 이상에 대한 해석이 주어진다. 대부분의 경우에 누구누구가 받은 '이상이다'라는 단순한 진술로 시작된다. 그리고 그 메시지 자체만 열거된다(행 10 : 9-16, 17-23 ; 단 7 : 2 ; 사 1 : 1 ; 욥 1 : 1).

이스라엘(Israel) 천사가 아브라함의 손자요 이삭의 아들인 야곱에게 붙여 준 이름으로서 이스라엘 사람들을 가리키는 말이 되었다(창 32 : 28 ; 35 : 10). 때때로 이스라엘 역사에서 이 말은 이스라엘 열두 지파를 지칭하는 것이기도 했고, 또 때로는 유다에서 분리해 나간 열 지파의 북왕국을 지칭하는 것이기도 했다.

이혼(Divorce) 남편과 아내의 혼인 약속이 깨지는 것. 구약에 나오는 경우는 주로 아내에게 '수치되는 일'을 발견한 남편 쪽에서 이를 제기한 것이었다. 이런 일이 있을 때 남편은 이혼 증서를 써서 그 손에 쥐어 준 뒤 '이 여자는 내 아내가 아니고, 나도 이 여자의 남편이 아니다'라는 말을 한 뒤 집밖으로 내어보내면 이혼이 되었다(신 24 : 1 ; 호 2 : 2). '수치되는 일'이란 말은 보통 '음행'이라는 말로 번역되었다. 만일 이혼한 여인이 다른 사람의 아내가 되었는데, 그 후부가 일찍 죽었거나 그 후부도 그녀를 버렸다고 하더라도 전부가 그를 다시 아내로 취할 수 없었다(신 24 : 2-4).

신약 시대에 와서는 아내가 어떤 상황에

부의 정조를 지키지 못하고 간음을 행하는 경우외에 아내를 버리는 것은 그녀로 간음하게 하는 것이고, 또한 그처럼 간음하게 된 여자와 결혼하는 자도 간음죄를 범하는 것이다. 어떤 여인이 자기 남편과 이혼하려 할 경우 허락되었는데, 만일 그녀가 또 다른 남자와 결혼할 경우, 마 5 : 32 ; 19 : 9 ; 막 10 : 11, 12 ; 눅 16 : 18의 말씀에 해당하는 것이 아니면 간음죄를 범하는 것이 된다. 신약은 부부 중 한편 불신자쪽에서 이혼을 원할 경우 그렇게 하도록 허용한다. 그렇지만 성경이 그런 경우라고 해서 이혼을 장려하지는 않는다. 그러한 이유로 인해 이혼하길 바라는 남편이나 아내에게 주는 교훈이 고전 7 : 10-16에 자세히 소개되어 있다.

혼인한 여인이라도 자기 남편이 죽으면 혼인법의 멍에를 벗게 된다. 따라서 이 경우 본인이 원한다면 재혼을 해도 간음죄가 되지 않는다(롬 7 : 2-3 ; 고전 7 : 39). '무죄한 자'로서 이혼을 할 수 밖에 없던 자가 재혼을 하는 것이 정당한가 여부에 대해서는 목회자들 사이에 종종 논란이 많다. 어떤 이들은 간음죄를 범하여 이혼을 유발시키고 또 다른 자와 결혼한 사람은 죽은 자로 간주되어야 한다고 주장한다. 따라서 이 경우 무죄한 자로서 정당한 이혼을 할 수 밖에 없던 사람은 혼인법의 멍에를 벗게 되는 것이고, 따라서 '무죄한 이 사람'의 경우에는 재혼이 가능하다고 주장한다. 그러나 이런 경우를 당한 자에 대하여 성경이 특별히 어떤 구체적인 교훈을 하고 있지는 않다.

인내 (Patience) 이 단어는 헬라어의 두 단어를 번역한 것으로서, 비록 번역 성경에서는 엄격한 구별없이 쓰이지만, 원어상으로는 첫째, 고난과 시험속에서 믿는 바를 타협함 없이 유지해 나간다는 적극적인 의미가 있고, 둘째, 동일한 상황 속에서 오래 참는다는 소극적인 의미가 있다(약 5 : 10 ; 1 : 3-4 ; 롬 12 : 12 ; 엡 4 : 2 ; 딤후 4 : 2). 성경은 인내를 '성령의 열매'의 하나로 열거한다(갈 5 : 22). RSV에는 이 단어가 여섯 번만 쓰인다(잠 14 : 17 ; 25 : 15 ; 시 37 : 7 ; 40 : 1 ; 욥 6 : 11 ; 전 7 : 8). 그러나 이 단어는 '오래'라는 히브리어와 연관되며, 예를 들어 노하기를 더디한다는 말처럼 인내의 개념을 지니고 있는 다른 단어들과 함께 쓰이기도 한다(잠 14 : 29 ; 19 : 11).

일꾼 (Minister) 신 구약 모두에 나오는 말로서, 섬기는 혹은 돕는 사람이란 의미. 일꾼은 자유로울 수도 있고 예속될 수도 있는데, 만일 후자의 경우라면 그는 단순히 종이다(수 1 : 1). 에바브로디도는 바울의 쓸 것을 돌아보아 주었지만, 그 사도의 종도, 그를 보낸 회중들의 종도 아니었다(빌 2 : 25). 성경에서 일꾼이라는 말이 지니는 기본적인 생각은 봉사다. 비록 봉사의 성격이 언제나 명시되는 것은 아니지만 말이다(출 30 : 20 ; 사 56 : 4-6 ; 마 25 : 44 ; 딤후 1 : 18 ; 골 4 : 7). 구약에서 이 말을 쓸 때는 대부분 성막 혹은 성전에서의 사역과 연관짓는다(출 28 : 43 ; 고후 29 : 11). 신약의 경우, 이 일꾼이라는 말은 처음에는 특수한 직임을 가리키는 말로 쓰이지 않으나, 차츰 교회 안의 소수의 사역자들을 가리키는 경향이 뚜렷해져가며, 이 직임을 맡은 자의 자격들이 열거된다(딤전 4 : 6 ; 롬 15 : 16 ; 행 6 : 4 ; 고후 5 : 18 ; 엡 4 : 11, 12 ; 딤전 3 : 12 ; 5 : 17). 신약 시대에 이들 사역자들은 각각 장로, 감독, 집사, 여집사 등으로 불리운다. 이런 다양한 직임이 오늘날과 같은 체계적인 직분으로 발전하게 된 것은 대부분 성경 시대 이후의 산물로서, 성경 해

석의 발전에 의한 것이 아니라 교회의 필요 때문에 생겼다.

임마누엘 (Immanuel) 이사야 선지자가 특별한 출생을 할 아이를 예언하면서 그 아이에게 붙인 이름인데, 신약에서는 예수님을 가리켜 이 말을 쓰고 있다(사 7 : 14 ; 8 : 8 ; 마 1 : 23). 그 뜻은 "하나님이 우리와 함께 하심"이다.

임명하다 (Ordain) 구약에서는 일의 방법을 정하거나, 규칙을 제정하거나, 어떤 사람에게 특별한 사명이나 직분을 맡기기 위해 그를 구별해서 세운다는 개념으로 쓰인다(왕상 12 : 33 ; 대상 15 : 13 ; 출 29 : 9, 29, 33-35). 신약에서는 어떤 특별한 사역을 위해 교회의 직분을 맡게 되는 사람들에게 안수를 했다. 비록 항구적으로 그렇게 해야 한다는 아무런 언급이 없지만 말이다(딤전 4 : 14 ; 딤후 1 : 6). 그 관행은 신약시대 이후에도 계속되었다.

자백 (Confession) 신구약에서 이 단어가 품고 있는 기본 개념은 인정한다는 것인데, 죄를 인정하고 예수를 구원에 이르게 하는 주로 인정하며 증인으로 인정하거나 찬양에서 예수를 인정하는 것이다(레 5 : 5 ; 왕상 8 : 33 ; 마 3 : 6 ; 롬 10 : 9 ; 14 : 11, 12 ; 요일 1 : 9 ; 딤전 6 : 13 ; 히 13 : 15).

잠언 (Proverb) 대체로 매우 간결 명쾌하고 유려한 문장으로써 상식적으로 준수되는 사실 혹은 지혜를 전하는 말. 인류가 지금까지 살아오는 동안 지혜는 이런 방식으로 전해져 내려왔지만, 그것을 기록하는 방식이 다양해진 것은 B.C. 2천년이 시작되면서부터이다. 성경에는 그러한 말씀들이 널리 흩어져 있지만, 그것의 중요한 모음집이 바로 잠언이다. 블랭크(S.H.Blank)는 'Interpreter's Dictionary of the BiBle'(Abingdon, 1976)에서 재치있게 표현하기를, '잠언은 캡슐에 담긴 지혜'라고 했다.

장로 (Elder) 대부분의 문명권에서 그 사회 구성원 중에 나이가 많고 경험이 풍부하여서 다스릴 자격이 가장 잘 구비된 사람에게 권위가 주어진 것을 고려할 때, 고대 대부분의 공동체의 지도자 위치에 있는 자들에게 '나이가 많은'이란 말에서 유래한 장로라는 호칭을 붙인 것은 자연스러운 일이다. 이러한 연유에서 애굽 바로 궁의 고관들(히브리어 원문에는 '장로들'로 되어 있음. 창 50 : 7), 모압 족속이나 미디안 족속의 장로들(민 22 : 7), 이스라엘의 장로들(출 3 : 16)이란 말들이 쓰였다. 모세가 세운 70 장로들(출 24 : 1 ; 민 3 : 16)은 신명기에 기록된 법에 따라 당시의 모든 도시들이 재판권을 아울러 행사할 수 있는 장로들의 지도 체제를 갖고 있었던 것으로 보이는 광야 생활 기간에도 그 직책을 계속 수행하였다. 모세시대부터 에스라 시대에 이르기까지 이스라엘 민족의 삶의 특징 가운데 하나는, 이와 같은 국민의 지배 체제가 특히 군주체제하에서도 국사(國事)에 상당한 영향력을 행사하였다는 점이다.

신약 시대에 와서도 유대인들마다 장로들로 구성된 회의 기구가 있었는데 그중 가장 큰 권위를 가졌던 기관이 예루살렘의 산헤드린이었다. 이 산헤드린은 모든 유대인들게 '대법원'과 같은 구실을 하였다. 산헤드린은 유대인 사회를 다스리는 일반적인 행정을 하며 또한 로마 정부에 대해서는 유대인을 대표하는 역할을 하였지만, 무엇보다도 이들의 주된 임무는 율법을 해석하며 율법을 옹호하는 일을 하는 것이었다. 마찬가지로 큰만 공동체에서도 장로들을 인정하

고, 그들의 회의를 최고 회의로 받아들였다. 교회는 유대의 산헤드린이 가진 역할을 교회가 맡도록 하는 제도를 아주 자연스럽게 취하였다(행 11 : 30 ; 15 : 2, 4, 6, 22, 23 ; 16 : 4 ; 21 : 18). 초대 교회의 장로들은 교인들의 영적 생활을 감독하였다(약 5 : 14 ; 벧전 5 : 1-4 ; 롬 12 : 8 ; 살전 5 : 12, 13).

장사(Burial) 이스라엘 사람들은 장사를 매우 중요하게 생각하였다. 그래서 장사되지 못하는 것은 저주였다(시 79 : 3 ; 사 16 : 18-20). 죽은 뒤 친척이나 친구가 눈을 감기웠고 몸을 씻고 기름을 발라 세마포로 쌌으며 머리는 특별한 천으로 감았다. 그리고는 보통 당일에 매장하였는데, 매장 시간이 될 때까지 방에 안치하였다(창 46 : 4 ; 막 16 : 1 ; 마 27 : 59 ; 요 11 : 44 ; 행 9 : 37). 친구들이 시신을 따라 무덤까지 갔다(삼하 3 : 31 ; 삿 8 : 32).

재능, 은사(Gift, Gifts) 사람과 사람 사이에 전해지는 일반적인 선물들이나, 사람이 하나님에게 드리는 제물들, 또는 하나님이 사람에게 주시는 영적인 은사들을 가리킴. 첫 번째의 경우에 대해서 '선물'이나 '공물' 또는 심지어 '뇌물'이라는 말로 종종 번역된다(창 33 : 11 ; 삼하 8 : 2 ; 잠 18 : 16). 두 번째의 경우가 성경에서 가장 많이 나오는데, 예를 들면 레 1 : 10과 17 : 4 등이다. 이와 같은 말이 이런 뜻으로 사람에게 붙여 사용되기도 하였다. 레위 인들이 아론을 돕기 위해 그에게 선물로 주어졌다(민 8 : 19). 세 번째의 경우는 하나님께서 사람에게 주시는 은사를 가리키는데, 그중 가장 기본적인 은사로 의와 영생이 있는데, 이는 오직 예수 그리스도의 삶과 죽으심으로 말미암으며, 사람들은 믿음으로 그것을 받을 수 있다(롬 5 : 15-17 ; 6 : 22, 23). 이외에도 하나님께서는 그리스도 안에서 모든 것을 주시는데, 성령의 내주하심과 인도, 조명, 거룩케 하시는 은사를 베푸신다(행 2 : 38 ; 10 : 45). 하나님께서는 또한 택하신 자들에게 특별한 사명을 주시며 그 사명을 감당하도록 여러 가지 영적 은사를 주신다(고전 12 : 1). 예를 들면, 방언 하는 은사, 더러운 귀신 쫓아내는 은사, 병 고치는 은사, 예언하는 은사, 가르치는 은사, 영 분별하는 은사, 지식의 은사(고전 12 : 8-11 ; 롬 12 : 6 ; 고전 2 : 4)등이다. 성령께서 신자에게 내주하셔서 일하시는 것은 그로 하여금 사랑, 희락, 화평, 오래 참음, 자비, 양선, 충성, 온유, 절제의 생활을 더욱 잘하게 하려는 것이다(갈 5 : 22, 23).

재판관(Judge) 문관. 모세의 행정은 그 장인 이드로가 제안한 것이었는데 일 명 단위에서 천 명 단위까지 나누어 그 집단 위에 각각 재판관을 세웠다(출 18 : 13-26). 왕국이 세워진 후에도 비록 왕이 직접 사건을 판결했지만 말이다. 이 제도는 계속되었다(왕상 3 : 28 ; 대상 23 : 4). 이 사람들이 자기들의 직무를 남용했고, 선지자들이 많은 경우를 들어 그들을 타매하고 있다(미 33 : 11 ; 암 5 : 12). 신약에서도 이 직무에 관해 많이 언급되고 있으며, 하나님이 바로 대재판장이다(히 13 : 4 ; 계 18 : 8). 성부는 성자에게 재판을 위임하셨다(요 5 : 22-24 ; 행 10 : 42 ; 17 : 30, 31).

저주(Curse) 하나님이 죄를 인하여 사람에게 내리도록 명하시는 것, 혹은 신이 저주의 대상에게 악이나 해를 내리기를 구하는 것, 즉 재앙이 내리라고 비는 것(신 28 : 20 ; 27 : 15-26 ; 시 109 : 17 ; 35 : 4-8). 왕, 귀머거리, 부모, 혹은 하나님을 저주하는 것이 금지되었다(출 21 : 17). 저주하는 자는 사형에 처해졌다(레 24 : 16-17). 성경에서는 자기를 저주하는 자에게 복을 비는 것이 덕으로 간주되고 명령으로 내려지기까지 한다(시 109 : 28 ; 눅 6 : 28).

적그리스도(Antichrist) 마지막 날 마지막 때에 있을 종말론적인 싸움에서 나타날 그리스도의 큰 적으로 마침내 멸망당할 것이다. 적그리스도들이 많이 있는데, 요한은 이들을 예수께서 그리스도임을 부인하는 자들이라고 말하였다(요일 2 : 18, 22).

전쟁(戰爭, War) 구약시대에 평화란 흔치 않은 자산이었다. 국가와 백성과 지파는 토지나 노획물 때문에 끊임없이 다른 편과 전쟁을 치뤄야 했다. 사사 시대 동안 외세의 압제가 있었고, 따라서 자유를 위한 전쟁을 치뤄야 했는데, 이 일이 주기적으로 악순환되었다. 다윗과 솔로몬이 나라를 다스리던 때는 국토를 확장하기 위하여 전쟁을 치뤄야 했다. 그러나 나라가 분열된 이후로는 계속 외침을 당하여, 결국 두 나라가 포로로 끌려가고 멸망을 당할 때까지 계속 침략을 당해야 했다. 예수님은 말세에 전쟁이 있고, 전쟁의 소문이 있을 것이라고 예언하셨다. 계시록에는 말일 그 자체가 무서운 전쟁과 연관되어 있음을 살펴 볼 수 있다(삿 5 : 8 ; 11 : 4 ; 왕하 8 : 28 ; 마 24 : 6 ; 계 13 : 7 ; 17 : 14). 제사장들은 오늘날의 군목들처럼 종군하지 않았다. 그러나 하나님의 말씀을 예언하였다(신 20 : 1-4 ; 삼상 14 : 1-3). 그리스도인은 전투를 위하여 부름받았다. 그리스도인이 무장해야 할 무기가 무엇인지도 성경에 상술되어 있다(딤전 1 : 18 ; 딤후 2 : 3 ; 엡 6 : 10-20).

점, 예언(Divination, Divine) 영감을 통해서나 혹은 독본을 사용하든지 아니면 징조들을 해석하든지 해서 어떤 특별한 사람들에게 알려진 특이한 방법들을 통해서 미래를 예고하는 것. 이러한 실례는 거의 구약에만 나온다. 구약 예언도 영적인 점의 한 형태였다. 그래서 하나님께서는 미래에 있게 될 어떤 사건들을 그의 선지자들이나 예견자들에게 나타내셨다(삼상 9 : 9). 신약의 예화 가운데도 점 치는 일에 관한 예가 하나 나온다. 바울은 이것을 악귀에 붙들려 하는 일로 여기고 귀신을 쫓아냈다(행 16 : 16-18). 이와 관련된 용어들이 성경에 다음과 같이 나온다.

1. 점성술사 별들을 보고서 무슨 정보를 알아내는 자들이다(사 47 : 13 ; 단 2 : 5, 10).

2. 마법사 주문(spells)이나 마력(charms), 조짐들(omens), 또는 마법(magic)을 사용해서 마술을 부리는 사람들(신 18 : 11 ; 단 2 : 27 ; 5 : 7 ; 행 13 : 8 ; 19 : 19 ; 단 2 : 2).

3. 무당, 영매(靈媒)자 보이지 않은 세계의 비밀들을 잘 알며, 혹은 죽은 자들과 접촉하는 자들(신 18 : 11 ; 삼상 28 : 7 ; 대하 23 : 6 ; 신 18 : 10, 14).

4. 점장이, 예언자 앞을 내다보는 자(신 18 : 10 ; 겔 21 : 21).

선지자의 예언(illumination)을 제외한 일체의 모든 점들은 우상 숭배와 같이 악한 죄로 하나님께서 금하셨다(레 19 : 31 ; 20 : 6 ; 삼상 15 : 23). 그렇지만 그럼에도 불구하고 이스라엘에는 선지자들이 있던 시대에 엄청나게 많은 점장이들이 있었다. 이들은 저마다 각각 여러 가지 다른 수단을 사용하였다. 꿈, 황홀경, 환상, 나무나 화살, 드라빔, 간(肝) 강신술, 영매자를 통하여 죽은 자와 의논함, 점성술 등의 방법을 사용하였다(겔 21 : 21;슥 10 : 2;삼상 28 : 7,11). 복술자, 길흉을 말하는 자, 요술자, 무당, 진언자, 신접자, 박수, 초혼자 등은 이스라엘에서 모두 정죄를 받았다(신 18 : 10,11,14;단 5 : 7;대하 33 : 6).

정사(政事, Principalities) 이들은 하나님과 그의 백성들에 대항하여 조직된 강한 힘을 지닌 천사들 혹은 마귀들이다(골 2 : 15;엡 3 : 10;6 : 12).

정욕(Lust) 이런 의미로 번역된 여러 히브리어 및 헬라어들은 세상에 속한 것들에 대한 기쁨과 욕구, 즉 성적인 욕구뿐 아니라 정신적인 욕구의 개념들을 지닌다(시 68 : 30;잠 11 : 6;살전 4 : 5;요일 2 : 16,17;마 5 : 28;롬 1 : 24;엡 4 : 22).

정하다, 부정하다(Clean and Unclean) 이 용어는 물질적으로 깨끗함을 말하는 것이 아니라 의식적(儀式的)으로 깨끗함과 더러움을 가리켰다. 어떤 물건들은 율법에 의해 "깨끗하다"고 공표되었고, 부정한 짐승들처럼 어떤 것들은 깨끗지 못하였다. 또 어떤 것들은 부정해지면 의식적으로 정화(淨化)하거나 깨끗하게 해야 했다(신 14 : 3-20;레 7 : 21;민 19 : 11,13). 아주 많은 경우에 정결하게 하는 의식어 자세히 설명되었는데, 예를 들면 '문둥병자'의 경우가 레 14 : 1-9에 기록되어 있다. 율법이 사람들을 그리스도에게로 인도하는, 즉 사람들에게 자기가 깨끗케 되고 구원받아야 할 필요가 있음을 알게 하는 일을 맡고 있으며, 일단 사람이 믿음으로 죄를 용서받고 나면 그에게는 더 이상 율법의 이 기능이 필요없다고 바울은 말하였다. 율법은 그 나름대로 하는 일이 있지만 구원을 이루는 일을 하지는 않았다(갈 3 : 23-29). 율법을 지키는 행위는 율법주의에 빠지기가 아주 쉽다. 사람들이 율법의 글자를 지키면서 그 정신은 비켜갈 수가 있다. 바로 이 점 때문에 예수님과 바리새인들 사이에 논쟁이 벌어졌다(마 9 : 10-13;눅 11 : 37-52). 예수님 자신은 의식상의 정결법을 버리지 않으셨지만(마 8 : 2-4), 외적인(물질적인) 깨끗함보다는 내적인(영적인) 깨끗함을 강조하셨기(마 15 : 18) 때문에 이내 그리스도인들이 구약의 정결 예식법을 버리게 되었다.

제단(Altar) 하나님에게나 이교신들에게 제사를 드리는 장소. 이스라엘의 하나님을 위한 제단은 흙으로 쌓거나 다듬지 않은 돌로 쌓아야 했고, 그렇게 높지 않아 꼭대기에 올라가기 위한 제단이 필요없었다(출 20 : 24-26). 제단들 가운데 어떤 것들은 하나님의 나타나심을 기념하기 위해서나 주요한 사건이 일어났음을 표시하기 위해 쌓았다(창 12 : 7;신 27 : 1-8). 뿔이 달린 제단은 솔로몬 왕 시대에 나타난다. 그것은 위쪽 네 모서리마다 뿔처럼 생긴 것이 툭 튀어나와 있는 정사각형 기둥이었다. 이 특수 제단의 뿔에는 제물의 피를 바르게 되어 있었고, 도망자들이 그 뿔을 잡고서 보호를 요청할 수 있었다(출 29 : 12;왕상 2 : 28). 시간이 흐름에 따라 점차 예루살렘 성전에 있는 제단이 합법적인 제사 장소가 되었다.

제물(Sacrifice) **1.** 모세 율법에 따라 죄를 회개하는 표시로서, 혹은 감사의 표시로서 하나님께 드리는 헌상(獻上). **2.** 죄에 대해 단번에 제물로 드려지신 그리스도(레 1-7장;고전 5 : 7;히 10 : 12;요일 2 : 2).

제사장, 제사장직(Priests, Priesthood) 제사장은 이방인이든 유대인이든

그리스도인이든간에 종교의 일을 관장하는 사람이다(창 41 : 45;31 : 10;벧전 2 : 4,5). 이스라엘 백성들이 출애굽 후 광야에서 방황하는 동안, 하나님께서는 그들에게 제사 의식의 제정과 그 절차에 대해서 말씀해 주셨다. 그리고 거기서 레위 지파를 제사장 지파로 선택하셨다(출 29-29장;레 8장;민 3장).

민 8 : 14-19은 하나님과 백성들을 섬기는 일에 있어서 레위인들이 받은 부르심과 역할에 대해서 알려주는 핵심 부분이다. 고대 이스라엘에는 한 사람의 대제사장과, 제사장들, 그리고 제사장이 아니지만 다른 은사로 하나님과 백성들을 섬겼던 레위인들이 있었다. 즉, 제사장들은 모두 레위인들이었지만, 모든 레위 인들이 다 제사장이지는 않았다. 모세 이전의 제사장에 대해서는 '멜기세덱' 항목을 참조하라. 제사장으로서의 그리스도에 대해서는 '그리스도' 항목 중 사역에 관한 부분을 참조하라. 히브리서는 그리스도의 제사장직에 관한 주제를 상당히 길게 다룬다(히 6 : 10-7 : 17;1 : 3;2 : 9;8 : 5;7 : 27;9 : 26). 신약에도 비록 상세하지는 않지만 신자들의 제사장직에 대한 가르침이 있다(출 19 : 5,6;벧전 2 : 5-9). 신자들은 하나님의 말씀을 사람들에게 전하므로 제사장의 기능을 수행하는 셈이다(레 1 : 5,6).

종말론(Eschatology) 죽음, 부활, 내세, 거룩한 심판, 세상의 끝, 그리스도의 재림 등과 같이 마지막 될 일들에 관한 신학. (이 가운데 나중 두 항목만 여기서 다룬다)

역사적으로 종말이 임하는 방식에 관하여 크게 네 가지의 견해들이 주장되어 왔다. 이 견해들 가운데 한 견해는 다양한 의견들을 갖고 있으나 근본적으로는 하나로서, '구자유주의'(Old Liberalism), '철저 종말론'(consistent eschatology), '실현된 종말론'(realized eschatology), '양식 비평학'(form criticism) 등의 학파의 사람들에 의해서 주장된다. 이 의견들 중 어떤 견해들은 상호간에 거의 배타적이다. 이들 중 대부분은 예수님을 단순히 사람으로 여길 뿐 육신의 몸을 입고 나타나신 하나님으로 여기질 않고, 성경의 기사도 사람에게서 나온 것으로 여길 뿐 '영감된 하나님의 계시'로 믿지 않는다. 교회가 하나님의 나라이며, 그리스도께서는 지금도 성령을 통하여 그 나라의 권세를 하나님 나라에서 일을 하고 있는 자들에게 주시는 일을 하고 계신다. 이 시기가 마지막 때이며, 그리스도는 성령에 의해서 항상 교회에 나타나며, 동시에 그리스도의 '재림'은 '가까이 다가오게' 된다. 이 두 가지 일은 그 의의와 목적이 하나이다. 즉, 교회에 그가 나타나심과 그가 오심은 동일한 성격의 일이다. 이와 같은 의견은 인간으로서의 예수님의 가르침과 성경 가운데 인간 저자들이 쓴 부분만을 해석하려는 시도에서 나오는 것이다.

이러한 의견들을 분명하게 반대하는 세 가지 견해가 있다. 이 세 가지 견해들도 서로 견해를 달리하지만, 성경의 권위를 인정하는데 있어서는 셋이 일치한다. 다만, 이 세 가지 견해들이 주장하는 바는, 예수께서 일찍이 교회를 세우시고 자신의 삶과 죽으심과 부활을 통하여 교회에 구원을 베푸시기 위하여 세상에 오셨던 것처럼 재림 때에도 틀림없이 실제로 오신다는 것이다. 즉, "하늘로 올리우신 이 예수는 하늘로 가심을 본 그대로 오시리라"(행 1 : 11). 다시 말해서 실제로 물리적으로 오시리라는 것이다. 이 세 견해들이 예수께서 다시 오신다는 사실을 믿는 것에 있어서나 그 오시는 양태에 대해서는 서로간에 견해를 달리 하지 않는다. 그렇지만 이들은 주의 나라와 관계가

있는 그의 오시는 시기에 대해서와 그 왕국의 성격에 대해서는 의견을 달리한다. 다만, 이 세 견해들이 예수께서 초림하셨던 동일한 예수가 땅으로 오신다는 사실과 또한 신적인 영광을 가지고 오시며, 그 오실 시간이 이 세상과 영원한 세상의 시작 사이 어느 구체적인 시간에 오신다는 것만큼은 일치하여 생각한다. 그리스도의 재림은 '세상의 종말'을 구분지울 것이다.

지복천년주의자들 혹은 천년왕국주의자들은 이 세상이 그리스도의 물리적인 재림으로 끝나고 이어서 곧 시작될 영원한 세상을 시작하기 전에 재림 하신 그리스도께서 다스리는 천년 왕국이 있게 될 것을 기대한다. 이와 견해를 달리하는 무천년주의자들은 문자적인 천년을 믿지 않기도 하고, 재림 후에 그리스도께서 이 땅에서 통치하신다는 것도 믿지 않는다. 이후 18세기 초에 후천년주의라고 하는 세 번째 견해가 생겨났는데, 이 견해는 이 세상 종말 전 천년 동안 유토피아가 있게 될 것이며, 그래서 지상에 우주적인 평화와 의가 실현될 것이라고 예언된 약속들과 예언들이 성취될 것과, 그후에 그리스도께서 재림하시며 영원 세계가 시작될 것으로 믿는다.

죄(Sin) 하나님께서 인생에 대해서 가지신 의도에서 빗나가거나 미치지 못하여 하나님과 단절되어 있는 인류 보편의 상태를 말함. 예수 그리스도를 죄로부터 해방시키시는 구주이며 삶의 주재이심을 믿음으로써 구제된다.

죄책(Guilt) 이와 관련된 말들이 성경에서 많이 나오는데, 대부분 구약에서 나타난다. 이것은 구약 시대가 신약 시대보다 훨씬 법적인 것이 많이 예상되었기 때문일 것이다. 범죄에는 율법을 어긴 것이든지 그

율법을 준행하지 않은 것이든지간에 그에 상응하는 형벌이 따르게 되어 있다. 현대 사회에서 법을 몰랐다는 것이 전혀 핑계가 되지 못하듯 구약 시대에도 그러했다(레 5:17). 하나님께서 사회를 제정하시고 거기에 율법을 어긴 것에 대한 연대 책임을 부여하셨다(수 22:20). 신약에서 예수님은 율법에 대한 외적인 순종 정도가 아닌 율법을 지키는 마음의 태도의 중요성에 큰 비중을 두고 말씀하셨다(마 5:21,22,27,28,31,32,43,44). 바울은 로마서 5:12-21에서 아담의 최초의 범죄로 그의 모든 자손들에게 그 죄책이 전가된 사실을 가르쳤다. 12절에 모든 사람이 그와 함께 그 죄를 지었다고 가르치며, 심지어 아직 태어나지도 않은 그들조차도 죄를 지었다고 말하고 있다. 이러한 진술이 어떻게 발생되었는지는 신학자들의 관심을 끄는 하나의 신비이다.

주(Lord) 성경은 존경과 권위를 인정하는 점에서 하나님과 사람 모두에 대해서 이 단어를 쓴다. 이 단어가 하나님께 적용되는 경우에 대해서는 '하나님' 항목 중 '성호' 부분을 참조하라. 이 단어가 사람들에게 적용될 경우에는 주인이나 소유자에게 대한 존경을 뜻한다. 사람의 고귀한 인품을 인정하는 의미도 있다(창 23:11;왕상 1:31;마 20:25). 영어 성경에서는 이 단어가 사람에 대해서 쓰일 때는 소문자로 쓰이고, 구약에서 하나님께 대해서 쓰일 때는 첫글자가 대문자로 쓰인다. 신약에서 이 단어는 대단히 많은 경우가 예수님과 성부 하나님께 대해서 쓰인다.

주기도(Lord's Prayer) 예수께서 제자들에게 가르쳐 주신 기도에 붙인 명칭으로서(마 6:9-13;눅 11:2-4), 다른 많은

her)로 부른다.

주의 날(Lord's Day) 안식과 예배를 위해서 주 예수 그리스도께 드려진 날로서, 그분이 부활하신 날을 기념한 주(週)중 첫 날이다(계 1:10). 이날은 이른바 날을 지키는 점에서 여섯 번째 날 혹은 안식일과 뚜렷이 대조된다. 구원에 관한 한 모든 날이 동일한 까닭에 모든 날이 다 거룩하다고 말할 수도 있다(롬 14:5,6). 그리스도인들에게는 그날에 모여 함께 떡을 떼는 것이 관례가 되었다(행 20:7).

주의 만찬(Lord's Supper) 예수께서 십자가에 달리시기 전날 밤에 제자들과 함께 드신 식사에 붙여진 명칭으로서, 그 만찬은 유월절 음식으로 시작되었으나, 예수께서 음식을 드시는 도중에 재림 전까지 교회가 지켜야 할 기념의식으로 그 의미를 바꾸어 주셨다(고전 11:20;10:16;11:27;마 26:17,26-28;고전 11:17-32).

죽음(Death) 생명의 반대로서, 영혼이 몸과 분리됨으로 생명이 정상적으로 끝이 나는 것을 말한다(신 34:5,7;전 12:7). 죽음은 죄의 결과이며(창 2:7,17;롬 5:12;6:23), 죄 때문에 육체의 붕괴가 일어나며, 영혼은 세상 끝날에 부활한 몸으로 돌아올 때까지 중간 상태로 남아 있는다. 신구약에서 보면, 어떤 사람들은 부활하여 영원한 생명을 누리고, 어떤 사람들은 부활하여 영원한 수욕을 받는다(단 12:2;살후 1:8-10;요 3:36).

중보자(Mediator) (1) 다른 사람들 사이에서 분쟁을 조정해 주려고 하는 사람 (2) 죽으심과 부활로 하나님과 믿는 자들을

히 8:6;9:15;12:24).

증거들, 증거(Testimonies, Testimony) 하나님께서 그의 백성들에게 지키고 살도록 주신 계명, 법도, 규례 등과 동의어(신 4:45;시 99:7;119:24). 단수로 쓰일 때는 주로, 증거궤라고도 불리우는, 언약궤 속에 들어 있는 것들, 즉 십계명을 기록한 돌판과, 출애굽과 광야에서의 보존을 상기시켜주는 다른 증거의 물품들을 가리키는 데 사용된다(출 25:16;31:18). 신약에서는 하나님께서 그의 아들을 증거로 내세웠다. 이것은 하나님께서 아들 안에 있는 생명, 즉 영원한 생명을 주셨다는 증거이다(요일 5:9-12).

증인, 증거(Witness) 증언하도록 부름받았거나, 혹은 어떤 사실이나 사건에 대하여 직접 접한 것을 증거하도록 부름받는 사람. 성경에서는 이것을 무엇을 보았다는 의미로만 쓰지 않는다. 사물도 어떤 사건을 증거하거나 증언할 수 있다. 돌무더기, 제단, 십계명, 율법 등도 그런 역할을 할 수 있을 것이다. 한 사람의 증인으로는 사실을 입증하는데 충분치 않다. 율법은 최소한 세 명을 요구한다(창 21:30;31:44-48;사 19:19,20;신 31:26;출 25:22). "마땅히 율법과 증거의 말씀을 좇을지니 그들의 말하는 바가 이 말씀에 맞지 아니하면 그들이 정녕히 아침 빛을 보지 못하고(못하였기 때문이다)" (사 8:20). 이 구절은 성경 그 자체가 하나님이 계시하신 진리에 대한 증거임을 보여준다. 거짓 증거하는 사람은 그가 거짓 증거라는 그 죄를 범한 사람과 똑같은 형벌을 받도록 되어 있다(신 19:16-21). 신약에서 증인은 하나님에 대한 진리를 증거하거나, 혹은 그가 그리스도에 대

이다(요 3 : 11, 32-34 ; 행 1 : 8 ; 10 : 41).

지옥 (Perdition) 계 17 : 8, 11에서 이 단어(한글 개역 성경은 "무저갱"으로 번역함)는 악인들이 처한 최후의 상태를 가리킨다. 다윗 왕은 성경에 두번 기록된 그의 시에서 지옥(한글 개역 성경, "사망")의 물결이 자기를 엄몰하지만 하나님께서 그 속에서 자기를 어떻게 건지시는지를 주시한다(삼하 22 : 5 ; 시 18 : 4). 그 외에 이 단어가 쓰인 예로는, 예수께서 가룟 유다에 대해서 '멸망의 자식'이라고 하신 것과(요 17 : 12), 바울이 적그리스도에 대해서 '불법의 사람 곧 멸망의 아들'이라고 표현한 것 등이 있다(살후 2 : 3).

지파들 (支派, Tribes) 성경에 많이 나오는 단어인데, 하나든지, 그 중 몇개를 묶어서든지 열두 지파와 관련하여 압도적으로 많이 사용하고 있다. 계시록 14 : 6처럼, 경우에 따라서는 일반적으로 모든 사람을 다 가리키는 수도 있다. 야곱의 열두 아들들은, 르우벤, 시므온, 레위, 유다, 스블론, 잇사갈, 단, 갓, 아셀, 납달리, 요셉, 그리고 베냐민이다. 하나님은 레위 자손들로 하여금 성막을 이동시키고, 관리하고 또 거기서 하나님을 섬기는데 쓰시려고, 그들을 열두 지파의 명단에서 빼냈다(민 1 : 47-53). 요셉이 지파 명단에서 빠진 것에 대해서는 언급치 않는다. 그러나 그의 두 아들, 에브라임과 므낫세를 넣어 열두 수를 채웠다. 어떤 사람들은 요셉의 꿈이 실현되었음을 보이기 위하여, 장자에게 주는 두 몫을 표현한 것이라고 추측한다.

약속의 땅을 정복하기 전후로, 르우벤, 갓 그리고 므낫세 반지파들은 요단 건너편에 자리를 잡았다(민 32 : 33). 요단 서부에 아홉 지파 반이 자리잡은 것은 여호수아 15-19장에 기록되어 있다. 베냐민과 스블론의 경계는 매우 상세하게 표시되어 있다. 그러나 다른 지파들의 경우, 성읍들은 자세히 언급되지만, 경계는 생략되어 있지 않다. 베냐민, 시므온, 유다, 그리고 북으로 이동하기 전의 단지파는 남쪽에 자리잡았다. 에브라임과 므낫세 반지파는, 유다 북쪽에 자리잡은 베냐민 북쪽에 자리잡았다. 나머지 네 지파는 이스르엘 골짜기 북쪽에 자리잡았는데, 아셀은 지중해안 쪽으로, 납달리는 갈릴리 바다쪽으로 배치되었다. 여러 가지 어려움이 있었지만, 솔로몬 왕때까지는 통일 왕국을 이루고 있었다. 솔로몬 이후에는 영영 갈라져 열 지파는 사마리아와 디르사에 그 중심을 두고 있었고, 나머지 두 지파는 예루살렘을 수도로 삼았다.

지팡이, 아론의 지팡이, 모세의 지팡이 (Rod, Rod of Aaron, Rod of Moses) 나무 가지를 꺾은 막대기, 혹은 쇠로 만든 지팡이, 단지 지팡이로만 쓰이기도 하지만, 사람들을 징계하기 위하여 때리는 데 쓰는 것을 포함하여 여러 가지 목적으로 쓰이기도 한다(창 32 : 10 ; 사 30 : 31 ; 잠 22 : 15 ; 23 : 13, 14 ; 계 12 : 2 ; 19 : 15). 아론의 지팡이는 바로로 하여금 이스라엘 백성들을 애굽에서 떠나도록 한 여러 가지 기적들을 일으킨 막대기였다. 아론의 지팡이에 싹이 돋았고, 이후 언약궤 속에 보관되었음도 종종 언급되고 있다(출 7 : 8-20 ; 8 : 16-17 ; 히 9 : 4). 모세의 지팡이도 출애굽과 광야 생활에 관련된 많은 기적들을 일으키는 데 사용되었다(출 4 : 17-20 ; 신 20 : 8-11 ; 출 9 : 23 ; 14 : 16 ; 17 : 5-7).

지혜 (智慧, Wisdom) 하나님의 속성, 또 사람으로 하여금 그를 지혜롭고 재주있게 하는 마음의 자질(롬 11 : 33-36 ; 신 34 : 9 ; 엡 10 : 9). 여호와를 두려워하는 것이 지혜의 시작이라고 가르친다(시 111 : 10 ; 욥 28 : 28 ; 잠 9 : 10). 상당히 긴 구절 속에서 지혜가 의인화되고 있다(잠 8 : 2이하). 성경에는 지혜로운 사람들이 가르치고 기록한 것, 즉 '지혜문학'이라 분류되는 세 권의 책과 또 거기에 포함시킬 수 있는 많은 시편들이 있다(시 19, 37, 104). 이 책들은 잠언, 전도서, 그리고 욥기이다. 신약에서는 그리스도가 하나님의 지혜이고 또 지혜의 원천으로 간주된다(고전 1 : 24, 30). 그는 이 지혜를 성신을 통하여 그의 말씀(성경)을 깨닫게 하므로 전하며, 또 그것을 분명하게 하고 사람에게 의미를 지니게 한다(골 3 : 16, 참고 엡 6 : 18).

진노, 하나님의 진노 (Wrath, Wrath of God) 성경 기사 속에 인간의 노여움과 화냄에 대한 예증들이 있지만(창 49 : 7 ; 시 76 : 10 ; 잠 15 : 1 ; 20 : 2 ; 엡 4 : 31 ; 골 3 : 8) 하나님의 진노에 대한 언급들과 비교해 보면, 그 수효가 극히 적은 것이다. 하나님은 공의로우신 분이기때문에 순종하는 자들에 대해서는 기쁨을 나타내시고, 불순종하는 자들에 대해서는 진노로 나타나신다. 또 하나님의 거룩하심은 그 분의 백성들 속에 내재한 죄나 악을 그냥 두어 두시지 못하는 것이다. 그런 일이 있으면 반드시 내치든지 아니면 바르게 교정하든지 하시는 것이다. 공의와 거룩함이 그분의 무한하고, 영원하고, 변함없는 본질의 속성이듯이, 그분의 진노 또한 그러하다. 인간의 죄에 대한 하나님의 태도는 웨스트민스트 소요리 문답에 잘 표현되고 있다. "모든 인류가 타락함으로 말미암아 하나님과의 교제가 끊어지고, 또 그분의 진노와 저주 아래 있게 되어 생전의 모든 비참함과 죽음과 영원한 지옥의 벌을 받게 되었다" 이것이 뛰언성이며, 계시에 의하여 사람은 성경의 하나님께 돌아가야 한다. 인간은 전자를 보다 쉽게 받아들일 수 있겠지만, 후자는 "하나님께서…영원 전부터…어떤 자들을…선택하시고…구속자로 말미암아 그들을 죄와 비참한 처지에서 건져내어 구원의 자리에 이르도록 하셨다"는 것이다. 하나님 자신이신 구속자, 곧 성자께서 동정녀 마리아에게서 나시므로 참 인간의 몸을 입은 사람이 되셨고, 그 몸으로 하나님의 공의와 거룩하심의 모든 요구를 만족시켜, 하나님의 진노를 우리에게서 멀리 떨어지게 하시고 그의 거룩하심이 더 이상 우리를 치지 못하도록 하셨다(롬 1 : 18-32 ; 엡 2 : 3 ; 롬 4 : 15 ; 5 : 9).

진리 (眞理, Truth) 이 단어가 쓰일 때는 사실 그자체를 말하거나, 혹은 실체에 대한 진술의 관계를 뜻한다. 전자는 사건의 진상을 의미한다. 후자는 진술의 상관 관계에 관한 것이다. 그리스도는 진리다는 그자신을 사실로서 말하는 것이다(요 14 : 6). "진리를 알찌니 진리가 너희를 자유케 하리라"(요 8 : 32)는 후자의 용례가 될 것이다. 여기서 문장의 앞 뒤부분의 관계는 참이고, 바르고, 신뢰할 만하며, 정확하다고 생각할 수 있다.

질병 (Disease) 성경에 나오는 대부분의 질병들은 지금도 여전히 있다. 그들 중에는, 나병과 같이 피부에 생기는 질병과, 이질, 역병, 말라리아, 결핵 등과 같이 몸 안에 생기는 질병, 그리고 내장에 생기거나 기생충으로 인해 생기는 질병, 눈병, 정신장애, 그 외에 그와 같은 병들이 있다. 성경에 기록되어야 하는 제한적인 표현 때문에 어떤 것은 현대의 용어로 설명하기가 어려운 것이 있다. 물론 전연 불가능한 것은 아닐 것이다.

집사, 여집사(Deacon, Deaconess) 헬라어 '디아코노스'와 그 파생어들의 근본 의미는 "성직자" 혹은 "종"이다. 신약에 이 헬라어가 100 번 정도 나오는데, 그중 세 번이 집사로 번역되었다. 자매 뵈뵈를 교회의 일꾼이라고 불렀는데, 각주에서는 일꾼을 '여집사'로 밝히고 있다(롬 16 : 1; 빌 1 : 1; 딤전 3 : 8,12). 보통 이 단어는 식사 시중을 드는 종의 개념을 전달하는데, 가나의 큰 기적에서 이 단어가 나온다. 예수와 바울을 집사라고 불렀다(롬 15 : 8; 고전 3 : 5). 교회 직분으로서 집사의 개념은 행 6 : 1-7부터 나온다. 초대 교회에서 여자들이 정규적인 일로서 집사같은 직분을 받았는지에 대해서는 의견이 각각 다르다. 증거의 비중으로 보아서는 직분을 받았던 것으로 보인다.

찬송(Praise) 생명체나 무생물, 그리고 특별히 사람이나 하나님께 감사와 영광을 드리는 행위(창 29 : 35; 대상 16 : 4; 시 146 : 1; 눅 19 : 37; 엡 1 : 6-14). 찬송은 종종 시나 노래의 형식을 취한다(대상 16 : 9; 대하 29 : 30). 신약에서 가장 대표적인 찬송의 주제는 영적인 구속을 베푸신 하나님을 찬송하는 것이다(엡 1 : 5-7).

창조, 피조물(Creation, Creature) 성경은 창세기 처음 두 장에서 창조의 기사를 전하며 다른 곳에서 그것을 사실로 이야기한다(히 11 : 3; 요 1 : 3,10). 요약하자면, 성경이 그리고 있는 것은 시작하는, 즉 영원하신 하나님의 뜻과 말씀을 통해 비로소 존재하는 모든 물질에 대한 묘사이다. 창조 기사에 관한 해석에 많은 문제가 걸려 있지만, 성경의 저자가 물질이 '무(無)로부터 시작되었음을 받아들였다는 사실은 명백하다. 창세기 저자는 자연이 간단하게 시작하여 자연의 원인들에 따라 발전하였다는 견해를 지지하지 않는다. 이 점은 무엇보다도 인간 창조의 기사에 특별히 해당된다. 왜냐하면 그 기사가 인간을 사람으로 만드는 창조 행위가 있기 전에 인간은 생물체가 아니었다고 진술하기 때문이다(창 2 : 7). 인간은 하나님이 흙으로 만든 무생물체에 숨을 불어넣은 후에야 비로소 살아있는 존재가 되었다.

어떤 사람은 성경 처음 두 장에 나오는 창조 기사는 둘이라고 주장한다. 하지만 첫 장에서는 우주 전체의 창조에 대한 묘사가 나오고, 두 번째 장에서는 인간 창조에 관한 세세한 기사를 볼 수 있다. 어떤 사람들이 두번째 기사라고 부르는 것이 동물 창조가 인간 창조 전에 있었다는 간단한 언급을 제외하고는 첫 장에 나오는 내용들 중 많은 부분, 즉 물질 창조, 천체, 빛, 식물, 혹은 동물에 대해서는 전혀 이야기하지 않는다. 어떤 사람은 이 두 장에는 물질 창조의 순서가 다르게 기록되어 있다고 주장한다. 그러나 두 번째 장은 무엇보다도 남녀 창조에 관해 이야기하고 있다. 따라서 두 번째 장은 첫 장에 나오는 정보를 채우고 보충하는 것으로 보아야 한다.

신약에서 헬라어 '크티시스'는 그것이 물질이든 생물체이든 즉 피조물이든 생물이든 창조된 것을 뜻한다(롬 1 : 25; 8 : 39; 히 4 : 13). 고후 5 : 17이 말하는 새로운 피조물이란 자기를 생각에서나 하나님과의 관계에서나 새롭게 만드신 그리스도 안에 있는 하나님을 영적으로 경험한 사람을 가리킨다. 바울은 피조물이 하나님의 양자됨 곧 부활을 받을 때 썩어짐의 종노릇하는 데서 해방될 것이라고 가르쳤다(롬 8 : 18-23).

천사(Angel) 삿 6 : 35에서 볼 수 있는 것과 같은 어법을 통해 아는 대로, 본래 "사자"(使者)를 뜻하는 히브리어를 번역한 것. 이 히브리어를 번역하는 데 쓰인 헬라어가 '앙겔로스'였는데, 결국 이 헬라어가 영어에 들어와 "angel"이 되었다. 이 사자들은 인간일 수도 있었고 하나님의 초인간적인 대리자들일 수도 있었다. 두 사자가 사람의 형태를 갖추고 "여호와"와 함께 아브라함에게 나타났었다(창 18 : 1,2,22). 사자들은 먹기도 하였고 싸울 수도 있었으며 하나님께 잘못에 대해 책망을 듣기도 하였다(창 18 : 8,32; 욥 4 : 18). 하나님이 선지자들을 자기 백성들에게 보낼 때, 대개 천사들이 이상 중에 메시지를 가져다 주는 중재자 노릇을 하였다(겔 8 : 1-8). 이스라엘이 바벨론 포로 생활에서 돌아온 뒤로 성경에 나오는 천사들의 묘사가 훨씬 더 복잡해지는데, 사해축서에서도 그렇다. 어떤 천사들은 가브리엘(단 8 : 16; 눅 1 : 19)과 미가엘(단 12 : 1; 계 12 : 7)처럼 개별적인 이름이 있는 것을 볼 수 있다. 신약에서 예수께서 그들의 존재를 이야기하신다. 그러나 천사들은 더 이상 하나님의 메시지를 전달하는 중재자 노릇을 하지 않는다. 이제 그 역할이 그리스도나 성령께로 넘어갔기 때문이다(행 9 : 5; 갈 1 : 12). 천사를 숭배하는 악습 때문에 바울은 교회에 천사 숭배에 대해 경고할 필요가 있었다(골 2 : 18). 천사장에 대한 언급이 두 군데 나온다(살전 4 : 16; 유 1 : 9).

한 천사는 주의 천사라고 불리는데, 하나님의 특별한 사자였던 것으로 보인다. 몇몇 구절에서는 천사가 하나님이라고까지 불린다(창 31 : 11-13).

청지기(Steward) 이 말은 주인의 가업을 두루 관리하는 종에게 쓰였다(창 43 : 16; 단 1 : 16). 신약에서도 동일한 용례가 나오지만(눅 16 : 1-8), 신앙적 청지기가 두드러지게 부각된다. 어떤 의미에서 모든 그리스도인들이 다 하나님의 청지기이듯이 목사들도 하나님의 청지기이다. 그리스도인들은 자기 시간이나, 능력이나 소유나 그 모두를 하나님을 섬기는 데 써야 한다(딛 1 : 7; 고전 4 : 1,2; 벧전 4 : 10; 엡 3 : 2).

초막절(The Feast of Tabernacles) 이 절기는 가을 추수기 끝에 지켜졌다. 팔레스타인의 추수기는 북유럽, 서유럽, 중앙유럽, 그리고 대부분의 북아메리카 지역의 추수기 보다는 좀 더 일렀다. 이 절기는 속죄일 바로 후인 일곱 번째 달 제 15일에 시작되어, 7일간 계속되었다(출 23 : 16; 레 23 : 33-43). 백성들은 이때가 되면 들에 나가 살았다. 오늘날로 말하자면 야영생활을 하였다. 9월 말에서 10월 초 사이 이곳의 날씨는 늘 좋다. 여름 더위가 끝나고, '이른 비'는 몇주 후에나 있게 된다. 또한 농작물은 한창 추수기에 있어서, 보리 추수가 5월에 있었고, 몇 주 후에는 무화과, 올리브, 포도(주) 등의 추수가 있게 될 시기이다. 이처럼 이 기간은 가족들이 쉬며 휴가를 즐기고, 민족적으로 즐거워하는 한 주간이었다(신 16 : 13-15). 이 절기는 구약에 나오는 유대 절기 중 맨 마지막 절기였다.

신약 시대가 막을 열기 전까지 유대인들은 이외에도 부림절(the feast of Purim)과 성전 제단 봉헌 축제일(the feast of Dedication)을 지켜왔다. 부림절의 기원은 에 9장과 10장에서 볼 수 있다. 이 절기는 순례절기(a pilgrim feast)가 아니었다. 이 절기를 볼 때, 종교적인 절기이기 보다는 국가적인 절기였다. 이 절기를 지키는 일(열두번째 달 아달월 즉 오늘날로 말하자면 5월

14일과 15일)이 신(神) 이스라엘 국가에서 대단한 인기를 얻어왔다. 이에 관한 언급이 에스더서 외에는 성경 아무 곳에도 없다.

성전 제단 봉헌 축제일(The Feast of Dedication [or Lights])은, 안티오커스 에피파네가 더럽힌 성전을 다시 사용할 수 있도록 정화하여 여호와께 헌납한 B.C. 164년 그날을 기념하는 절기이다. 이 절기는 제 아홉 번째 달인 키스레브(12월)월 제 25일에 시작하여, 8일간 계속되었다. 그 기원은 아포크리파(the Apocrypha; 마카비 1서 4 : 56-59과 마카비 2서 10 : 6)에 기록되어 있다. 요세푸스는 이 절기가 처음부터 '빛의 축제(Lights)'로 불렸다고 말하며, 또한 이 절기를 즐거운 축제로 묘사하였다(Antiquities Ⅻ, vii, 7). 이날이 되면, 오늘날에도 그렇게 하고 있지만, 촛불과 등잔불, 그리고 손전등 등으로 집과 성전을 우선적으로 밝게 비추었다. 이 절기가 크리스마스와 같은 날에 지키지기 때문에, 학자들은 크리스마스 절기를 비롯한 많은 그리스도인들의 그러한 행사들이 이 절기에서 유래한 것으로 생각해 왔다. 이 절기는 성경에 단 한번 나온다(요 10 : 22, 수전절).

최후의 만찬(Last Supper) 이 말은 성경에 없다. 그러나 이 말은 예수님이 십자가에 달리시기 전날 밤 유월절 음식을 드신 것을 기념하는 말이다. 그것을 교회가 최초의 교통(communion), 혹은 성찬식으로 생각하는 것으로 바꾸어 놓으신 것을 '최후의 만찬'으로 지칭하는 것이다(마 26 : 17-29).

축복하다, 복(Bless, Blessing) '축복하다'는 단어와 그 파생어가 신구약에서 "행복하다"(창 30 : 13, "기쁘다")는 단어와 동의어로 쓰인다. 마 5 : 3-12에 나오는 팔복에서 그런 뜻을 지닌다. 하나님께 대한 감사를 나타내기도 한다(마 26 : 26). 누군가를 축복하는 것은 그 사람에게 하나님의 은총이 임하기를 구하는 것이다(시 129 : 8). 복은 하나님이나 사람에게서 받는 선물이다. 수 15 : 19에서는 이 히브리어가 "특별한 은총"("복")으로 번역되었다.

춤(Dance) 구약에서 춤은 흔히 종교적인 성격을 띠었다. 이교의 영향이 있는 곳을 제외하고는, 남녀가 떨어져서 율동적이고 잘 어울리는 몸놀림으로 춤을 추며 하나님 앞에서 영적 기쁨이나 헌신을 표시하였다. 민족이 해방되었을 때나 전쟁에서 승리를 거둔 후, 여러 종교적 절기 때에 여자들이 춤을 추었다(출 15 : 20; 삿 21 : 19-21; 삼상 18 : 6). 춤에는 기악 연주와 성악 연주가 따랐다(삿 11 : 34). 다윗이 언약궤 앞에서 춤을 추었고, 다른 때에는 사람들이 여호와를 찬양하면서 부리시어 춤을 추었다(삼하 6 : 16; 시 149 : 3). 신약에는 아이들이 다른 아이들에게 소리지르기를 "우리가 너희를 향하여 피리를 불어도 너희가 춤을 추지 않는다"고 하는 이야기가 있다(마 11 : 17). 방탕한 자식이 집으로 돌아왔을 때 춤을 추는 일이 있었고, 살로메가 헤롯 앞에서 춤을 추었다(눅 15 : 25; 막 6 : 21, 22).

충만(Fullness) 문자적인 뜻은 어떤 것이 다 차다는 뜻이다(신 33 : 16). 그리스도는 하나님의 화신(the incarnation)이다(골 1 : 19; 2 : 9). 바울이 "그리스도인들이 그리스도의 장성한 분량이 충만한데까지 이르리니"라고 말하였을 때, 그가 한 이 말은 그리스도인의 특성의 원숙한 성장이 그리스도 안에 있게 된다는 사실을 이야기 하고 있는 것이다.

치유, 건강(Healing, Health) 성경에서 '온전한' 또는 '완전한' '안녕한' 또는 '안전한' '평안한' 상태의 본적인 개념을 담은 건강을 언급하기 위해 히브리 낱말과 헬라 낱말을 여섯 개 이상 사용했다. 신약과 구약에서 이 단어들 중 하나가 어떤 경우에는 "구원"으로 번역되었다. 구약에서 이 단어는 "여호수아" "예수"와 동일한 어근이다. 이 낱말은 흔하게 "구원"으로 표현된다(시 3 : 8; 빌 1 : 19; 행 7 : 25). 육체적 구원과 구출—건강의 회복도 포함하여—을 언급하는 것으로 사용된 경우도 많다(사 33 : 2; 욘 2 : 9; 삼상 2 : 1; 사 25 : 9). '건강'을 표시하는 낱말이나 개념이 비유적으로도 사용되었고, 영적인 건강과 치유의 의미로도 사용되었다(렘 30 : 17; 벧전 2 : 24; 마 13 : 15).

치유는 기관(器官)이나 정신적인 병의 회복일 수 있다. 필시 대부분의 경우에는 이런 치료가 자연적인 방법에 의한 것이었을 것인데, 그 이유는 그때는 질병의 원인에 대한 과학적인 지식이 부족했고, 또 의약이나 치료에 대한 지식이 부족했기 때문이다. 그러나 신구약에 나타난 것을 보면 많은 경우, 치유가 기적에 의해 이루어졌고, 그 치유에 하나님이 직접 개입하시거나 그의 종을 통하여 이루어졌다(민 12 : 9-16; 왕하 4 : 32-37; 눅 4 : 40; 7 : 11-15; 행 3 : 1-8, 16; 9 : 36-40; 28 : 8). 이러한 것들은 꼭 치료를 위한 것만은 아니다. 그것들은 치료자의, 그와 하나님과의 관계의, 하나님의 능력의 증거를 위한 것이 목적이다. 하나님께서 선지자들을 통하여 세상에 말씀하시던 시대의 마지막 무렵과 성경이 다 기록된 시기에는, 이런 기적적인 현상이 비록 끝난 것은 아닐지라도 그 빈도수가 훨씬 줄어들었다.

반드시 짚고 넘어가야 할 건강에 관한 한 가지 문제는 보건 위생에 관한 것이다. 모세 오경에는 음식의 선택과 검사, 정한 음식과 불결한 음식, 도살 방법, 전염성 질병에 관한 지시, 하수 오물과 사체 처리, 물 공급, 목욕, 개인과 공중 위생에 관한 풍부한 정보가 들어 있다. 어떤 사람이 그 지시대로 따르면 훌륭한 정신 건강을 유지할 수 있으며, 보다 가난한 사람과 자기 가족에 대한 그와 같이 사려 깊은 배려에 의해 좋지 못한 정신 건강을 막을 수 있다고 제안할 수 있을 정도다.

칠칠절, 추수절, 초실절(The Feast of Weeks, Harvest, or Firstfruits) 칠칠절은 히브리어로 샤브오트라고 하며(헬라어로는 펜타코스트), 유월절 후 50번째일(7주에 하루를 더한다)에 있다. 옛날 이스라엘 사람들은 이날이 되면 '모든 소산의' 맏물을 여호와의 단 앞에 드렸다(신 26 : 2). 이날이(맥추수에 있어서는) '초실절'이지만, 초실을 드리는 일은 칠칠절에서 초막절 사이에 언제든지 드릴 수 있었다(민 28 : 26; 출 23 : 9; 34 : 22; 레 23 : 10-22; 신 16 : 9, 10; 26 : 1-11). 이 절기는 히브리력 세 번째 달인 시반월에 있게 된다. 이 달은 비(非)유대인들의 월력으로 하자면 5월이나 6월에 해당한다. 신약의 그리스도인들에게는 이 절기가 오순절(Pentecost)로 알려졌다(행 2 : 6; 20 : 16; 고전 16 : 8).

타락(Fall) 아담과 하와가 하나님을 불순종한 사건을 가리키는 말로, 이 일로 인해 그들 자신이 죄를 지었을 뿐만 아니라 보통 생육법으로 태어나는 그들의 모든 후손들에게 죄를 전가하였다. 이에 관한 기사가 창 3장에 있고, 그 해석이 롬 5 : 12, 17, 18절에 있다.

터(Foundation) 대체로는 어떤 건물이 서있는 기초를 말하지만, 많은 경우에 은유적으로 사용된다. 예를 들면, '창조'를 가리켜 세상의 기초라고 한 말씀(마 13 : 35)이나, 예수 그리스도는 그리스도인의 믿음의 기초가 된다는 말씀(고전 3 : 11), 그리고 바울은 많은 교회의 기초를 놓았다고도 하며(고전 3 : 10), 따라서 교회는 그리스도 위에 세워질 뿐만 아니라 선지자들과 사도들의 터 위에 세워진다라는 말씀(엡 2 : 20) 등이 있다.

파루시아(Parousia) 그리스도의 오심, 특히 재림을 가리키는 데 쓰인 "도래" 혹은 "임재"라는 의미의 헬라어(고전 1 : 8 ; 15 : 23 ; 살후 2 : 8 ; 벧후 1 : 16).

평강(Shalom) "샬롬"은 평화와 온전함이라는 의미의 히브리어로서, 하나님께서 주시는 '하나님, 세상, 이웃, 그리고 자신'과의 화목을 통해 얻는 삶의 풍족함을 의미한다.

평화(Peace) 이 단어는 인사 말로 쓰이기도 하고, 사람과 사람, 사람과 하나님의 관계, 혹은 사람의 자기 자신과의 관계의 안정됨을 가리키는 말로 쓰이기도 한다(왕하 9 : 17-31 ; 막 4 : 39 ; 눅 10 : 5 ; 수 9 : 15 ; 욥 22 : 21 ; 사 57 : 21 ; 민 6 : 26). 바울은 가리키기를, 우리와 하나님 간의 평화가 예수 그리스도를 통해서 이루어졌다고 한다(롬 5 : 1 ; 골 1 : 19-20). 세상의 궁극적인 평화는 하나님 나라가 완성되는 날에 임할 것으로 성경은 예언한다(사 9 : 6-7 ; 11 : 6-9 ; 미 4 : 1-4).

포로됨(Captivity) 성경에는 세 차례에 걸친 포로됨이 나온다. 한 차례는 모세와 여호수아의 인도를 받아 다시 나왔던 애굽에서 보낸 400 년간이었다(창 15 : 13, 14). 두 번째는 바벨론에서 지낸 70년이었다. 유대인들은 스룹바벨, 에스라, 느헤미야의 지휘를 받아 바벨론에서 돌아왔다(렘 25 : 11). 세 번째는 전세계적인 흩어짐으로 묘사된다. 이 경우에는 언제 돌아올 것이라고 하는 구체적인 때가 언급되지 않고 모든 나라에서 다시 모일 것만 명시되어 있다(신 30 : 1-5 ; 겔 36 : 24). '포로됨'이라는 단어가 사용될 때는 보통 앗수르와 바벨론에게 포로된 것을 생각한다. 북쪽 열 지파는 B.C. 722/721 년에 앗수르에게 포로가 되었고, 남쪽 두 지파 곧 유다와 베냐민 지파는 마지막 수년에 걸쳐 여러 차례 바벨론에게 강제 이송을 당하다가 B.C. 586년에 최종적으로 강제 이송되었다(왕하 25 : 1-4:8-10).

풍유(Allegory) 한 가지 주제를 다른 주제로 꾸며서 상징적으로 다루는 법. 풍유는 상징적인 이야기이다. 풍유의 가장 적절한 예를 "비유적으로" 번역된 갈 4 : 24이하(신약 헬라어 원문에는 비유로 쓰였다)에서 볼 수 있다.

풍유가 구약 시대에는 매우 드물게 사용되었다(겔 17 : 2 ; 24 : 3 ; 20 : 49). 신약에서는 갈라디아서의 예 외에도 많은 경우가 나온다(막 4 : 10-20 ; 고전 5 : 6-8 ; 10 : 1-11 ; 계 11 : 18). 풍유가 신약시대 이후에는 유대인들과 기독교권 안에서 광범위하게 사용되었다.

피(Blood) 구약에서 진술하고 있는 바는 피에 생명이 있다는 것이다. 따라서 피가 곧 생명이었다. 피를 먹어서는 안되었다. 속죄를 이루는 것이 피이기 때문이었다(창 9 : 4-6 ; 레 17 : 11, 14 ; 신 12 : 23). "무릇 사람의 피를 흘리면 사람이 그 피를 흘릴 것이다." 피를 바치는 것이 속죄 의식의 한 부분이었으므로 제물을 잡을 때 그 피를 제단에 뿌려야 했다(출 24 : 8 ; 29 : 12, 16, 20 ; 레 16 : 15, 16, 27). 신약에서 속죄를 이루는 것은 바로 예수 그리스도의 피이다. 이 사실은 예수의 죽음이 제사로 여겨졌고 그의 피가 속죄를 이루기 위해 쏟아졌다는 것을 뜻한다. 생명이 피에 있으므로 피를 쏟지 않고서는 죄의 용서가 있을 수 없다. 그러므로 구약 시대에는 제사를 드리려면 흠없는 어린 양의 죽음이 필요하였다. 바로 그 이유 때문에 그리스도께서 죄없는 하나님의 어린양이라고 불린다(히 9 : 11-14, 22 ; 10 : 19 ; 벧전 1 : 19 ; 요일 1 : 7).

하나님, 하나님의 성호(God, Names of Godhead) 성경 전체에서 한 분 참 하나님의 존재에 대해서는 전혀 의문의 여지가 없다. 영감된 저자들은 하나님의 존재 증명을 전혀 필요로 하지 않았다. 그들은 하나님의 본성을 추상적이고 신학적인 정의로서 설명하지 않았는데, 이는 하나님은 그 하신 일과 말씀에 의해서 잘 알려졌기 때문이다. 그럼에도 불구하고 하나님의 여러 이름에서 하나님의 본성과 인간과 모든 피조물과 하나님의 관계에 관한 많은 면들이 계시된다. 하나님은 영원한 위격이며, 만물의 유일한 최고의 창조자이며, 지혜와 의와 능력과 사랑이 완전하신 분이다. 하나님은 모든 사람의 예배와 복종과 사랑을 받으시기에 합당한 분이다.

1. 엘, 엘로힘 엘로힘은 엘의 복수이며, 구약 성경에서 가장 흔히 쓰이는 어형이다. 이것은 '하나님'으로 번역되었다. 하나님에 대한 가장 오래된 낱말인 이 단어는 하나님의 어떤 특별한 면을 구체적으로 언급함이 없이 쓰인다. 이것은 주로 이스라엘의 하나님을 지칭하나, 다른 신들에게도 쓰인다. 그리고 이방 민족들도 이 단어로 자기 신들을 표시했다. 구약성경에서 복수 명사인 '엘로힘'은 거의 대부분 단수 동사와 함께 쓰이는데, 그때 이 낱말은 참하나님을 뜻한다. 그러나 열방의 신들을 의미하는 뜻으로 쓸 때는 복수 동사를 취하고 있다. 이 복수 형태에 관한 설명이 구구하나, 그것은 하나님의 위대하심, 더 나아가 삼위일체의 삼위를 가리킨다. 그러나 이 복수 형태가 이교 문헌에서조차 발견되기 때문에, 이것은 필시 한 인물 안에 여러 신적 능력들 또는 사람들이 완전히 신성한 것으로 생각하는 존재들이 집중되어 있는 것을 가리킬 것이다. '엘로힘'은 보다 저급한 존재들을 묘사할 경우에도 사용되었다. 70인역과 흠정역(KJV)은 시편 8 : 5의 엘로힘을 "천사(들)"로 번역하였다. NIV는 그것을 "천상적 존재들(heavenly beings)"로 번역하였다. 그것은 사사와 같은 인간 지도자를 의미하기도 했다(삿 21 : 6 ; 시 82 : 6).

단수 엘(El)은 흔히 보다 서술적인 직함과 결합되어 쓰인다. 즉, 엘 로이(El Roi)는 "감찰하시는 하나님"(창 16 : 13), 엘 샤다이(El-Shaddai)는 "전능하신 하나님"(창 17 : 1 ; 출 6 : 3)이라는 뜻이다. 엘은 또한 사람들의 이름에도 쓰였다. 예컨대, 엘르아살은 "하나님은 도우시는 분이다"(출 6 : 25), 엘하난(El-hanan)은 "하나님은 은혜로우시다"(대상 20 : 5)라는 뜻으로 쓰였다.

2. 야웨(Yahweh) 흠정역(KJV)은 여호와로 표기하며, RSV와 NIV 성경은 주(Lord)로 번역하고 있다. 히브리어 성경에는 네 자음 JHVH로만 되어 있다. 여호와(Johovah)에서 모음들은 히브리어 아도나이(Adonai, 주)에서 취한 것이며, 야웨(Yahweh)의 모음은 개연적인 추정에 의한 것이다. 흠정역과 RSV에서는 야웨가 나타나

주로 대문자인 '주'(Lord)로 번역되었다(→'주') 야웨는 이스라엘 백성 가운데서 하나님에 대한 독특한 명칭이다. 하나님은 바로 이 이름으로서 이스라엘 백성들에게 자신이 언약의 하나님 곧 이스라엘을 자신의 특별한 소유된 백성으로 삼은 하나님인 것을 계시하셨다. 하나님께서 아브라함과 언약하셨을 때, 엘 샤다이 라는 이름으로 자신을 계시하셨으며(창 17 : 1, 2), 또한 이삭과 야곱에게도 그 이름으로 자신을 나타내셨다(창 28 : 3 ; 35 : 11). 그러나 발전된 국가와 언약의 관계를 수립하게 되었을 때, 하나님은 야웨("주")란 이름을 사용하셨다(출 6 : 2-9). 야웨란 이름이 아브라함이나 심지어는 그의 선대에도 알려진 바가 없다는 의미가 아니라(창 15 : 7) 아브라함의 언약성 때문에 하나님이 아브라함에게 능력의 하나님으로 오셨고, 이스라엘 국가(백성)에게는 사랑의 하나님으로, 하나님이 그들에게 스스로 얽매이셔서 언약을 신실히 지키시는 영원한 하나님으로 오셨다. JHVH의 정확한 의미는 단정할 수 없으나, '존재'의 개념이 그 이름의 근간이 되는 것은 분명하다. 동일한 어근을 가진 낱말이 출애굽기 3 : 14의 "나는……있느니라"에서 발견되는데, 그러나 이때에 히브리어 단어는 EHYEH이다. 이 말은 아마 15절에서 사용된 야웨란 이름의 내용 중 어떤 것을 가리키고 있는 "나는……일 것이다(I will be)"이다. 이 이름은 이스라엘의 모든 세대가 기억해야 할 하나님의 이름이다. 그리고 하나님은 항상 이 이름으로 그들에게 참 믿음과 순종으로 돌이킬 것을 요구하셨다. 에스겔 36 : 22-38에서는 결합된 형태로 나타난다. (→"주 여호와"[Sovereign Lord], "주")

3. 전능자 엘 샤다이("전능하신 하나님")는 하나님에 대한 명칭으로 가장 오래된 것 중의 하나다. 샤다이는 주권적인 능력을 의미할 것이다. 이 낱말은 구약에서 약 55번이 쓰였는데, 그 중 욥기에서 31번이 나온다. 욥기에서는 항상 단순한 형태인 '전능자'(the Almighty)로 나타난다. 70인역은 샤다이를 'pantokrator' 즉 "전능한"으로 번역했는데, 신약에서는 이 낱말이 바울에 의해 한 번 쓰였고(고후 6 : 18), 그리고 요한계시록에서 8번 쓰였다.

4. 주(Lord) 주란 단어는 히브리어의 다른 두 낱말 곧 아도나이(Adonai)와 야웨(Yahweh)를 모두 포함하는 말이다. 아돈(Adon)은 보통 사람들에게 존경의 표시인 '~님' 또는 주인의 의미로 썼다. 복수인 아도나이(Adorai)는 최고의 주인이신 하나님을 묘사하는 말로서, 영어 성경에서는 'Lord'(주)로 쓰고 있다. 대문자 Lord는 히브리어 JHVH를 번역한 것이다. 유대인들은 후기에 와서 성호 야웨에 대해 지나칠 정도의 존경을 표시하여 그 이름을 부르지 않고 그 대신 아도나이로 음역하였다. 그래서 70인역은 그 낱말을 퀴리오스(Kurios)로 번역하였고, 그 결과 아도나이란 낱말의 번역과 아무런 차이가 없게 되었다. 영어에서는 "주"(Lord)가 야웨를 표시하기도 하고 아도나이를 표시하기도 한다. NIV 성경에 자주 나오는 주 여호와(Sovereign Lord)는 Adorai JHVH 또는 Lord Lord의 번역이다(겔 36 : 22 이하). 신약에서 예수님이 처음에 존경의 뜻으로 주님이라 불렸다. 그러나 그의 신적 영광이 드러남과 함께 주란 칭호는 야웨와 동등한 의미로 그에게 쓰였다. 구약에서 야웨를 지칭한 낱말들이 신약에서 그리스도에게 그대로 쓰이기까지 했다(히 1 : 10-12).

전능하신 하나님 (God of the Almighty)이 다른 번역 성경에서는 만군의 주로 번역된다. 일찌기 "만군, 전능의"는 이스라엘 군대 또는 하나님이 부리시는 영적 군대를 의미하는 것으로 사용되었다.

선지자들에 의해 사용된(282번) 그 칭호의 완전한 의미는 우주의 모든 능력들을 통제하시는 하나님을 나타낸다(사 6 : 5 ; 마 1 : 14)

5. 아버지 하나님의 부성으로 하나님께서 자기 백성을 아버지와 같은 사랑으로 돌보시는 것이 구약 전반에 계시되었다. 하나님이 아버지라는 사상은 그들의 창조주로써 하나님께 대한 그들의 의존과 그에 따른 하나님과 서로간에 대한 책임과, 택하신 백성과의 하나님의 언약 관계를 묘사하는 데만 쓰인다(출 4 : 22-23 ; 호 11 : 1 ; 말 1 : 6). 하나님은 분명히 창조주이며 열방의 주이지만, 구약 성경의 이 구절들은 하나님이 특별한 인격적인 관계란 점에서 모든 사람의 아버지라는 것을 말하는 것이 결코 아니다. 이 말들은 주로 이스라엘과 관련하여 쓰였다. 하나님의 부성이 충분하게 드러난 것은 예수님을 통해서였다. 예수님은 하나님을 가리켜 '나의 아버지'(마 7 : 21)라 부르시고, 제자들에게 '너희 아버지'라는 말씀을 여러 번 하셨는데, 그러나 스스로 '우리 아버지'란 말씀을 하신 적은 없다. 이는 성부와 그 자신의 관계가 독특하기 때문이다(마 11 : 27). 예수님의 기도는 자기 아버지께 말씀드리는 한 아들의 기도이며(눅 10 : 21, 22 ; 막 14 : 36 ; 눅 23 : 46), 우리의 기도도 그와 동일하다(마 6 : 6-9). 하나님의 부성의 본질은 산상보훈에 잘 나타나 있는데(마 5 : 43-7 : 11), 6 : 32의 "너희 천부께서 이 모든 것이 너희에게 있어야 할 줄을 아시느니라"는 말씀으로 요약되었다. 여기에는 믿음과 자녀로서의 순종이 요구되며(마 7 : 21-23), 또한 아버지로서의 징계가 수반된다(히 12 : 5-11). 백성들은 아버지가 행하시는 그대로 행함으로써 하나님의 참된 자녀인 것이 입증된다(마 5 : 43-48). 하나님께서 악인과 선인에게 다 같이 친절하다는 사실이 곧 하나님이 만인의 아버지란 의미는 아니다. 그리고 성경에도 그런 암시는 없다. 이러한 관계는 오직 독생자 예수 그리스도를 믿음으로 말미암아 새 사람이 되어 하나님의 권속이 된 때에만 성립되는 것이다(요 1 : 12, 13 ; 3 : 6-8 ; 벧전 1 : 22, 23 ; 빌 2 : 15).

6. 성신, 하나님의 신 "신(영)"이란 말은 생령을 가리킨다. 하나님의 신은 세상과 사람 가운데 활동하는 하나님의 살아 있는 기운이다. 하나님의 신은 맨 처음 창조시에 혼돈에서 질서를 내셨고(창 1 : 2), 지혜와 재주를 주셨고(출 31 : 3), 힘(삿 13 : 5 ; 14 : 6)과 예언(삼상 10 : 10 ; 16 : 13, 14)을 주셨고, 예언 사역을 감당하게 하셨다(미 3 : 8). 이 성신을 부어 주심이 더 이상 특정한 개인들이 아니라 모든 하나님의 백성에게 장차 있을 것을 약속하셨는데(욜 2 : 28, 29), 오순절날에 이 일이 성취되었다. 성(聖)신이란 명칭이 이사야 63 : 10, 11에 나오는데, 그렇게 말하는 이유는 하나님이 거룩[聖]하신 분이고 성신은 하나님의 신이기 때문이다. 하나님의 거룩성은 그분의 독특한 신적 속성들의 총체이다. 따라서 성신이란 칭호는 성신도 신적인 분이란 것을 가리킨다. 하나님은 지고의 인격이기 때문에 하나님의 신의 활동도 반드시 인격적이다. 그러나 구약에서는 성신이 삼위일체의 한 위란 사실이 뚜렷하게 나타나지 않았다. 비록 이런 사실을 암시하는 것들이 여럿 있기는 하지만 말이다(사 48 : 16 ; 63 : 14). 신약에서 성신의 활동은 현저하게 나타난다. 처음에 구약에서는 예언의 신으로 간주되었다. 마지막 선지자 세례 요한은 출생에서부터 성신으로 충만하였다(눅 1 : 15). 성신에 의해 사가랴는 예언했다(눅 1

: 67) 예수님은 성신으로 잉태되었으며(눅 1 : 35), 그의 사역도 성신으로 준비되었다(눅 3 : 22 ; 4 : 1, 18). 예수님은 성신으로 세례받았으며(마 1 : 8), 제자들에게도 성신을 약속하셨다(눅 11 : 13 ; 행 1 : 4, 5). 요한복음에서 성신의 역할은 확대되어 나타나는데, 새 생명을 창출하고(요 3 : 5-8 ; 7 : 38, 39), 특히 예수님이 아버지께로 돌아가시고 그 자리를 대신 맡게 된 것이 부각된다(요 14 : 16-18, 26 ; 15 : 26 ; 16 : 7-15). 이 구절들에서 성신이 신적이고 인격인 것이 선명하게 드러난다. 그분은 '다른 보혜사'(상담자)인데, 예수님이 처음 보혜사이다(요 14 : 16). 성신은 예수님이 이미 하신 일을 그들을 위해 하실 것이며, 더 나아가 예수 그리스도에 관한 진리를 밝히 드러내시고 세상에 확신을 주심으로써 이제 그들 안에서 일하실 것이다(요 14 : 17). 성신에 의해 제자들은 예수 그리스도의 효과적인 증인이 되었다(행 1 : 8 ; 5 : 32 ; 고전 2 : 4, 5). 그리고 여러 방식으로 그들의 삶에서 하나님의 능력을 증거하였다. 성신이 한분 하나님 안에서 한 위란 사실이 사도행전 5 : 3-5에서 확증되는데, 이 구절에서 보면, 아나니아는 성신 곧 하나님을 속이려 했다. 성신의 인격적인 활동은 사울과 바나바를 파송하고(행 13 : 2-4), 그들의 사역을 지시하는 데(16 : 6)서 나타난다. 또한 성신께서 택하여 세운 자들에게 특별한 능력을 부여하는데서도 나타난다(고전 12 : 4-11). 하나님께서 이방인들을 구원으로 받아들였다는 표시로써 그들에게 성신을 허락하셨던 것이다(행 10 : 44-47). 거룩한 품성이 사람 마음 가운데 생긴 것은 성신으로 말미암은 것이다(갈 5 : 22, 23).

7. 알파와 오메가 이 낱말들은 헬라어의 맨 처음과 맨 끝 철자이다. 그 명칭은 하나님은 영원하시다는 것을 가리킨다. 그에게는 이전도 이후도 없다. 따라서 만물이 그분의 통제하에 있다. 그분은 전능자이다. 성부 하나님과 예수님 두 분이 똑같이 이 칭호를 주장하신다(계 1 : 8 ; 21 : 6 ; 22 : 13, 16).

8. 메시야 '메시야'란 낱말은 요한복음 1 : 41과 4 : 25에만 나온다. 이 히브리어는 다니엘 9 : 25-26에서 "기름 부음을 받은 자"로 번역되었다. 이 히브리어는 "기름 부음"을 뜻한다. 사람에게 기름을 부음으로써 특별한 사역 곧 대제사장(제 21 : 22), 왕(삼상 24 : 6, 10), 선지자(시 105 : 15)로 성별되었다. 후기에는 이 칭호가 하나님께서 수세기 동안 자기 백성의 회복과 구원을 위해 약속하신 위대한 구원자에게 적용되었다. 이 약속은 예수님에게서 성취되었다. 그래서 그를 '그 그리스도'라고 불렀다(그리스도는 메시야에 해당하는 헬라어이다. 요 1 : 41). 구약 에서 이 인물은 신적 능력을 소유하고 있다는 것을 암시하고 있다(시 110편 ; 72 : 5-7). 신인(神人)인 예수님은 기름 부음을 받은 제사장, 선지자, 왕의 직무를 완전하게 성취하셨다. 사도들은 이 예수님이 대망하던 그 그리스도일 뿐만 아니라 주(하나님의 이름)라고 선포했다(행 2 : 36 ; 17 : 3).

9. 하나님의 아들 이스라엘은 장자로 불렸다(출 4 : 22-23 ; 호 11 : 1 ; 1 : 10). 천사들이 또한 하나님의 아들로 불렸다(욥 38 : 7). 후기에 구약 외의 작품들에서 대망의 메시야에게 이 칭호가 사용되었다. 따라서 이 명칭은 하나님과의 특별한 관계를 암시한다. 그런데 베드로가 "주는 그리스도시요, 하나님의 아들이니이다"라고 고백했을 때, 그는 하나님만이 그에게 계시할 수 있는 그런 높은 진리를 발하였다(마 16 : 16, 17). 이 칭호는 구약에서 담고 있던 의미보다 더 풍부한 것이었다. 이 분은 그 자신이 신이면서 하나님과 독특한 관계에 있는 영원한 아들이었다. 신성과 인성의 결합은 그의 독특한 출생에서 확증되었다. 그때 천사가 마리아에게 "나실 바 거룩한 자는 하나님의 아들이라 일컬으리라"(눅 1 : 35)고 말했다. 마귀는 예수님의 신적 본성을 깨달았는데, 그는 말하기를, "네가 만일 하나님의 아들이어든 명하여 이 돌들이 떡덩이가 되게 하라"(마 4 : 3 ; 참조 8 : 29)고 했다. 예수님의 제자들은 예수님이 바람과 파도를 잔잔케 하시는 창조주의 능력을 보았을 때 두려움 가운데 이 칭호를 사용했다(마 14 : 33). 요한복음의 목적은 '예수가 하나님의 아들 그리스도이심'을 믿게 하려는 것이다(요 20 : 31). 따라서 이 복음서에 예수님의 신성이 가장 완전하게 계시되었다. 독생자(one and only son)란 말은 하나님의 아들로서 예수님이 참된 신인 것을 확실하게 보여 준다(요 1 : 14, 18 ; 3 : 16). 본래 그 말이 의미하는 것은 그 아들이 아버지에게서 났다는 것이 아니라 그의 아들됨이 독특하고 신적이란 것이다. 예수님은 스스로 하나님의 아들이란 말씀을 거의 쓰지 않으셨고, 다만 다른 사람들이 그렇게 말씀하실 때 승인하셨다(마 16 : 16 ; 26 : 63, 64). 사도들에게는 그 칭호가 예수님이 자기들의 최고의 믿음과 경배의 대상이며, 영원한 구원의 근원이라는 의미였다(롬 1 : 3, 4 ; 갈 2 : 20).

10. 인자 이 명칭은 예수님이 자신에 대해 가장 즐겨 쓰신 것이다. 이 말은 단 7 : 13-4에서 유래된 것 같은데, 거기에 이런 말이 있다 ; "인자 같은 이가……그에게 권세와……주고……영원한 권세라." 예수님은 자신을 가리켜 메시야란 칭호를 쓰지 않으셨는데, 이는 사람들이 메시야는 곧 정복하는 전사 ― 왕이라고 생각했기 때문이었다. 인자란 칭호는 메시야적 개념을 상당히 많이 내포하고 있으면서도(다니엘서에서 처럼) 사람들의 잘못된 기대에 휩쓸릴 위험이 없었다. 예수님이 그 이름을 쓰신 것은 그의 고난과 부활로 오심(막 8 : 31)과 그의 신적인 영광과도 관련이 있다. 인자는 하나님만이 하실 수 있는(막 2 : 7-10) 죄를 사하는 권세가 있다. 그는 안식일의 주인이다(막 2 : 28). 그는 또한 영광으로 다시 오셔서 보좌에 앉으실 것이다(마 16 : 27 ; 24 : 30 ; 25 : 30). 그 명칭은 그의 인간 생활의 실체와 그의 신적 신분의 가장 높은 권위를 겸비하고 있다.

11. 말씀(The Word) 헬라어 로고스가 요 1 : 1-14에서 "말씀"으로 번역되었는데, 이 의미는 말뿐만 아니라 말의 내용, 이성, 발언한 말에 표현된 지혜를 가리킨다. 사람의 말이란 자기 생각을 이야기하는 것이다. 그분의 인격 그 자체는 그의 말에서 나타나며, 그 말로써 그의 목적들이 발효된다. 하나님의 아들이 예수님의 인격으로 세상 안으로 오셨을 때 보이지 않는 하나님의 인격이 보이게 나타났으며 그분의 구원하시는 목적이 발효되었다. 그러므로 예수님은 정확히 '말씀'으로 불려진 것이다. 그는 하나님과 인간 사이에 있는 중간 존재가 아니다. 그는 하나님이되, 성부 하나님과 동일한 분은 아니다. '말씀은 하나님'이었다. 그러나 그와 동시에 '말씀은 하나님과 함께 계셨다'(요 1 : 1). 말씀으로 하나님은 천지를 지으셨는데, 그 까닭은 "여호와의 말씀으로 하늘이 지음이 되었으며 그 만상이 그 입 기운으로 이루었도다"(시 33 : 6, 9)라고 했기 때문이다. 이와 똑같이 요한은 말씀에 대해서 쓰기를, "만물이 그로 말미암아 지은 바 되었으니"라고 했다(요 1 : 3). 헬라와 유대인 철학자들도 이 로고스란 말을 사용했지만, 요한이 이 말을 그들에게서 얻어낸 것은 아니다. 하나님의 아들에 해당하는 이 칭호의 기원은 오히려 시편 33편과 잠언

8장과 같은 구약에 있다. 잠언에서는 지혜가 그의 창조 능력에 있어서 거의 하나님과 동등한 인격으로 간주되었다. "옛적에 선지자들로 여러 부분과 여러 모양으로 우리 조상들에게 말씀하신 하나님이 이 모든 날 마지막에 아들로 우리에게 말씀하셨으니…… 저로 말미암아 모든 세계를 지으셨느니라" (히 1 : 1-2).

하나님의 나라, 천국(Kingdom of God, Kingdom of Heaven) '하나님의 나라'는 신약, 전반에서 보다 일반적인 용어이며, '천국'은 마태복음에 국한되어 나타난다. 어떤 이들은 이 이유를 설명할 때 이 두 가지를 대조적인 의미로 해석하여, 하나님의 나라는 신생에 의해서만 들어가는 우주적인 나라인 반면, 천국은 지상에 건설되는 메시야적인 하나님의 나라일 뿐이라고 한다. 또 다른 해석에 의하면, 이 두 낱말의 의미는 거의 동일하다고 말하고 있다. 이 두 낱말은 사실상 동의어라고 보는 것이 대다수의 의견이다. 후자의 이런 입장은 많은 전천년주의자들이 주장하는 바이며, 따라서 그런 입장을 고수하기 위해, 그 구별이 반드시 필요한 것은 아니다. 하나님의 나라는 지금 여기 사람들의 마음속에 있으며, 장차 하늘에서 영원한 나라가 되기 전에 얼마 동안 지상에 문자적으로 건설될 것이다(마 12 : 28; 요 3 : 3; 5-7; 고전 15 : 24-26).

하나님의 백성(People of God) 구약에서 이 말은 이스라엘의 하나님과 이스라엘의 관계를 가리키며, 신약에서는 그와 동일한 것을 가리키기도 하고, 하나님과 교회간의 관계를 가리키기도 한다 (민 11 : 29; 삿 5 : 11; 삼상 2 : 24; 말 3 : 16-17; 롬 11 : 1-2; 고후 6 : 14-18; 벧전 2 : 9-10).

하나님의 이름을 훼방함(Blasphemy) 말이나 행동으로 하나님의 이름과 활동, 혹은 계심을 더럽히고 모욕하는 일. 이 단어가 때로는 "저주하다" 혹은 "욕하다"로 번역된다(왕상 21 : 10,13; 사 52 : 5; 겔 20 : 27; 36 : 20). 이에 대한 형벌은 돌로 쳐죽이는 것이었다(레 24 : 16).

할렐루야(Hallelujah) 성경에 많이 나오는 이 단어는 본래 형태 그대로 여러 나라 말로 음역되었다. 이 히브리어는 두 부분으로 구성되었다. 즉, "너희는 찬양하라"는 의미의 '할렐루'(hallelu)와 주 또는 하나님에 해당하는 낱말의 단축형인 '야'(ya)로 되어 있다.

할례(Circumcision) 난 지 팔 일째 된 남자 아이의 포피(包皮)를 베어내는 의식. 이 의식은 블레셋을 제외한 이스라엘 주변 국가들도 행하였다. 이스라엘 사람들에게 이 의식은 하나님과 이스라엘 사이에 맺은 언약의 표시였다(창 17 : 9-14). 유월절을 지키기 원하는 이스라엘 노예와 타국인도 할례를 행해야 했다(창 17 : 13; 출 12 : 48-49). 초기 그리스도인들은 유대인들이었던 까닭에 모두 할례를 받았을 것이다. 이 의식이 초대 교회에서는 유대교에서 개종한 사람들에게 계속 행해졌다. 바울이 디모데를 할례받도록 하였는데, 그의 어머니가 유대인이었기 때문이다(행 16 : 3). 이방인들 가운데서 개종한 사람들에게 이 의식을 행하던 것을 중단하기 전에 초대 그리스도인들 사이에 열띤 논쟁이 있었다. 바울은 디도를 할례받도록 하지 않았다(갈 2 : 3). 구원받으려면 모세가 가르친 관습대로 할례를 받아야 할 필요가 있는지를 논하기 위해 예루살렘에서 교회 회의가 소집되었다. 결정된 내용은 그럴 필요가 없다는 것이었다. 그리고나서 이 의식은 점차 사라졌다(행 15 : 1-31).

해방의 해(Release, Year of) 전국의 모든 백성에게 자유를 선포하는 해. 즉 희년(禧年, the Year of Jubilee)이다. 매 50년 마다 돌아 온다(레 25 : 10; 겔 46 : 17). 이 해가 되면, 유대인에 의하여 종되었던 유대인에게는 자유가 주어지고, 본래 주인이 아닌 유대인이 경작하던 전답은 본래 주인에게 되돌려진다. 어떤 사람들은 제 7년, 즉 안식년도 해방의 해로 생각하는데, 이는 초기의 잘못된 번역본에 근거한 오해임이 분명하다. 안식년은 단지 빚을 탕감해 주는 해일 뿐이다(신 15 : 1-3).

향(Incense) 불에 태우면 향기로운 냄새를 발하는데, 종교적 예배에나 귀한 인물을 대접할 때 사용되었다. 하나님께 대한 예배용으로 향을 사용하는 방법이 율법에 규정되어 있으며, 다른 목적을 위해 이 방법을 쓰지 못하도록 금했다(출 30 : 34-38). 지성소와 성소를 구분하는 휘장 정면에 정금으로 입힌 향단을 두었다. 여기서 아론과 후대 이스라엘의 대제사장은 매일 향을 불살랐고, 속죄일에는 이 향을 들고 휘장 안으로 들어갔다(출 30 : 1-9; 레 16 : 11-14 이하).

형벌(Punishment) 성경에는 여러 형태의 형벌이 언급되어 있다. 가장 자주 언급되는 형벌은 죽음으로서 그 형벌에 해당하는 행위는 다음과 같다. 우상 숭배, 간음, 신성 모독, 마술, 유괴, 부모에게 대한 반역, 그리고 그 외의 범죄들. 이런 행위들에 대해서는 돌로 쳐 죽임, 불태워 죽임, 칼로 죽임, 톱으로 썰어 죽임. 이렇게 처형한 뒤에도 그 죄에 대해서 더 모욕을 주거나 저주를 할 경우에는 시체를 죽은 날 저녁 해질 때까지 매달아 두었다(레 20 : 2,10,14; 24 : 16; 출 22 : 18; 21 : 15-17; 32 : 25-28; 신 22 : 23,24; 히 11 : 37). 사형이하의 형벌 형태는 다음과 같다 채찍질, 쇠붙이로 신체의 일부를 절단함, 벌금이나 보상금을 지불하게 함(신 22 : 18,19; 25 : 2,4; 고후 11 : 24; 삼하 12 : 31; 출 21 : 23-25, 30).

형벌은 재판관들과 그들의 임명을 받은 사람들에 의해 집행되는 것이 일반적이었으며, 살인죄의 경우 재판관이 피고의 유죄를 선언한 뒤 피해 당사자의 가족이나 친족(피의 보수자, 수 20 : 5)에 의해서 집행되는 경우도 있었다. 하나님께서는 때에 따라서 직접 형벌하기도 하신다(창 4 : 9-16).

신약은 그리스도 안에 나타난 하나님의 사랑을 배척하는 자들에게 영원히 꺼지지 않는 불, 멸망, 형벌을 언급한다(마 25 : 31-46; 요 3 : 16-19).

혼인(Marriage) 남자와 여자의 결합은 최초로 에덴 동산에서 아담과 하와 사이에 있었던 일이다. 이 결합은 다른 모든 사람들의 전형이 되었다(창 2 : 24; 마 19 : 4-6). 남자의 아버지는 아들의 배필이 될 여자를 선택했고, 여자의 아버지는 자기 딸을 남편 될 사람에게 주었다(창 24 : 4; 29 : 23,28; 34 : 8; 수 15 : 16). 신랑은 신부의 아버지에게 빙폐(聘幣), 곧 신부의 몸값을 주었다(창 31 : 15; 출 22 : 17; 삼상 18 : 25). 신부의 아버지는 보통 자기 딸에게 "지참금"을 주었는데, 그 내용은 재산 혹은 여종이었다. 이것은 그녀의 돈이나 재물로서, 만일 그녀가 남편에게 상속할 아들을 낳아주지 못할 경우 첩을 얻을 비용을 부담하거나, 때로는 자기 여종을 남편에게 주었다. 고대 누주(Nuzu)에서 발견된 앗수르인들의 문서 보관소로부터도 알려진 이런 형태의 법률은 아브라함과 사라, 하갈의 기사에서도 나타난다(창 16 : 1-3). 결혼 지참금의 다른 예들도 성경에는 기록된다(수 15 : 18,19 ; 왕상 9 : 16). 혼인에 합의한 이후에 취하는 첫단계는 약혼 혹은 "정혼"이었다. 그러나 이것은 그 이후에 있을 결혼 자체와 동일한 것은 아니었다(신 20 : 7). 간음의 경우, 정혼한 여인은 결혼한 여자로 간주되어 처리되었다. 이것은 예수님의 어머니 마리아의 남편 요셉이 취한 행동을 잘 설명해 준다(신 22 : 23, 24, 28, 29 ; 마 1 : 18-20). 실제로 혼인할 때에는 계약이 체결되었고 하객들이 증인이 돼 주었다. 이것 역시 특별히 누주 문서들에 의해서 확인되며, 성경에도 이런 예들이 있다. 그 외에도 오늘날 근동 지역에서 여전히 볼 수 있는 다음과 같은 관행들도 혼인 예식의 일부였다 — 아름다운 옷, 장식품, 신부의 면사포, 신랑과 그의 친구들이 벌이는 잔치와 행렬, 그리고 때로는 예식장까지 신부와 그 친구들이 벌이는 행렬 등(아 3 : 11 ; 사 61 : 10 ; 창 24 : 65 ; 삿 14 : 10, 11 ; 시 45 : 14). 그 행렬에는 음악이 있었는데, 그것은 혼인 잔치를 알리는 서곡이었다(렘 7 : 34 ; 삿 14 : 10, 11).

혼인의 기능은 두 사람으로 하여금 함께 사랑하며 살게 하는 것 이상이었다. 그것은 두 사람이 자녀를 낳고, 부모로서 자녀를 하나님의 백성으로 양육하는 것이었다. 이 점에 있어서 부모의 역할은 특히 중요하며, 이것에 대해서는 신구약 모두 명료하게 가르친다(사 54 : 5, 6 ; 엡 5 : 21-6 : 4).

혼인한 형이 죽었을 경우에 동생이 형의 아내와 하는 혼인(levirate marriage)은 신 25 : 5-10에 소개되는데, 물론 이 경우는 죽은 형에게 아들이 없을 경우에 한정된다. 그럴 경우 그 동생은 형의 아내와 혼인하여 죽은 형의 이름으로 가문을 세워야 했다(룻 2 : 20 ; 4 : 10). 그를 가리켜 '기업을 무를 근족'이라 했다. 만일 그 동생이 그녀와 혼인하기를 거절한다면 그녀는 그의 얼굴에 침을 뱉고 그의 신발 한쪽을 벗겨 그것으로 얼굴을 때렸다. 그것으로써 이후부터 그의 가문은 '신 벗기운 자'의 집으로 취급되었다.

구약에서 일부다처 제도는 후사가 될 아들을 낳기 바라는 생각에서 비롯되기도 했지만 정욕의 산물이기도 했다. 그리고 국제간의 연혼 정책의 산물이기도 했다. 신약에서는 언제나 혼인이 한 남자와 한 여자간에 되어야 할 것으로 가르친다. 그리고 아주 조심스럽게, 규정된 상황을 제외하고는 이혼 후의 재혼은 간음으로 여겨졌다(마 19 : 9). (→이혼)

환난(Tribulation) 신 구약 모두에서 대체로 이 말은 일반적인 경우의 고난을 뜻하나, 때때로 하나님의 징계를 의미하기도 한다. 신약에서는 몇가지 경우의 큰 환난을 언급했다(마 24 : 21, 29 ; 막 13 : 19, 24 ; 계 2 : 22 ; 7 : 14). 마지막 날이야 말로 어디에 비할 수 없는 고난의 시기가 될 것이다.

회당(會堂, Synagogue) RSV역본 신약에 '회당'이라는 단어가 65 회 나온다. 그러나 구약에는 일 회도 나오지 않는다. 그러나 RSV가 "모이는 장소"라고 번역한 곳은 KJV는 회당이라 번역하므로, 구약에서도 1 회가 나온다(시 74 : 8). 고대 헬라어 번역판인 70인역은 이스라엘의 총회와 관련하여 빈번히 시나고그라는 헬라어를 사용하고 있다. 이 단어의 기본개념은 사람들의 모임이다. 여기서 사람들이 모이는 장소란 말로 전의되었다(눅 12 : 11 ; 21 : 12 ; 요 16 : 2 ; 18 : 20). B.C. 586년에 첫 번째 성전이 무너진 후에, 그러므로 바벨론 포로 시대와 성전이 재건된 그 이후에도, 사람들이 모여서 성경의 교훈을 공부하고, 기도하는 곳으로 회당이 일어났다. 그때부터 지금까지 회당은 유대인의 신앙생활의 중심이 되었다. 신약 시대 직후의 문서들은 회당 건물들과 그 곳에서의 활동에 대하여 묘사하고 있다. 고고학자들은 이스라엘에서, 즉 마사다, 고라신, 가버나움 등지에서 1, 2 세기 경 회당의 폐허들을 발굴하였다.

휴거(Rapture) 그리스도 재림 시에 살아있는 신자들을 데려가실 사건(살전 4 : 17)에 대한 특정 해석에 근거한 견해이다.

흩어져 사는 자들(Diaspora) 성경에서 이 말은 고국을 떠나 살고 있는 유대인들을 가리키거나 혹은 이런 자들이 살고 있는 지역들을 가리킨다(요 7 : 35 ; 약 1 : 1). NIV에서는 이 말을 주로 "흩어져 있는"이라는 말로 번역하였다. 이들보다 앞서 팔레스타인을 떠나 살던 유대인들의 작은 이주민들이 있었는데, 첫 번째로 그 규모가 엄청나게 컸던 추방 사건은 B.C. 8세기에서 6세기 사이에 있던 앗시리아와 바벨로니아의 추방 사건이다. 이 사건이 있은 후에 유대인들 중 일부가 에스라와 느헤미야의 인도하에 고국으로 돌아왔지만, 어떤 이들은 여전히 바벨론에 남아서 제법 안정된 공동체를 이루었다. 예수님 당시 전후 1세기 동안 팔레스타인을 떠나 사는 이주민들 가운데 애굽에 살던 유대 이주민들이 가장 강력한 생활을 하고 있었다. A.D. 1세기 말엽에 이르러서는 유대인 이주민들이 팔레스타인을 떠나 아주 광범위하게 흩어져 살고 있었다(행 2 : 9-11). 이곳에 사는 유대인들과 이방인들 사이에는 항상 좋은 관계만 유지된 것도 아니고 항상 박해만 있었던 것도 아니다. 다만 이따금씩 소란이 일어났던 것을 신약 시대 초기에도 보게 된다(행 18 : 1, 2). 이러한 핍박이 계속되자 유대인들은 팔레스타인, 바벨로니아, 애굽, 기타 여러 도시들을 떠나 세계 도처 이 나라 저 나라로 쫓겨 다녔다. 1－2세기 후에는 이런 일들이 매우 빈번히 있었는데, 더구나 그리스도인들에 의해서 또한 '기독교' 국가라는 데서도 있었다. 이와 같은 박해 사건의 비참함은 나치에 의한 유대인 대학살에서 절정에 달했다.

신약을 보면 바울이 자신의 복음 전파 사역을 유대인 회당이 있는 이방 나라 도시에서 시작한 것을 보게 된다(행 17 : 1-2, 10). 고국을 떠나 있던 유대인들은 고국에 있는 동족들과 긴밀한 관계를 유지하였고, 적어도 3년에 한번은 고국 순례를 줄곧 해왔다. 우리가 약 1 : 1과 벧전 1 : 1을 주의해서 볼 때 이 구절들이 두 가지 면을 보여주고 있음을 알게 되는데, 우선은 이 편지들이 팔레스타인에서 팔레스타인을 떠나 살고 있던 유대인 그리스도인들과 그밖의 다른 사람들에게 보내졌다는 사실이다. 그렇지만 또 한 가지는 일찍이 유대교에서 개종한 이 초대 교인들이 자신들도 팔레스타인에 있지 않는 '디아스포라'로 간주했다는 사실은 주의해 볼 만한 일이다.

회락, 즐거움(Joy) '성령의 열매'로 지칭되는 복합체의 한 면. 그리고 하나님의 속성 중 하나이다(갈 5 : 22, 23 ; 시 104 : 31). 행복과 비애(sadness)는 공존하지 못하지만, 회락과 슬픔(sorrow)은 공존할 수 있다. 예수님은 동시에 품으셨던 즐거움(회락) 때문에 십자가의 슬픔과 고통을 참으셨